（初中版）

中小学实践基地课程设计与指导

ZHONGXIAOXUE
SHIJIAN JIDI KECHENG
SHEJI YU ZHIDAO

主　编◎童光法　何　伟

副主编◎黄泽彪　王　洁　古欣娅　王志鸿

参　编◎童光法　何　伟　兰　高　贺　喜　王　洁　黄泽彪
　　　　古欣娅　赵　刚　张　伟　银　川　梁　静　黄梦杰
　　　　吴　朋　程韵捷　石远洋　贺倩倩　曾　婷　王　娟
　　　　唐晓廷　罗　丹　王　优　吴雨芯　王晓容　银晓渝
　　　　杨　柳　邱家蕾　黄晓军　张　鹏　陈治桉　宗　凤

重庆大学出版社

图书在版编目（CIP）数据

中小学实践基地课程设计与指导：初中版／童光法，
何伟主编. -- 重庆：重庆大学出版社，2020.7
ISBN 978-7-5689-1836-7

Ⅰ.①中… Ⅱ.①童… ②何… Ⅲ.①活动课程—初
中—教学参考资料 Ⅳ.①G632.3

中国版本图书馆 CIP 数据核字（2019）第 215054 号

中小学实践基地课程设计与指导（初中版）

主　编　童光法　何　伟
副主编　黄泽彪　王　洁
　　　　古欣娅　王志鸿
策划编辑：章　可

责任编辑：夏　宇　　版式设计：章　可
责任校对：邹　忌　　责任印制：赵　晟

*

重庆大学出版社出版发行
出版人：饶帮华
社址：重庆市沙坪坝区大学城西路 21 号
邮编：401331
电话：（023）88617190　88617185（中小学）
传真：（023）88617186　88617166
网址：http://www.cqup.com.cn
邮箱：fxk@cqup.com.cn（营销中心）
全国新华书店经销
重庆长虹印务有限公司印刷

*

开本：787mm×1092mm　1/16　印张：19.25　字数：482 千
2020 年 7 月第 1 版　　2020 年 7 月第 1 次印刷
ISBN 978-7-5689-1836-7　定价：31.00 元

编 委 会

前言

Qianyan

    重庆市铜梁青少年综合实践基地是中央专项彩票公益金支持建设的国家示范性综合实践基地。基地建设有各类科技馆室 40 余个、拓展训练项目 70 余项、手工制作 10 余项及文体活动项目 20 余项，形成了由专题教育、生存体验、素质拓展、科学实践等四大领域类别、25 个模块系列、150 多个项目内容组成的课程体系，集中对广大青少年开展学工、学农、学军、生命安全等综合实践教育活动。

    编者根据教育部《中小学综合实践活动课程指导纲要》，在华中师范大学专家的指导下，结合综合实践活动课程的目标，设计了活动主题和具体内容。教材的内容选择与组织严格遵循自主性、实践性、开放性、整合性、连续性原则；活动课程方式采用考察探究、社会服务、设计制作、职业体验等方式；课程评价主张多元评价和综合考察，充分肯定活动方式和问题解决策略的多样性，鼓励学生自我评价与同伴间的合作交流和经验分享，对学生的活动过程和结果进行综合评价。

    本书在编写过程中，得到了华中师范大学综合实践活动课程研究中心专家的悉心指导，也得到了铜梁青少年综合实践基地全体教师的大力支持，在此一并表示感谢！由于基地课程是一门逐渐创新发展的课程体系，加之各基地课程资源不同，故编写的教材难免有疏漏之处，望各位教师在使用过程中提出宝贵的意见和建议，以便再版时修订完善。

编　者

2019 年 8 月

目 录
Mulu

▶ 科 技

天文仪器的发展历程探究 ………… 2
神奇的电子百拼 ……………… 6
神奇多米诺 ………………… 13
水污染防治 ………………… 19
电是怎样产生的 …………… 24
悬臂桥 …………………… 30
玩转电子百拼之创意门铃 …… 37
走近天文望远镜 …………… 46
机器人巡线 ………………… 54

▶ 社 会

测定土壤酸碱性 …………… 72
垂　钓 …………………… 77
琥珀制作 ………………… 82
环保时装秀 ……………… 89
模拟银行职业体验 ………… 95
体验拍卖 ………………… 101
制作葡式蛋挞 …………… 109
重庆烧烤 ………………… 115
制作传统农具展厅平面图 …… 124
包汤圆 …………………… 130
开发新能源 ……………… 135
模拟法庭 ………………… 143

▶ 生 命

"我"从哪里来 …………… 152
毒品与法辩论赛 …………… 159
空袭逃生大闯关 …………… 167
生死蜘蛛网 ……………… 174
飞夺泸定桥 ……………… 181
真人 CS ………………… 186
信任背摔 ………………… 194
走近心理学之管理情绪 …… 202
自制简易火灾逃生绳 ……… 210
有轨电车 ………………… 214
水到渠成 ………………… 220
压力管理 ………………… 225
肩扛导弹 ………………… 230
情绪管理 ………………… 236

▶ 文 化

探究铜梁龙文化 …………… 242
安居古镇小导游 …………… 247
铜梁自然风光摄影 ………… 252
巴蜀文化大家谈 …………… 257
铜梁博物馆宣传册设计与制作 … 262
铜梁传统建筑风格与文化探究 … 270
铜梁家常菜制作体验 ……… 276
大足石刻文化探究 ………… 281
铜梁龙舞大赛 …………… 287
铜梁旧石器文化探究 ……… 292

科　技

KEJI

天文仪器的发展历程探究

适用年级：初中　　建议时间：60 分钟

◤ 活动目标

了解天文仪器的概念,扩展关于天文的知识面;自主探究天文仪器的发展历程,锻炼信息收集与总结能力;初步探索天文学知识,养成热爱科学、勇于探索的习惯。

◤ 活动准备

材料:导入图片或视频、A3 白纸、彩笔、直尺、水性笔、电脑(联网)。

场地:联合馆(天文馆)。

◤ 活动实施

1.情境导入

教师播放视频"古代天文仪器",展示现代天文仪器的照片,引导学生总结天文仪器的概念。

指导建议:教师可先提问学生天文仪器的用处(观测天体和演示天象)、特点,最后总结天文仪器的概念。

2.布置任务

(1)明确任务。教师提问:中国是最早发明天文仪器的国家之一,我们能从古代的中国出发,找寻天文仪器发展的印迹吗?

(2)任务:探究天文仪器发展历程。

(3)要求:①小组合作,通过参观展馆、查询书籍、网上查找等方法,自主探究天文仪器的发展历程;②展现内容需图文并茂,设计美观,逻辑清晰,展现形式不限(如简报、流程图等);③至少涉及 6 种中国古代、现代天文仪器,以及该天文仪器的天文知识、发明时间及用处。

3.自主探究

(1)信息查找。根据任务,教师引导学生参观天文馆并进行相关信息记录,同时利用网络进行现代天文仪器信息的查找。

指导建议: 由于馆内有卫星模型,教师可适当引导学生注意天文仪器的概念,避免混淆。

(2)逻辑梳理。根据时间顺序,将查找到的天文仪器相关信息进行整理、归纳,将大概的顺序及重点填入学习单中。

指导建议: 教师在学生学习梳理过程中,对有问题的学生,要及时给予适当的指导和帮助。同时,引导学生进行逻辑构建。

4.制订方案

各小组根据实际情况,在组长的带领下制订详细的活动计划,明确活动安排。

"天文仪器的发展历程探究"小组活动方案表

小组名称: 　　　　　　　　　　　　　　　　　　　　　　　日期:

小组成员		组长	
天文仪器的概念:			
我找到的天文仪器(按时间顺序排列出来):			

分工	职责	负责人
组长	负责本组的各项组织领导工作	
设计员	负责设计作品外观、颜色搭配、图文格式	
作品制作员	负责作品的制作	
信息采集员	负责资料的采集、处理、整理工作	

我们遇到的困难及解决方案:

5.执行任务

(1)资料梳理。学生根据自主探究结果,结合小组其他成员的整理,梳理出最终的天文仪器的发展历程。

（2）作品设计。学生根据梳理内容，设计作品的外观、颜色搭配、图文格式等。

（3）作品制作。对设计好的作品进行制作，完成任务。

▰ 活动总结

1.展示与交流

让每个小组依次给其他组的同学讲解小组作品的内容及设计灵感，展现该小组学到的天文知识。

2.评价与反思

根据评价表，对各小组活动过程中的表现进行评价。

评价表

小组成员：   总分：

评价项目	评价等级		
	一级（3分）	二级（2分）	三级（1分）
内容展示	作品内容全面，涉及6种中国古代、现代天文仪器，以及该天文仪器的天文知识、发明时间及用处	作品内容较全面，涉及6种中国古代、现代天文仪器，以及该天文仪器的天文知识、发明时间及用处，有部分信息缺失	作品内容不全，未涉及6种中国古代、现代天文仪器，以及该天文仪器的天文知识、发明时间及用处，有大量信息缺失
逻辑思维	作品按照时间顺序排列正确，逻辑思维明确	作品按照时间顺序排列正确，逻辑思维较为明确，但也存在一定混乱	作品按照时间顺序排列不正确，有一定的逻辑思维，但是比较混乱
设计想象	作品颜色搭配合理，图文生动、美观	作品颜色搭配合理，图文较生动、美观	作品颜色搭配不合理，图文不美观

▰ 知识链接

天文仪器是观测天体和演示天象的仪器和设备的总称。观测天体的天文仪器包括地面和空间的各种望远镜和辐射接收器。演示天象的仪器包括天象仪和行星仪等。

"天文仪器的发展历程探究"学习单

[活动目标]

了解天文仪器的概念，扩展关于天文的知识面；自主探究天文仪器的发展历程，锻炼信息收集与总结能力；初步探索天文学知识，养成热爱科学、勇于探索的习惯。

"天文仪器的发展历程探究"小组活动方案表

小组名称：   日期：

小组成员		组长	
天文仪器的概念：			
我找到的天文仪器(按时间顺序排列出来)：			

分工	职责	负责人
组长	负责本组的各项组织领导工作	
设计员	负责设计作品外观、颜色搭配、图文格式	
作品制作员	负责作品的制作	
信息采集员	负责资料的采集、处理、整理工作	

我们遇到的困难及解决方案：

[评价反思]

评价表

小组成员：   总分：

评价项目	评价等级		
	一级(3分)	二级(2分)	三级(1分)
内容展示	作品内容全面,涉及6种中国古代、现代天文仪器,以及该天文仪器的天文知识、发明时间及用处	作品内容较全面,涉及6种中国古代、现代天文仪器,以及该天文仪器的天文知识、发明时间及用处,有部分信息缺失	作品内容不全,未涉及6种中国古代、现代天文仪器,以及该天文仪器的天文知识、发明时间及用处,有大量信息缺失
逻辑思维	作品按照时间顺序排列正确,逻辑思维明确	作品按照时间顺序排列正确,逻辑思维较为明确,但也存在一定混乱	作品按照时间顺序排列不正确,有一定的逻辑思维,但是比较混乱
设计想象	作品颜色搭配合理,图文生动、美观	作品颜色搭配合理,图文较生动、美观	作品颜色搭配不合理,图文不美观

神奇的电子百拼

适用年级：初中　　建议时间：120 分钟

活动目标

　　观察在生活、学习及工作中的用电情况，了解电的应用；认识常用电路及电路符号、电子百拼中的电路元件及作用；能完成常见的声、光、电的电路拼装。

活动准备

　　材料：学习单、评价表、教学课件、电子百拼箱（两人一组，每组一箱）、操作平台（含供电电源等）及活动所需其他材料。

　　场地：电子百拼馆。

活动实施

　　1.情境导入

　　（1）根据以前学习的电的相关知识，说出自然界中哪些现象可以产生电。

　　教学提示：摩擦起电、雷电、发电机发电。

　　（2）生活中电的主要来源有水力发电、火力发电、风能发电、太阳能发电等，其中大部分来源于水力发电，如三峡水力发电。

　　（3）人类照明的发展史：爱迪生发明电灯。

知识链接

　　（1）常用灯具：白炽灯、日光灯、节能灯、LED 灯等。

　　（2）电在其他方面的应用：家用电器、计算机、通信、物联网等。

　　2.了解电路图及电路符号

　　（1）电路图。

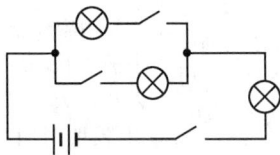

简单的混联电路

　　（2）电路符号及元件名称。

　　电源：电路供电，如干电池、蓄电池等。

　　用电器：消耗电能，转化为其他能量（声、光、机械能等）。

　　控制元件：完成电路中电流、电压及通断等功能的控制，如电阻、开关等。

　　连接导线：将电路中各元件连接起来，保障电流通过，一般由铜、铝等金属材料制成。

3.电子百拼中电路及其连接

（1）下图是楼梯间的开关控制电路，你能指出其元件及连接方法吗？该电路是如何工作的？

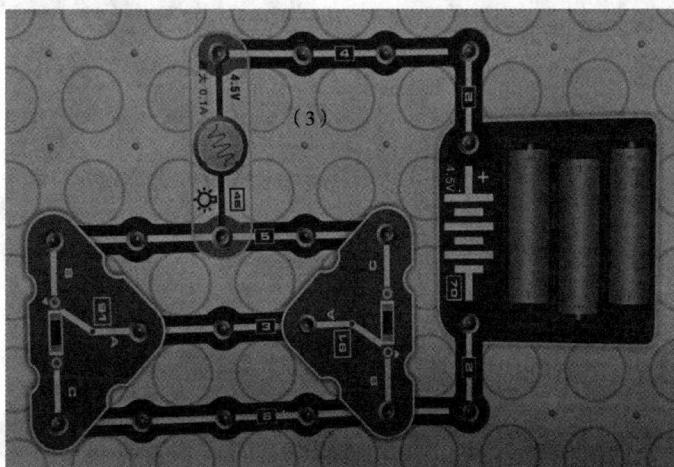

上图中的两个开关可以随意控制电灯的开和关，如果将一个开关装在楼上，另一个开关装在楼下，上楼时就可以在楼下开灯，到了楼上关灯；下楼时就可以在楼上开灯，到了楼下再关灯。

（2）电路元件及使用。

①电源。你知道一节干电池正负极的识别及连接方法吗？两节或三节串联起来呢？

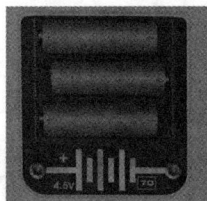

一节干电池金属凸起端为正极，另一端为负极。装入电池盒时，正极放在金属平起端，负极放在金属弹簧端（有的有"＋、－"标志）。

两节或三节干电池串联起来，装入电池盒时，一节的正极接另一节的负极，第一节的负极接电路的负极端，最后一节的正极接电路的正极端，总电压为每节电压之和。

本实验操作平台，利用直流稳压电源供电，省去了干电池。方法如下：红色线夹子端夹电池盒的正极，蓝色线夹子端夹电池盒的负极，红蓝线的另一头分别插平台稳压输出的"＋、－"极。使用时注意调节电压与电路电压相符。

②用电器。

小灯泡

发光管

你还能在电子百拼图例中找出其他用电设备吗？

③控制元件。

电键

开关

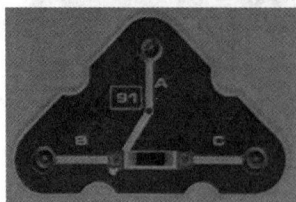
单刀双掷开关

电阻

你还能在电子百拼图例中找出其他控制元件吗?

④导线。共有 7 段导线,每段中间的数字代表扣数。例如:

4.任务要求

(1)观看教师展示的一只单刀双掷开关控制两只发光管的电路连接,在电子百拼箱中找出元器件,小组完成电路的拼装。

(2)在提供的拼装教材中选取难易程度相近的其他拼装电路,小组完成电路的拼装。

5.讨论问题

选择的电路任务难易程度要适合我们搭建哦!

电路拼装要注意搭建的顺序,不要遗漏元件。搭建完后要反复检查哟!

明确任务,讨论选择哪些元件搭建电路。

需要大家做好分工,协同完成。

6.制订方案

"神奇的电子百拼"小组活动方案表

小组名称:　　　　　　　　　　　　　　　　　　　　　　　　日期:

小组成员		组长	
任务1:			
任务2:			

活动元器件清单:
活动方法、步骤及注意事项
①找电路并分析电路:
②找元件:
③拼装元件:
④检查电路并通电试验:
分工安排(找电路、找元件、拼装、试验总结等):
电子拼装中的情况说明:
本拼装电路的效果(描述):

7.任务实施

小组按照活动制订的方案,根据教材提供的电路,在电子百拼箱中拿出拼装板,找出本电路所需的元器件,完成两个以上电路的拼装工作。

指导建议:①确定活动任务时,除了教师提供的拼装电路任务外,自己另外选择的电路也要适合拼装及功能的完成。②根据教材中的电路找寻元件时,要仔细核对,不能出差错。③按照电路图,建议从电源正极出发到负极,依次搭建,不遗漏其中任何元件及导线。④搭建完成后,要反复检查核对,无误后才能通电试验。⑤通电前将电池盒的正、负极正确连接到操作平台的稳压电源上,注意输出电压要一致。⑥提醒学生用电安全:一是电路搭建中避免短路及电压过高的现象,以免损坏电路元件;二是防止触电事故的发生。

◢ 活动总结

1.展示与交流

(1)每组按教师统一布置的电路,选择元件进行搭建并通电试验,展示自己的拼装成果,总结成功与失败的原因。

（2）每组自行商讨另选难易程度相近的电路,了解电路的工作原理,明确电路并找出元件进行搭建,通电试验,展示自己的拼装成果。

2.评价与反思

"神奇的电子百拼"个人总结与反思

姓名:　　　　　　　　　　　　　　　　　　　　　　　　日期:

我的表现:
对此我的理解:
应注意的事项(要点):

评价表

小组成员:　　　　　　　　　　　　　　　　　　　　　　总分:

评价项目	评价等级		
	一级(3分)	二级(2分)	三级(1分)
合作	能认真讨论并制订活动方案,构思时共同献计献策,制作时通力协作	能讨论并制订活动方案,构思时有讨论,制作时有合作	讨论方案不积极,制作时,不愿配合
实践	能按活动方案开展活动,搭建的电路整齐美观,电路一次性连通成功	能按活动方案开展活动,搭建的电路较美观,电路经整改能连通成功	未能按计划开展活动,搭建的电路不能连通
交流	能展示本组的作品,能说明电路的工作原理,能积极分享构思和搭建经验	能展示本组的作品,能说明电路结构特点,能交流制作经验	能说明活动开展情况,能说明搭建失败的原因

"神奇的电子百拼"学习单

［活动目标］

观察在生活、学习及工作中的用电情况,了解电的应用;认识常用电路及电路符号、电子百拼中的电路元件及作用;能完成常见的声、光、电的电路拼装。

[活动方案]

"神奇的电子百拼"小组活动方案表

小组名称：   日期：

小组成员		组长	
任务1： 任务2：			
活动元器件清单：			
活动方法、步骤及注意事项			
①找电路并分析电路： ②找元件： ③拼装元件： ④检查电路并通电试验：			
分工安排(找电路、找元件、拼装、试验总结等)：			
电子拼装中的情况说明：			
本拼装电路的效果(描述)：			

[评价反思]

"神奇的电子百拼"个人总结与反思

姓名：   日期：

我的表现：
对此我的理解：
应注意的事项(要点)：

评价表

小组成员：   总分：

评价项目	评价等级		
	一级(3分)	二级(2分)	三级(1分)
合作	能认真讨论并制订活动方案,构思时共同献计献策,制作时通力协作	能讨论并制订活动方案,构思时有讨论,制作时有合作	讨论方案不积极,制作时,不愿配合
实践	能按活动方案开展活动,搭建的电路整齐美观,电路一次性连通成功	能按活动方案开展活动,搭建的电路较美观,电路经整改能连通成功	未能按计划开展活动,搭建的电路不能连通
交流	能展示本组的作品,能说明电路的工作原理,能积极分享构思和搭建经验	能展示本组的作品,能说明电路结构特点,能交流制作经验	能说明活动开展情况,能说明搭建失败的原因

神奇多米诺

适用年级：初中　　建议时间：120 分钟

▌活动目标

熟悉多米诺骨牌及码牌器等工具和材料的使用，知道多米诺骨牌游戏的规则与注意事项，学会利用码尺快速码放文字图案的基本技巧；独立或合作创设图案，能耐心细致地用骨牌完成图案创作并验证；领会坚持与合作的意义。

▌活动准备

材料：码牌器、隔断片、连接桥、各种颜色的骨牌、纸、笔、导入视频或图片及活动所需其他材料。

场地：多米诺馆。

▌活动实施

1.情境导入

教师播放近期的多米诺挑战吉尼斯世界纪录的视频，吸引学生的兴趣，引出本次活动任务：充分发挥想象力与创造力，玩一玩多米诺骨牌游戏。

2.布置任务

任务：用多米诺骨牌摆拼图案。

要求：①在规定时间内，以小组为单位完成活动任务；②所摆的图案清晰可辨识，能运用关卡等摆放技巧；③抽取一块牌后整个结构能完全倒塌。

3.学习

学生观看多米诺骨牌游戏的图片、视频，了解（徒手及借助码尺）直线或曲线码牌、做引导牌、倒牌的大致过程，掌握基本的摆放技法，交流讨论并归纳多米诺骨牌游戏的玩法、工具的使用及注意事项（具体方法参考知识链接）。

4.练习

尝试先摆一些简单图形，学习基本的摆放技法，试试手感；已完成的部分注意保护好，以免前功尽弃；记录练习过程中出现的问题。

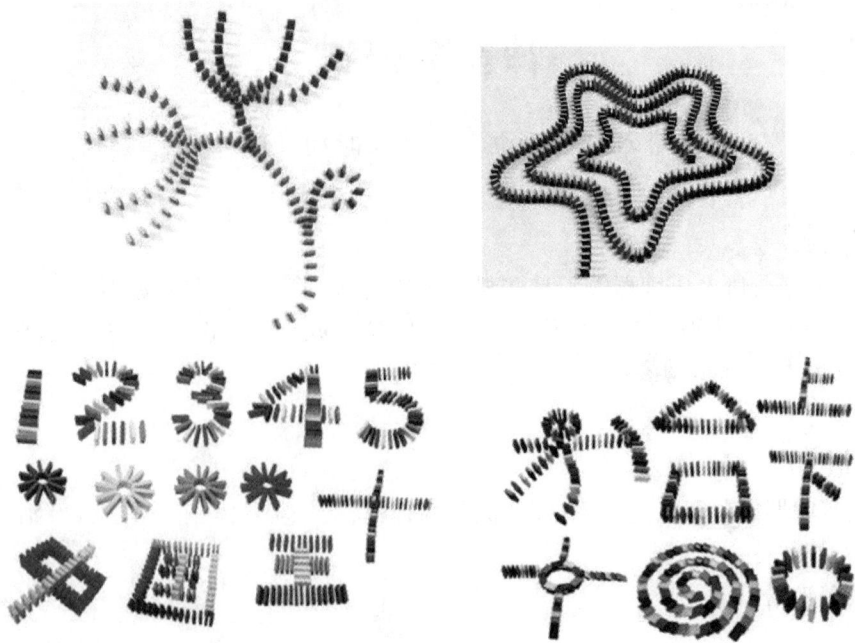

指导建议:①教师引导学生多次尝试,分工合作,遇到问题不要埋怨与放弃,做到细心、耐心、坚持,在实践中体会多米诺精神。②给学生充分的思考时间和空间,让学生按照自己的想象自行设计图案,体验发现和创造的乐趣,可创作单幅作品,也可尝试进行多幅作品的组合。③教师示范介绍如何设置隔断和小机关等,提醒学生注意保护好已完成的部分。④教师可准备多种较复杂的图案底稿,帮助创作较复杂图案的学生理解图案中行与列、底色与图案色之间的关系。

5.制订方案

"神奇多米诺"小组活动方案表

小组名称: 日期:

项目任务:
所需材料、工具:
多米诺骨牌图案设计主题、理念:
图案草图及说明:

活动策略(分工安排,摆放方法、步骤等):	
注意事项:	
困难和问题:	

6.任务实施

依据活动方案、任务与要求,小组开始创作多米诺骨牌图案。

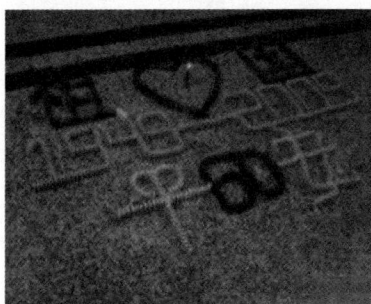

指导建议:提醒学生先熟悉骨牌及工具的使用,从简单的码放开始反复试验,再分工合作,尝试创作较复杂的图案,学生在实际操作中体验创造的乐趣。

活动总结

1.展示与交流

学生完成创作、搭建后,退出作品区,围绕本小组作品站立,对照小组活动方案、任务与要求,小组代表演示小组创作、搭建的作品,说明小组完成任务的情况,叙述活动中遇到的困难、问题,分享活动策略,交流参加此次活动的感想。

2.评价与反思

学生以小组为单位,按照评价表对其他小组进行评价。

评价表

小组成员: 总分:

评价项目	评价等级		
	一级(3分)	二级(2分)	三级(1分)
合作	能详细讨论活动注意事项,具有较强的团队合作精神	能讨论活动注意事项,具有团队合作精神	未能充分讨论问题,未能做到相互配合

评价项目	评价等级		
	一级(3分)	二级(2分)	三级(1分)
实践	能按活动方案开展活动,作品富有创意,难度适中,搭建认真、有耐心且技巧运用恰当,效率高,作品验证成功	能按活动方案开展活动,作品有一定的新意,难度适中,搭建认真、有耐心,作品验证成功	未能按活动方案开展活动,设计、制作的作品缺乏创意,未能通过验证
交流	能举例说明遇到的问题及解决问题的办法,积极分享活动感受	能说明任务完成的情况,能表述活动感受	能说明活动开展的情况

知识链接

(1)直线的码放。可以等距徒手直线摆开,也可以借助码尺。

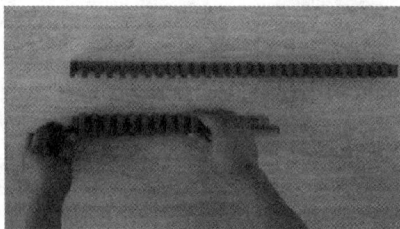

(2)曲线的码放。码放曲线时,骨牌间距较直线要小一些,根据弧度大小做适当调整,使骨牌之间保持相切形态。

(3)图案的码放。利用骨牌颜色的不同,依据行、列关系,排列组合成图案。

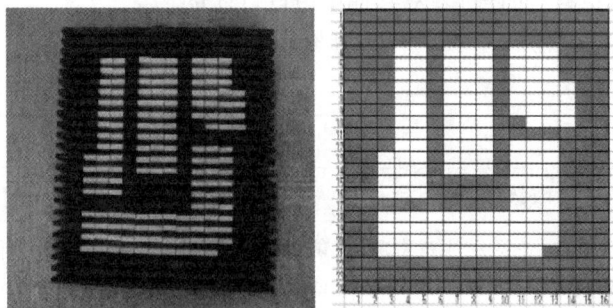

（4）使用隔断。为防止一块骨牌误倒而前功尽弃，可以使用隔断。

①在前后连贯的骨牌间拿掉一块骨牌，人为断开连贯性。

②在前后连贯的骨牌间放入一块小的挡板，使挡板前后两段的骨牌不再发生连锁反应。待最后图案全部成形，再贯通隔断之处。

（5）设置引导牌、小机关。

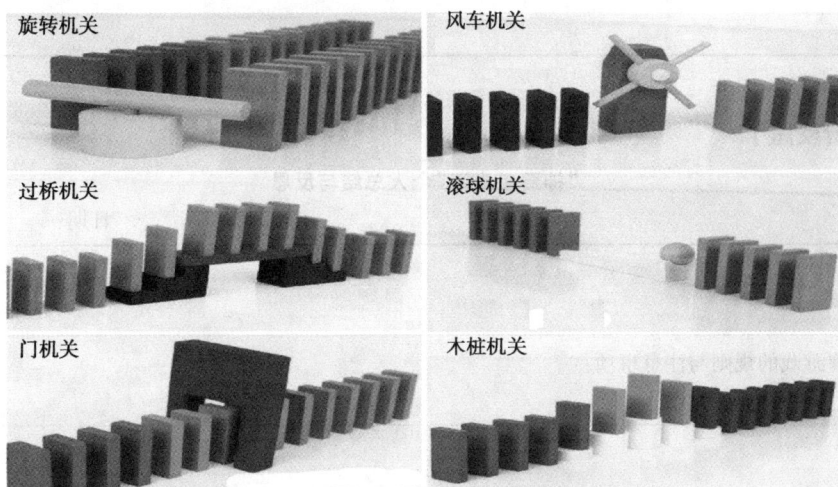

旋转机关　风车机关　过桥机关　滚球机关　门机关　木桩机关

"神奇多米诺"学习单

［活动目标］

熟悉多米诺骨牌及码牌器等工具和材料的使用，知道多米诺骨牌游戏的规则与注意事项，学会利用码尺快速码放文字图案的基本技巧；独立或合作创设图案，能耐心细致地用骨牌完成图案创作并验证；领会坚持与合作的意义。

［活动方案］

"神奇多米诺"小组活动方案表

小组名称：　　　　　　　　　　　　　　　　　　　　　　日期：

项目任务：
所需材料、工具：

续表

多米诺骨牌图案设计主题、理念:
图案草图及说明:
活动策略(分工安排,摆放方法、步骤等):
注意事项:
困难和问题:

[评价反思]

"神奇多米诺"个人总结与反思

姓名:　　　　　　　　　　　　　　　　　　　　　　　　　日期:

我的表现:
多米诺骨牌游戏的规则与注意事项:
我的感受:

评价表

小组成员:　　　　　　　　　　　　　　　　　　　　　　　总分:

评价项目	评价等级		
	一级(3分)	二级(2分)	三级(1分)
合作	能详细讨论活动注意事项,具有较强的团队合作精神	能讨论活动注意事项,具有团队合作精神	未能充分讨论问题,未能做到相互配合
实践	能按活动方案开展活动,作品富有创意,难度适中,搭建认真、有耐心且技巧运用恰当,效率高,作品验证成功	能按活动方案开展活动,作品有一定的新意,难度适中,搭建认真、有耐心,作品验证成功	未能按活动方案开展活动,设计、制作的作品缺乏创意,未能通过验证
交流	能举例说明遇到的问题及解决问题的办法,积极分享活动感受	能说明任务完成的情况,能表述活动感受	能说明活动开展的情况

水污染防治

适用年级：初中　　建议时间：90分钟

活动目标

　　了解水污染的概念，能说出水污染的来源及其带来的危害；能够结合所学的相关知识，自制过滤装置过滤污水；了解水污染防治措施，提高自身的环保意识。

活动准备

　　材料：剪刀、纱布、细沙、木炭、空塑料瓶、碎石、盛水容器（杯子）、绳子、棉花、泥土（保证每组一份）、一次性水杯及活动所需其他材料。

　　场地：节能环保馆。

活动实施

1.情境导入

　　随着社会经济的全面发展，环境污染日趋严重，各地的自然水源遭受不同程度的污染。教师播放多地水污染图片以及水污染给大自然和人类带来的危害视频，让学生了解水污染的主要来源及其危害。

2.布置任务

　　任务：利用给定材料完成过滤装置的制作，尝试对污水进行过滤。

　　要求：①装置尽量简单，易于操作；②装置能起到过滤作用，且过滤后的水比较清澈；③装置过滤时间尽可能短。

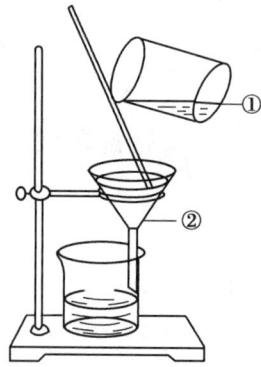

3.查阅资料

学生根据所提供的关于过滤的学习资料,了解过滤的一般原理。

指导建议:学生在收集资料时,教师可有方向性地对其进行引导,例如需要了解什么是过滤,过滤的本质是什么,过滤装置可以如何设计等。

4.讨论问题

根据所给出的任务和要求,以及自主学习所得到的相关信息,小组需要充分讨论、交流,提出问题和困难,并商量解决。

指导建议:各小组分别讨论所了解到的关于过滤的相关知识,并有针对性地解决教师提出的问题,讲述过滤装置的大致设计思路。之后各小组派代表,全班交流。

5.制订方案

学生根据讨论结果,优化设计,制订操作方案,明确分工。

"水污染防治"小组活动方案表

小组名称:　　　　　　　　　　　　　　　　　　　　　　　　　日期:

小组成员		组长	
我们的操作步骤:			
我们的装置草图:			
所选材料:			

我们的发现：		
我们的困难：		
任务分工	人员分配	备注：

6.任务实施

（1）草图设计。小组按照任务要求设计实验装置草图,绘制于学习单中。

（2）选择材料。小组按照草图,选择所用实验器材及材料。

（3）过滤实验。根据任务及要求,小组运用选择的器材及材料进行污水过滤实验。

指导建议：①将空塑料瓶去掉瓶盖及底部,瓶口朝下,下方放置空水杯,里面按照从下往上的顺序垫上纱布、棉花及石头。演示时,将混合了泥土的水倒入过滤装置中,观察瓶口流出的水并用空水杯收集。②教师在学生操作过程中进行巡视,提醒学生注意安全及卫生,引导学生解决在操作过程中遇到的困难,并总结经验。

活动总结

1.展示与交流

各小组分享本组作品的设计理念、所选材料及作品亮点,并演示过滤过程;说一说本组在操作过程中的发现及困难;讨论交流此次设计操作的过程,还有哪些不完善的地方有待改进。

指导建议：过滤器演示过程在教师指导下进行,各组同时演示,倒入的污水量需相同(一次性水杯的量)。之后再做各组交流活动。

2.评价与反思

学生根据评价表,对各小组活动过程中的表现进行评价。

小组成员：   总分：

评价项目	评价等级		
	一级(3分)	二级(2分)	三级(1分)
规划	通过讨论,能有效规划设计任务方案、步骤、分工	学生能够进行方案规划,但方案规划中个别任务分配不够合理	方案规划较为混乱,分工不明确,步骤不明晰
设计	能画出过滤装置设计草图,过滤装置设计造型简单,易操作,方便使用	能画出过滤装置设计草图,过滤装置设计造型复杂,不易操作	未画草图或草图不完整,制作困难
过滤	过滤后的水质清澈,且过滤所需时间短	过滤后的水质清澈,但过滤所需时间略长	过滤效果不明显,水质略浑浊

◤ 拓展

教师结合活动目标及学生表现对活动做出小结,引导学生从源头保护水资源,节约减排,并了解工业、农业等水污染防治措施,提高其环保意识。制作一份保护环境的倡议书。

◤ 知识链接

(1)过滤:在推动力或其他外力作用下,悬浮液(或含固体颗粒发热气体)中的液体(或气体)透过介质,固体颗粒及其他物质被过滤介质截留,从而使固体及其他物质与液体(或气体)分离。

(2)原理:利用物质的溶解性差异,将液体和不溶于液体的固体分离开来。例如,用过滤法除去粗食盐中少量的泥沙。

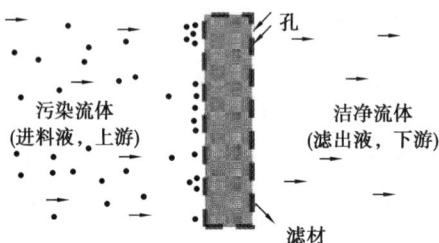

"水污染防治"学习单

[活动目标]

了解水污染的概念,能说出水污染的来源及其带来的危害;能够结合所学的相关知识,自制过滤装置过滤污水;了解水污染防治措施,提高自身的环保意识。

"水污染防治"小组活动方案表

小组名称：   日期：

小组成员		组长	
我们的操作步骤：			
我们的装置草图：			
所选材料：			
我们的发现：			
我们的困难：			

任务分工	人员分配	备注：

[评价反思]

评价表

小组成员：   总分：

评价项目	评价等级		
	一级（3分）	二级（2分）	三级（1分）
规划	通过讨论,能有效规划设计任务方案、步骤、分工	学生能够进行方案规划,但方案规划中个别任务分配不够合理	方案规划较为混乱,分工不明确,步骤不明晰
设计	能画出过滤装置设计草图,过滤装置设计造型简单,易操作,方便使用	能画出过滤装置设计草图,过滤装置设计造型复杂,不易操作	未画草图或草图不完整,制作困难
过滤	过滤后的水质清澈,且过滤所需时间短	过滤后的水质清澈,但过滤所需时间略长	过滤效果不明显,水质略浑浊

电是怎样产生的

适用年级：初中　　建议时间：60 分钟

◤ 活动目标

　　自主探究电的产生(电磁感应定律)以及电产生的条件,扩充物理学知识;体验产品,并运用探究的电磁感应定律解释说明产品原理,了解电磁感应定律在生活中的运用。

◤ 活动准备

　　材料: 导入图片或视频、笔记本、水性笔、计时器、电脑(联网)及活动所需其他材料。
　　场地: 科学探究馆。

◤ 活动实施

1.情境导入

　　教师出示图片,提问学生这是什么自然现象,引导学生思考:我们在生活中还有哪些地方用到了电？根据学生回答,提问这些事物(如电脑、电灯、空调)的电是怎么产生的,和大自然中的闪电是否一样？

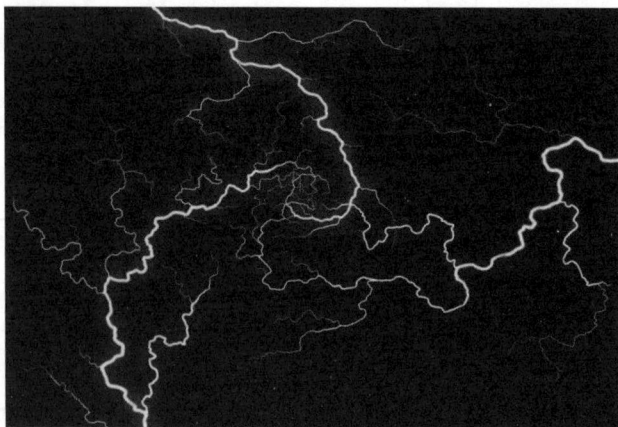

2.布置任务

　　任务: 探究电的产生过程以及电产生的条件。
　　要求: ①小组合作,自主探究电的产生过程以及电产生的条件;②运用探究的知识试着画出产品的简要线路图,并说明电在产品当中的运用;③探究前教师根据各小组活动排名,给予不同程度的提示。

3.小组活动

　　(1)梵天塔竞赛。教师引导学生以小组为单位,依次体验梵天塔产品,在大小圆环次序不变的情况下,将五个环从一杆移至另一杆上。移动过程中每次只能移动一个圆环,保持小圆环在上、大圆环在下。移动时只将圆环放在另一杆上,记录每个小组成功所用的时间,若违反规则,小组时间加罚 5 秒。

（2）手眼协调。每个小组派出一个代表,手握住手柄,沿着轨道前进,尽量不碰到轨道。若碰到轨道则需从头再来,记录每个小组所用时间。

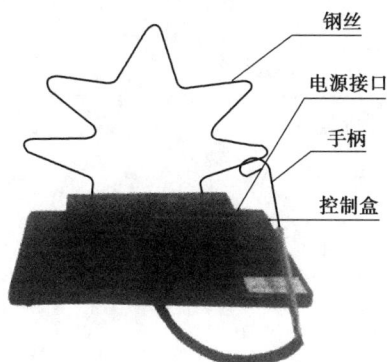

钢丝
电源接口
手柄
控制盒

（3）提示。对排名第一的小组,教师给予单独视频播放的权利,让其观看解说视频《物理实验:探究什么情况下磁可以生电》并查找资料,进行自主探究。对排名第二的小组,教师给予提示"电磁感应定律",引导其自主探究。

指导建议:此视频可在展示与交流过程中再次播放,便于全体学生学习、验证所探究的知识。其他小组虽无提示,但是自主探究环节若遇到较大困难,教师仍需给予帮助。

4.自主探究

教师播放视频《电磁感应 4》,引导学生自行探究电产生的过程及产生的条件。

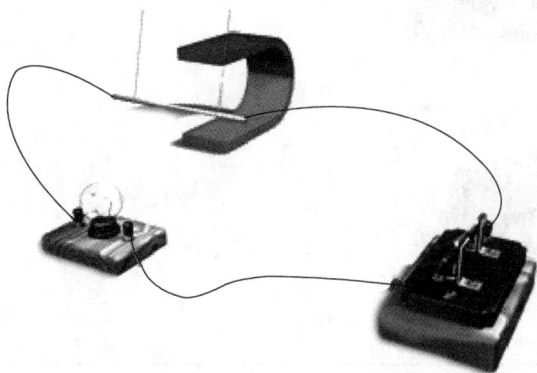

指导建议:教师在学生自主探究环节,对有较大困难的小组,要及时给予适当的指导及帮助。

5.制订方案

各小组根据实际情况,在组长的带领下,制订详细的活动计划,明确活动安排。

"电是怎样产生的"小组活动方案表

小组名称：   日期：

小组成员		组长	
梵天塔所用时间：	手眼协调所用时间：	总时间及排名：	
电是怎样产生的？电产生的条件有哪些？			
分工(活动参与、资料查找、原理分析等)：			
试着画出下列产品的线路图,并用红圈在实物图中标出发电处。			

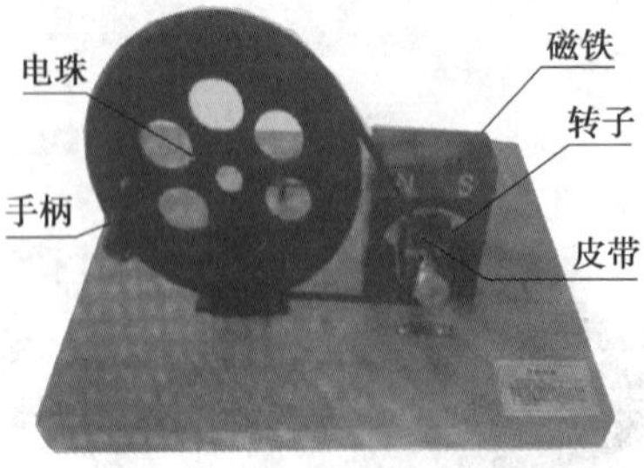

我们遇到的困难及解决方案：	

6.执行任务

（1）原理梳理。学生根据自主探究结果，结合小组其他成员的经历，梳理出电的产生过程以及产生条件。

（2）操作体验。教师引导学生分别体验发电锚产品、手摇发电产品以及人体导电产品，感受这三种产品中电的产生以及产生条件的运用。

（3）线路图制作。根据产品的发电原理以及导电原理制作每个产品的电路图，并按照要求在实物图中用红圈圈出发电处。

指导建议：教师在学生操作过程中进行巡视，引导学生解决所遇到的困难，总结经验。

◆ 活动总结

1.展示与交流

比较各小组的线路图及学习单，让每个小组依次给其他组的同学讲解小组探究的发电原理及在产品中的运用。

2.评价与反思

根据评价表，对各小组活动过程中的表现进行评价。

评价表

小组成员：　　　　　　　　　　　　　　　　　　　　　　　　　　总分：

评价项目	评价等级		
	一级（3分）	二级（2分）	三级（1分）
探究	能自主探究出电产生的过程及产生的条件	在教师的引导下，能探究出电产生的过程及产生的条件	未能探究出电产生的过程及产生的条件
制图	制作的线路图正确无误	制作的线路图出现 1~2 处错误	制作的线路图出现 3 处及 3 处以上的错误
分析	能正确地分析出电磁定律在产品发电过程中的运用，标出的发电位置正确	能较为正确地分析出电磁定律在产品发电过程中的运用，标出的发电位置正确	未能分析出电磁定律在产品发电过程中的运用，标出的发电位置不正确

电磁感应定律也称法拉第电磁感应定律,电磁感应现象是指因磁通量变化产生感应电动势的现象。例如,闭合电路的一部分导体在磁场里做切割磁感线的运动时,导体中就会产生电流,产生的电流称为感应电流,产生的电动势(电压)称为感应电动势。

电磁感应定律中电动势的方向可以通过楞次定律或右手定则来确定。右手定则规定:伸平右手使拇指与四指垂直,手心向着磁场的 N 极,拇指的方向与导体运动的方向一致,四指所指的方向即为导体中感应电流的方向(感应电动势的方向与感应电流的方向相同)。楞次定律指出:感应电流的磁场要阻碍引起感应电流的磁通量的变化。简而言之,就是磁通量变大,产生的电流有让其变小的趋势;而磁通量变小,产生的电流有让其变大的趋势。

"电是怎样产生的"学习单

[活动目标]

自主探究电的产生(电磁感应定律)以及电产生的条件,扩充物理学知识;体验产品,并运用探究的电磁感应定律解释说明产品原理,了解电磁感应定律在生活中的运用。

[活动方案]

"电是怎样产生的"小组活动方案表

小组名称: 日期:

小组成员		组长	
梵天塔所用时间:	手眼协调所用时间:	总时间及排名:	
电是怎样产生的? 电产生的条件有哪些?			
分工(活动参与、资料查找、原理分析等):			
试着画出下列产品的线路图,并用红圈在实物图中标出发电处。			

电珠　磁铁　转子　手柄　皮带

我们遇到的困难及解决方案：

[评价反思]

评价表

小组成员：　　　　　　　　　　　　　　　　　　　　　　　　　　总分：

评价项目	评价等级		
	一级（3 分）	二级（2 分）	三级（1 分）
探究	能自主探究出电产生的过程及产生的条件	在教师的引导下，能探究出电产生的过程及产生的条件	未能探究出电产生的过程及产生的条件
制图	制作的线路图正确无误	制作的线路图出现 1~2 处错误	制作的线路图出现 3 处及 3 处以上的错误
分析	能正确地分析出电磁定律在产品发电过程中的运用，标出的发电位置正确	能较为正确地分析出电磁定律在产品发电过程中的运用，标出的发电位置正确	未能分析出电磁定律在产品发电过程中的运用，标出的发电位置不正确

悬臂桥

适用年级：初中   建议时间：120 分钟

▰ 活动目标

观察含有悬臂结构的桥梁,分析悬臂结构的特点;练习用 KEVA 木条搭建悬臂结构,学会悬臂结构的搭建方法;用 KEVA 木条搭建含有悬臂结构的桥梁,掌握 KEVA 木条横搭、竖搭、侧搭的基本技法与悬臂结构的综合运用。

▰ 活动准备

材料:学习单、评价表、教学课件、玩具小车、KEVA 木条(每组 500 片)及活动所需其他材料。

场地:科普教育馆。

▰ 活动实施

1.情境导入

架设桥梁,天堑变通途。教师和同学交流并提问:在生活中,你见过哪些桥梁? 哪些桥梁给你留下了深刻的印象? 跨海大桥、交通立交桥,桥面跨度越来越大,桥面承重也越来越强,观察各种桥梁的图片,思考工程师们运用了哪些方法解决桥面跨度和承重的矛盾?

观察悬臂桥图片,分析悬臂在架桥的过程中起到了什么作用? 为什么在部分桥梁建设中用到悬臂?

福斯桥是世界上最长的多跨悬臂桥,跨越苏格兰福斯河,该铁路桥于 1890 年启用,至今仍在通行客货火车。在铁路作为主要长途陆路运输的年代,福斯桥是桥梁设计和建筑史上的一个里程碑。

福斯桥

挪威"通天之桥"是位于挪威海边的桥梁,长 260 米,1989 年建成通车,它是一座悬臂桥。

挪威"通天之桥"

2.观察总结

教师引导学生观察悬臂桥中的悬臂结构,通过桥墩两边伸出的梁以及梁的连接方式,分析悬臂结构的特点。

一个悬挂的连接构件相连接就构成悬臂桥的一跨

3.布置任务

任务:用 KEVA 木条搭建悬臂桥。

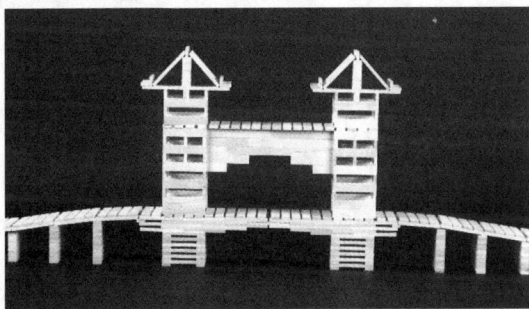

要求:①小组合作,在 60 分钟内,用 KEVA 木条搭建悬臂桥;②搭建桥梁要超过 5 片 KEVA 木条竖搭的高度,跨度要达到 5 片 KEVA 木条长边连接的长度;③桥面可放置小车不倒塌。

4.结构探究

在动手前,和小组同学对项目任务进行充分的讨论分析:设计、搭建悬臂桥包含哪些工作? 悬臂结构怎样搭建? 外形是什么样的?

(1)讨论基座距离,探究用 KEVA 木条搭建的悬臂结构可以跨越的长度。

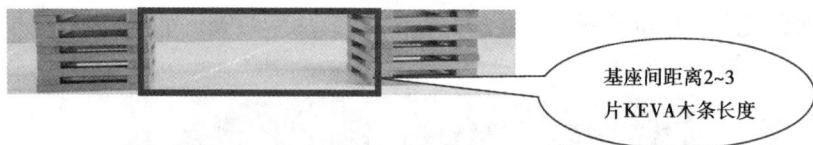

基座间距离2~3片KEVA木条长度

（2）探究如何搭建才能让 KEVA 木条跨越距离更长，试着搭建如下图所示的悬臂结构。

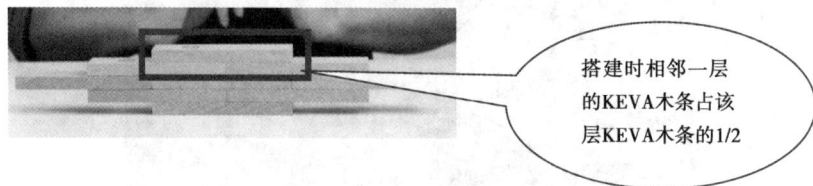

搭建时相邻一层的KEVA木条占该层KEVA木条的1/2

（3）将搭建悬臂结构放到两个基座上，形成横跨结构。

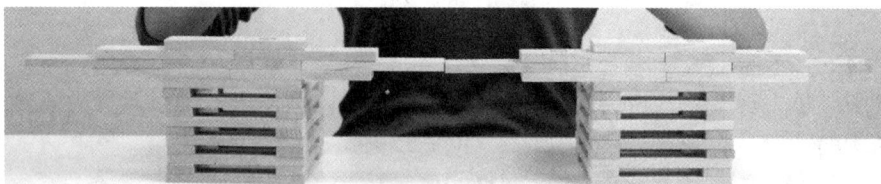

（4）在横跨结构间多加几片 KEVA 木条，保持其稳定性。

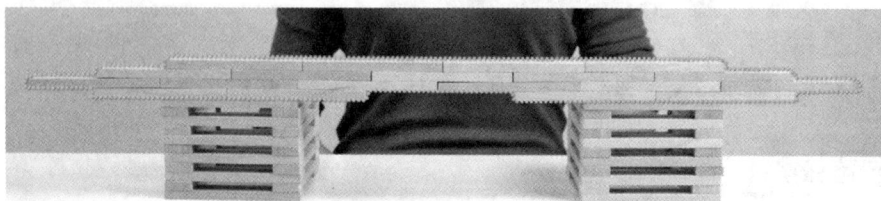

5.搭建练习

小组内部根据讨论结果练习搭建悬臂结构。

6.草图绘制

学生小组讨论，根据任务要求在学习单中进行悬臂桥梁草图绘制，例图如下。

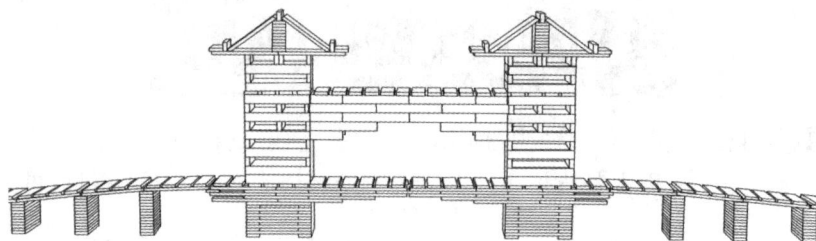

指导建议:引导学生在设计悬臂结构时注意两基座间距离以及悬臂结构的搭建方式。

7.结构搭建

小组同学合作用KEVA木条按照草图搭建悬臂桥，注意搭建结构的稳定性。

活动总结

1.展示与交流

比较各小组的拼装作品,将小车分别放在两层桥面上,检测作品是否倒塌,是否有两处运用到悬臂结构和三种基本技法。同时给其他组的同学讲解小组作品的设计灵感,并将遇到的问题填入学习单中。

2.评价与反思

学生以小组为单位,按照评价表对其他小组进行评价。

评价表

小组成员:　　　　　　　　　　　　　　　　　　　　　　　　　总分:

评价项目	评价等级		
	一级(3分)	二级(2分)	三级(1分)
搭建	作品有两处或两处以上运用到悬臂结构搭建技法以及横搭、竖搭、侧搭中的至少两种技法	作品只有一处运用到悬臂结构搭建技法以及横搭、竖搭、侧搭中的至少两种技法	作品只有一处运用到悬臂结构搭建技法以及横搭、竖搭、侧搭中的一种技法
结构	搭建悬臂桥高超过 5 片 KEVA 木条立起的高度,设置了两层桥面	搭建悬臂桥高超过 3 片 KEVA 木条立起的高度,未到 5 片 KEVA 木条立起的高度,设置了两层桥面	搭建悬臂桥高未到 3 片 KEVA 木条立起的高度,只设置了一层桥面
稳定	搭建悬臂桥的两层桥面可以放置小球,且作品稳定不摇晃	搭建悬臂桥的两层桥面可以放置小球,但作品有些摇晃	搭建悬臂桥的两层桥面放置小球时倒塌

拓展

教师引导学生将悬臂技法运用于除了桥梁之外的建筑物,并试着搭建出来。

知识链接

1.悬臂桥

桥身分成长而坚固的数段,类似桁梁式桥,就像几个人站在水里展开手臂手拉手。悬臂桥每段都在中间而非两端支撑。每段由同样的结构支撑着,使它得到平衡。各段相接的地方有一个短短的墩距。

2.悬臂施工法

悬臂施工法是从桥墩开始,两侧对称进行现浇梁段或将预制节段对称进行拼装。前者称悬臂浇筑施工,后者称悬臂拼装施工,有时也将两种方法结合使用。

悬臂施工的主要特点:

（1）桥梁在施工过程中产生负弯矩，桥墩也要承受由施工产生的弯矩，因此悬臂施工宜在营运状态的结构受力与施工状态的受力状态比较接近的桥梁中选用，如预应力混凝土T型钢构桥、变截面连续梁桥和斜拉桥等。

（2）非墩桥固接的预应力混凝土梁桥，采用悬臂施工时应采取措施，使墩、梁临时固结，因而在施工过程中有结构体系的转换存在。

（3）采用悬臂施工的机具设备种类很多，就挂篮而言，有桁架式、斜拉式等多种类型，可根据实际情况选用。

（4）悬臂浇筑施工简便，结构整体性好，施工中可不断调整位置，常在跨径大于100米的桥梁上选用；悬臂拼装法施工速度快，桥梁上、下部结构可平行作业，但施工精度要求比较高，可在跨径100米以下的大桥中选用。

（5）悬臂施工法可不用或少用支架，施工不影响通航或桥下交通。

3.悬臂桥图片

4.悬臂结构在日常生活中的其他应用

"悬臂桥" 学习单

[活动目标]

观察含有悬臂结构的桥梁,分析悬臂结构的特点;练习用 KEVA 木条搭建悬臂结构,学会悬臂结构的搭建方法;用 KEVA 木条搭建含有悬臂结构的桥梁,掌握 KEVA 木条横搭、竖搭、侧搭的基本技法与悬臂结构的综合运用。

[活动方案]

假设现在要跨越长江,建造一座有两层桥面的悬臂桥梁,你们可以用 KEVA 木条来搭建吗?

"悬臂桥"小组活动方案表

小组名称: 日期:

小组成员		组长	
悬臂结构特点:			
悬臂桥设计草图(例图): 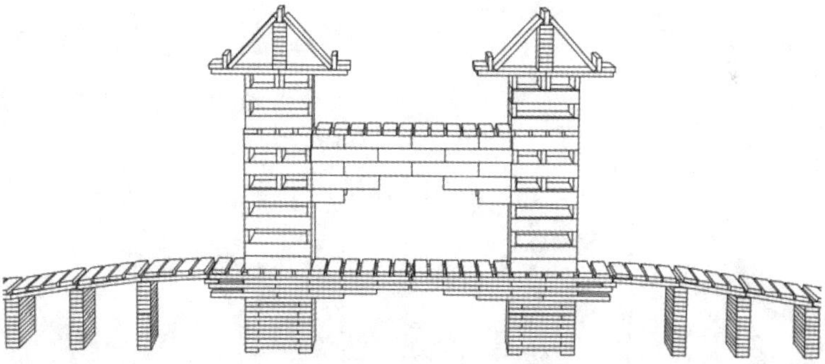			
我们遇到的困难:			
我们还能用悬臂结构搭建出其他的建筑物吗?			

[评价反思]

评价表

小组成员：   总分：

评价项目	评价等级		
	一级(3分)	二级(2分)	三级(1分)
搭建	作品有两处或两处以上运用到悬臂结构搭建技法以及横搭、竖搭、侧搭中的至少两种技法	作品只有一处运用到悬臂结构搭建技法以及横搭、竖搭、侧搭中的至少两种技法	作品只有一处运用到悬臂结构搭建技法以及横搭、竖搭、侧搭中的一种技法
结构	搭建悬臂桥高超过 5 片 KEVA 木条立起的高度,设置了两层桥面	搭建悬臂桥高超过 3 片 KEVA 木条立起的高度,未到 5 片 KEVA 木条立起的高度,设置了两层桥面	搭建悬臂桥高未到 3 片 KEVA 木条立起的高度,只设置了一层桥面
稳定	搭建悬臂桥的两层桥面可以放置小球,且作品稳定不摇晃	搭建悬臂桥的两层桥面可以放置小球,但作品有些摇晃	搭建悬臂桥的两层桥面放置小球时倒塌

玩转电子百拼之创意门铃

适用年级：初中　　建议时间：90 分钟

活动目标

自主设计、制作并安装门铃，理解电子组件中喇叭、电阻的功能和用法；能清晰地说明产品的升级创意，并能为创意产品设计宣传方式；体验到实际需求是创造的动力，对普通产品做有益的升级改造，赋予产品更多新的、实用的内容是实现创意的重要途径。

活动准备

材料：电子积木元件（5 根 2 号导线、6 根 3 号导线、2 根 4 号导线、10 千欧电阻、100 千欧电阻、喇叭、4.5 V 电池盒等）、美工刀、马克笔、图钉、胶带、橡皮筋、剪刀、胶水、纸板盒子及活动所需其他材料。

场地：电子百拼馆。

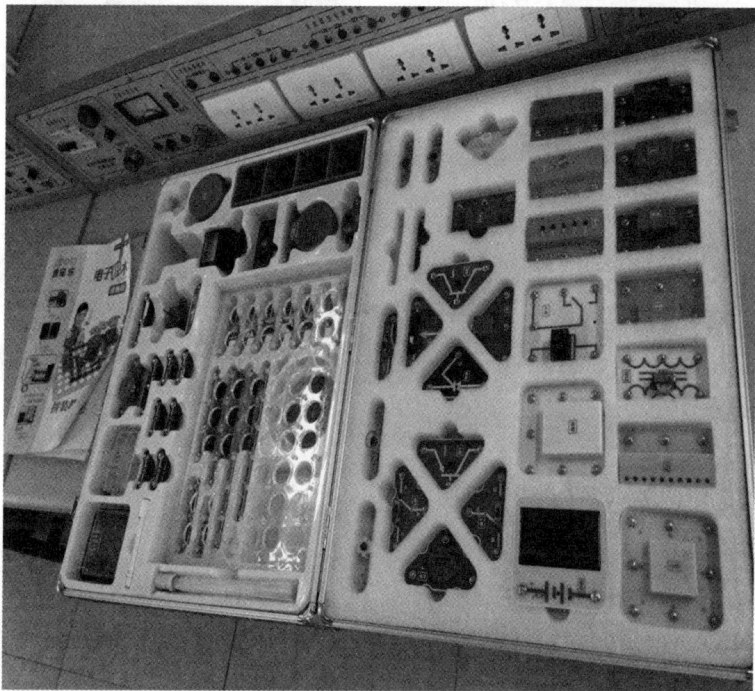

活动实施

1.情境导入

教师引导学生自荐演讲或表演掩耳盗铃的故事，引起学生对门铃的探讨。

指导建议：任务的引入要能激发学生的学习兴趣和参与热情，根据教学内容，教师展示古代门铃并进行介绍。门铃在古代称为铺首，也就是大门门扇上的门环，来人可以敲门通知主人,同时又有装饰及祈祷平安的作用。所以古代铺首大多为怪兽衔环,可以防止妖魔鬼怪入门。古代只有有钱的大户人家才在大门上装有装饰性的门环,叫门的人可用门环拍击环下的门钉发出较大的响声。

2.观察思考

电子门铃是生活中的常见设施,你家的门铃是什么样的? 它有哪些功能? 教师模拟演示门铃的用法,引导学生观察并思考随着科技的发展,现代门铃发生了哪些改变? 讨论完毕后引出任务,制作一个电子门铃。

指导建议:学生介绍并演示自己家里的电子门铃,一方面,帮助学生由无意注意转向有意注意,引发学生对门铃的结构和功能的关注;另一方面,能有效激发学生的好奇心与学习兴趣。

3.明确任务

任务:制作创意电子门铃。

要求:①确定对门铃的需求;②利用电子积木不同元件制作一个有创意的电子门铃。

4.讨论问题

围绕任务要求,学生针对困惑的地方提出疑问,展开讨论:归纳门铃有哪些共性,又有哪些不同? 你是否曾有改造升级门铃的想法? 和同学分享自己期待的门铃是什么样的? 为什么会有这样的想法? 如何用电子积木元件制作创意电子门铃?

指导建议:教师引导学生围绕任务要求,充分讨论,组内解决不了的可以求助其他小组或教师解答。

5.认识电子积木元件

教师展示电子百拼电子积木元件套盒,向学生逐一讲解材料名称,带领学生认识电子积木元件,了解各零部件的用途与使用方法,指导学生认真倾听并详细记录。

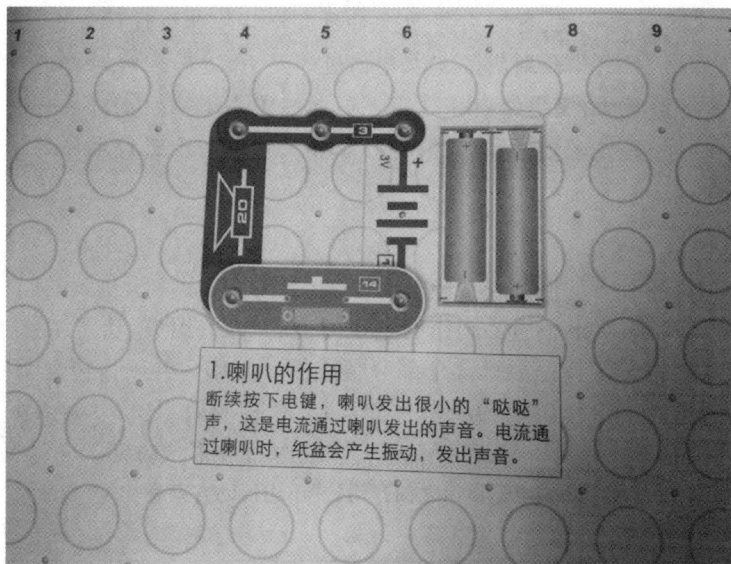

1.喇叭的作用

断续按下电键，喇叭发出很小的"哒哒"声，这是电流通过喇叭发出的声音。电流通过喇叭时，纸盆会产生振动，发出声音。

电子元件名称	用途	使用方法

6.初次尝试

小组成员领取电子积木元件,尝试利用电子积木制作可调音量大小的简易电子门铃。

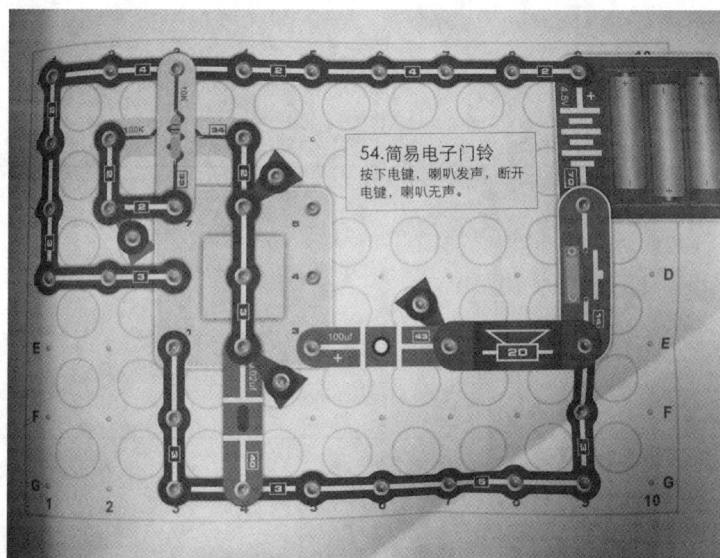

54.简易电子门铃
按下电键，喇叭发声，断开电键，喇叭无声。

指导建议:①尝试拼装之后,分组检测小组作品是否符合任务要求,是否存在问题。②讨论初次尝试心得与体会,引导学生分析除了可调节显示音量大小的门铃,小组还有哪些创意,讨论可以选择哪些电子组件实现创意。比如增减不同的电子元件,将带来电子门铃的哪些变化,改造后能满足人们什么样的需求? 你会如何为升级的电子门铃做产品宣传呢?

③由于刚刚经历实际制作安装,这时引导学生对现有产品作升级设计考虑,鼓励学生在下面的拓展中多做有益的尝试,体验到实际需求是创造的动力,进而理解对普通产品做有益的升级改造,赋予产品更多新的、实用的内容是实现创意的重要途径。④对第一次接触电子百拼元件的学生,教师引导其尝试先练习搭建;对已经多次接触电子百拼元件的学生则可以省去这一环节,直接进入主题任务。

7.制订方案

(1)构思。给出 3 分钟时间,根据练习的经验,分小组构思本组拼装的门铃的外形、所需材料、基本结构等。在脑海中想想要制作的电子门铃的外观、组成、功能,并在纸上记下来。

(2)形成方案。电子门铃是由哪几个部分组成的? 制作门铃项目包含哪些工作,如何分工协作? 门铃有哪些功能? 做成什么形状? 怎么调试、检验效果? ……在动手前,和小组同学对项目任务进行充分的分析,提出自己的问题和办法,并形成方案。

"玩转电子百拼之创意门铃"小组活动方案表

小组名称:　　　　　　　　　　　　　　　　　　　　　　　　　日期:

任务:
所需工具、材料:
创意电子门铃设计理念及功能说明:
主要部件搭建草图:
整体组合示意图:
分工安排(制作、调试、汇报等):
活动方法、步骤与注意事项等:

创意电子门铃制作步骤：
调试方法与效果：

8.任务实施

（1）拼装。各小组根据设计方案与计划，按图纸所示结构进行电子门铃的制作，记录实施过程中出现的问题。

（2）调试修正。小组检测拼装的装置是否符合要求，并进行相应的调试，使装置最大限度地满足任务要求。

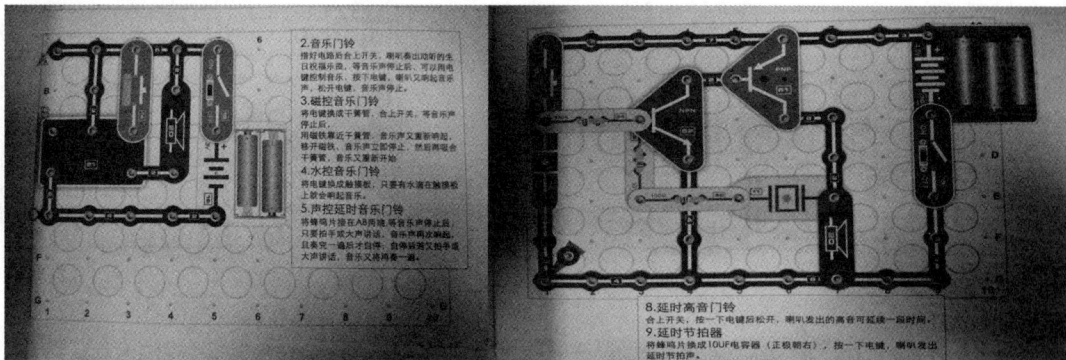

指导建议：①在此过程中，教师担任的任务是监督和顾问角色。监督学生是否认真完成制作，提醒学生注意时间，观察学生是否按方案制订的分工进行有序的操作。②操作过程中，对学生使用工具不规范、不安全等问题要及时发现并给出正确的指导。若时间与能力允许，学生在制作过程中应不断进行调试与改进。③拼装设计是重点，但也不可忽略对门铃电路外包装的设计指导，如外观设计是否合理、美观、坚固、实用。④是否出示分步骤的制作参考图视学生组装情况而定，对有组装经验、能力较强的小组，可由学生自主探索组装步骤。

▍活动总结

1.展示与交流

演示各小组制作的电子门铃，观察各组在电路设计、产品外观上的异同，交流在设计拼装中遇到的困难和问题。

指导建议：与学生约定演示和交流的时长，以及内容要求，便于学生根据时长自主设计演示与交流的过程和方法,提示学生需要从听者的角度做演示交流,在展示与交流过程中为听者留出质疑的时间。

2.评价与反思

教师根据设计要求分别对各小组作品进行检测,宣布检测结果;各小组对展示组作品进行评价,派代表向展示组发表评价意见或提出改进建议。

"玩转电子百拼之创意门铃"个人总结与反思

姓名: 日期:

我的表现:
我的作品改进计划:
需要获得什么帮助:

评价表

小组成员: 总分:

评价项目	评价等级		
	一级(3分)	二级(2分)	三级(1分)
材料	理解喇叭、电阻等电子元件的功能,并能灵活运用	了解喇叭、电阻等电子元件的功能,能应用	不太了解喇叭、电阻等电子元件的功能
制作	能模拟成功实际意义上的门铃使用	安装成功但使用上有小问题	组装成功但安装不成功,不能使用
创意	积极参加拓展活动,尝试了三种及以上升级改造作业	参加拓展活动,尝试了两种升级改造作业	参加拓展活动,尝试了一种升级改造作业
交流	能边演示边说明活动完成情况,并举例说明遇到的问题及解决办法	能边演示边说明活动完成情况,能回答老师、同学的提问	能说明活动完成情况,能回答老师、同学的提问

拓展

学生谈谈自己制作电子门铃的创意源泉,讨论现在的门铃技术已经达到了什么样的境界？为什么会有这些设计？还可以怎样改进自己的作品？

指导建议: 学生可以阅读关于电子门铃制作的有关技术资料,并动手尝试制作更加复杂的门铃。主动了解古代和现代门铃的演变过程及其所代表的文化意义等。在教师的指导下,调查人们使用电子门铃时还存在哪些问题,开展相关研究,进行小发明、小创造。

"玩转电子百拼之创意门铃"学习单

[活动目标]

自主设计、制作并安装门铃,理解电子组件中喇叭、电阻的功能和用法;能清晰地说明产品的升级创意,并能为创意产品设计宣传方式;体验到实际需求是创造的动力,对普通产品做有益的升级改造,赋予产品更多新的、实用的内容是实现创意的重要途径。

[活动方案]

"玩转电子百拼之创意门铃"小组活动方案表

小组名称: 日期:

任务:
所需工具、材料:
创意电子门铃设计理念及功能说明:
主要部件搭建草图:
整体组合示意图:

分工安排(制作、调试、汇报等):
活动方法、步骤与注意事项等:
创意电子门铃制作步骤:
调试方法与效果:

[评价反思]

"玩转电子百拼之创意门铃"个人总结与反思

姓名：　　　　　　　　　　　　　　　　　　　　　　　　　　　　日期：

我的表现:
我的作品改进计划:
需要获得什么帮助:

评价表

小组成员：   总分：

评价项目	评价等级		
	一级（3分）	二级（2分）	三级（1分）
材料	理解喇叭、电阻等电子元件的功能,并能灵活运用	了解喇叭、电阻等电子元件的功能,能应用	不太了解喇叭、电阻等电子元件的功能
制作	能模拟成功实际意义上的门铃使用	安装成功但使用上有小问题	组装成功但安装不成功,不能使用
创意	积极参加拓展活动,尝试了三种及以上升级改造作业	参加拓展活动,尝试了两种升级改造作业	参加拓展活动,尝试了一种升级改造作业
交流	能边演示边说明活动完成情况,并举例说明遇到的问题及解决办法	能边演示边说明活动完成情况,能回答老师、同学的提问	能说明活动完成情况,能回答老师、同学的提问

走近天文望远镜

适用年级：初中　　建议时间：90分钟

活动目标

对比肉眼与天文望远镜观测到的现象，了解天文望远镜的特点；自主探究天文望远镜的分类和工作原理，理解物理学知识在天文观测中的运用；初步学会进行天文观测的一般方法，提升对天文学的兴趣，养成勇于探索的科学精神。

活动准备

材料：学习单及评价表、导入图片或视频、水性笔、电脑（联网）、天文望远镜。
场地：天文馆。

活动实施

1.情境导入

教师出示肉眼所见月亮与天文望远镜观测到的月亮图片，并播放视频"2016年十六的月亮（天文望远镜）"，引导学生对比两种月亮的不同之处，概括出天文望远镜起到的作用，并根据学生回答总结出天文望远镜的特点。

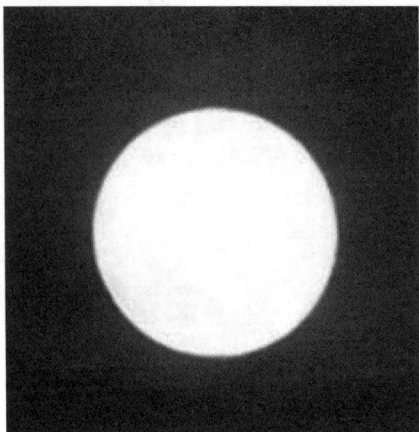

2.自主探究

教师提出问题，关于天文望远镜的分类与工作原理我们知道些什么？播放视频"网易公开课——望远镜"，让学生带着问题观看视频，并通过网络查找，自主探究、总结天文望远镜的分类及工作原理，填入学习单中。

（1）光学天文望远镜		
分类	折射望远镜	反射望远镜	折反射望远镜

示意图			
工作原理	物镜是凸透镜,天体的光线通过物镜聚集在焦平面上成像,然后由目镜放大	物镜是凹面反射镜,天体的光线经过它的反射,投射在一个小反射镜斜镜上,经斜镜的又一次反射,再由目镜放大	基本上就是一架反射望远镜,仅在物镜前面加一个特制的改正透镜,用来克服反射望远镜有像差这一最大的缺点
优点	成像锐度,结构密封性好,容易保存	成像没有色差	成像没有色差,焦距长,镜筒却很短,密封镜筒
缺点	成像有色差,上下左右颠倒,不容易适应	需要经常调校光轴,副镜也会降低成像的对比度。易有像差,不能密封,较难保养	由于光学系统复杂,影响观看效果的因素较多
用途	适合天文普及工作	适合观测月亮、行星及暗弱的河外星系、星云	适合星野及星云摄影

（2）射电望远镜

示意图	基本原理	用途
	投射来的电磁波被一精确镜面反射后,同向到达公共焦点。用旋转抛物面作镜面易于实现同相聚焦	可以测量天体射电的强度、频谱及偏振等量

（3）空间望远镜

示意图	定义	优点
	所有用来在外太空观测行星、星系及其他外太空物体的仪器	避开了大气的影响,不会因重力而产生畸变,可以大大提高观测及分辨能力

指导建议:教师在学生总结过程中,对有困难和问题的学生,要及时给予适当的指导及帮助。探究结果应重点关注光学望远镜的详细信息,射电望远镜和空间望远镜了解即可。

3.布置任务

任务:学习天文望远镜的使用方法。

要求:①小组合作,通过视频、网络查找等方法,自主学习天文望远镜的使用方法;②在学习单中标出天文望远镜的组成部分,并写出主要的使用方法;③能利用天文望远镜边演示边说明。

指导建议:若场馆条件允许,可让学生轮流使用天文望远镜,通过信息收集与实际操作总结出天文望远镜的使用方法。

4.制订方案

各小组根据任务要求,在组长的带领下,制订详细的活动计划,明确活动安排。

"走近天文望远镜"小组活动方案表

小组名称: 日期:

小组成员		组长	
我发现天文望远镜由以下部分组成(按序号写出来): 			
天文望远镜的使用方法: 			
分工安排(如视频信息收集、网络信息收集、信息整理员等): 			

我们遇到的困难及解决方案:

5.执行任务

(1)观看视频。学生观看视频《天文望远镜初级使用教程》,总结视频中天文望远镜的使用方法。

(2)资料查找。学生根据任务要求,在网络、展板中寻找视频中未提及的详细内容或者缺失内容。

(3)方法总结。根据视频中的使用方法及查找的资料,总结出天文望远镜的使用方法并填入学习单中。

◢ 活动总结

1.展示与交流

比较各小组的作品,让每个小组依次给其他组的同学讲解小组的天文望远镜使用方法,并利用馆内天文望远镜进行边演示边解说。

2.评价与反思

根据评价表,对各小组活动过程中的表现进行评价。

评价表

小组成员:　　　　　　　　　　　　　　　　　　　　　　　　　　总分:

评价项目	评价等级		
	一级(3分)	二级(2分)	三级(1分)
探究	能自主探究出天文望远镜的分类与工作原理,且探究内容准确无误	在教师的引导下能探究出天文望远镜的分类与工作原理,但探究内容有1~2处错误	在教师的引导下能探究出天文望远镜的分类与工作原理,但探究内容有3处及3处以上错误

续表

评价项目	评价等级		
	一级（3分）	二级（2分）	三级（1分）
归纳	归纳的天文望远镜使用方法准确无误,步骤详尽	归纳的天文望远镜使用方法内容较详细,但有1~2处错误	归纳的天文望远镜使用方法内容较粗略,有3处及3处以上错误
表达	能利用天文望远镜边演示边流利地说明天文望远镜的组成部分及使用方法	能利用天文望远镜边演示边较流利地说明天文望远镜的组成部分及使用方法	未能利用天文望远镜边演示边说明天文望远镜的组成部分及使用方法

◢ 知识链接

（1）天文望远镜是观测天体的重要工具,日常所用的是一种光学天文望远镜,可以把我们肉眼所无法聚集的那部分光聚集起来,让成像更亮更清晰,从而可以发现更为暗弱的天体和更多的细节。

（2）天文望远镜组成如下图所示。

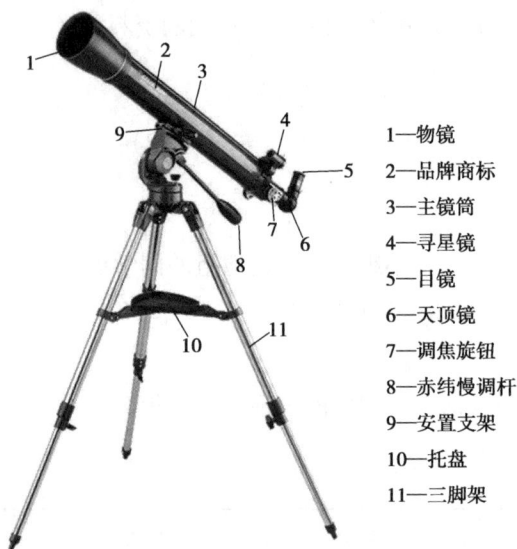

1—物镜
2—品牌商标
3—主镜筒
4—寻星镜
5—目镜
6—天顶镜
7—调焦旋钮
8—赤纬慢调杆
9—安置支架
10—托盘
11—三脚架

"走近天文望远镜"学习单

[活动目标]

对比肉眼与天文望远镜观测到的现象,了解天文望远镜的特点;自主探究天文望远镜的分类和工作原理,理解物理学知识在天文观测中的运用;初步学会进行天文观测的一般方法,提升对天文学的兴趣,养成勇于探索的科学精神。

"走近天文望远镜"知识探究表

(1) 光学天文望远镜			
分类	折射望远镜	反射望远镜	折反射望远镜
示意图			
工作原理			
优点			
缺点			
用途			

(2) 射电望远镜		
示意图	基本原理	用途

续表

（3）空间望远镜		
示意图	定义	优点

[活动方案]

"走近天文望远镜"小组活动方案表

小组名称： 日期：

小组成员		组长	

我发现天文望远镜由以下部分组成（按序号写出来）：

天文望远镜的使用方法：

分工安排（如视频信息收集、网络信息收集、信息整理员等）：

我们遇到的困难及解决方案:

[评价反思]

评价表

小组成员：　　　　　　　　　　　　　　　　　　　　　　　　总分：

评价项目	评价等级		
	一级(3分)	二级(2分)	三级(1分)
探究	能自主探究出天文望远镜的分类与工作原理,且探究内容准确无误	在教师的引导下能探究出天文望远镜的分类与工作原理,但探究内容有1~2处错误	在教师的引导下能探究出天文望远镜的分类与工作原理,但探究内容有3处及3处以上错误
归纳	归纳的天文望远镜使用方法准确无误,步骤详尽	归纳的天文望远镜使用方法内容较详细,但有1~2处错误	归纳的天文望远镜使用方法内容较粗略,有3处及3处以上错误
表达	能利用天文望远镜边演示边流利地说明天文望远镜的组成部分及使用方法	能利用天文望远镜边演示边较流利地说明天文望远镜的组成部分及使用方法	未能利用天文望远镜边演示边说明天文望远镜的组成部分及使用方法

机器人巡线

适用年级：初中　　建议时间：120 分钟

◤ 活动目标

　　学生在教师的指导下学会利用图形化编程工具编写简单的巡线程序,并使巡线机器人正确执行程序,建立初步的编程思想。

◤ 活动准备

　　教学器材:格物斯坦竞赛机器人、优斯坦图形化逻辑编程软件、比赛线路图。
　　场地:机器人馆。

◤ 活动实施

　　1.情境导入

　　巡线机器人是一种用途广泛的机器人,普遍用于工厂流水线、机器人比赛等。一般机器人程序比较复杂,较为常用的有 C#、Basic、Pascal、C 语言、C++、Java 等,本课中的优斯坦图形化逻辑编程软件使用的是一种图形化的逻辑编程语言,就是将复杂的程序代码简化为直观的图形,编程时直接使用即可。

　　指导建议:教师可以根据当地学生的实际情况举例启发,有条件的可以结合视频、PPT等进行展示。

　　2.竞赛机器人组装环节

　　竞赛机器人采用的是格物斯坦竞赛机器人,这种机器人具有组装简单、拆卸方便、便于收纳等特点,不需要螺丝和胶水固定,学生组装这种机器人更有兴趣,可以激发他们的动手能力。

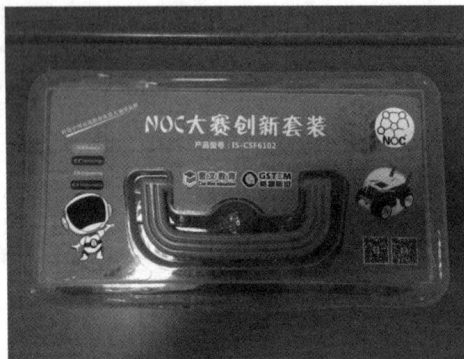

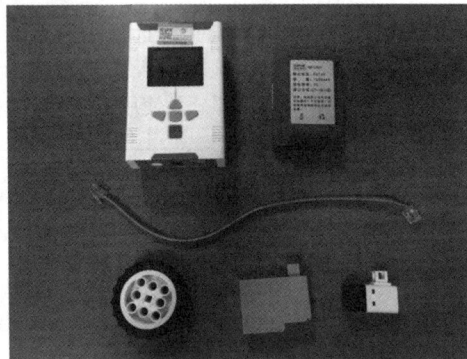

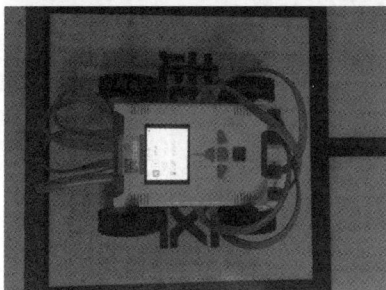

学生在教师的指导下完成机器人的组装。

3.机器人编程环节

巡线机器人成功的关键在于机器人能否正确执行程序。

灰度传感器

灰度传感器，又称轨迹识别传感器，它是由红外发射管和红外接收管组成的，主要功能是通过识别颜色的差别来判断轨迹。

红外发射管不断地发射红外线，当遇到地面反射回来的红外线时，红外线接收管接收红外线。当遇到不同颜色的物体时，颜色越深的物体对光线吸收得越多，则红外线接收管获得的信号越弱。轨迹识别传感器会把这些不同的信号转化为相应的电信号，然后把他们传递给机器人的处理系统。这样，轨迹识别传感器就可以分辨轨迹的颜色了。

灰度传感器是由发出光的发光部和接收光的接收部组成的感应器，可以区分明暗和距离

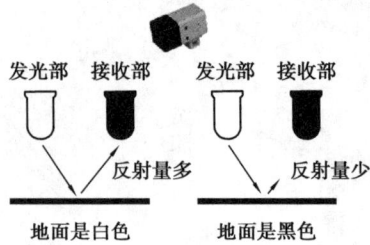

| 发光部 | 接收部 | 发光部 | 接收部 |

反射量多

反射量少

地面是白色　　　　地面是黑色

传感器接线方式：
假设4个灰度传感器从左至右依次接控制器传感器端口3、4、5、6。

电机接线方式：
4个电机从右至左依次接控制器电机端口A、B、C、D。

特此说明：此接法设置电机A正转、电机B正转、电机C反转、电机D反转时，车体前进。

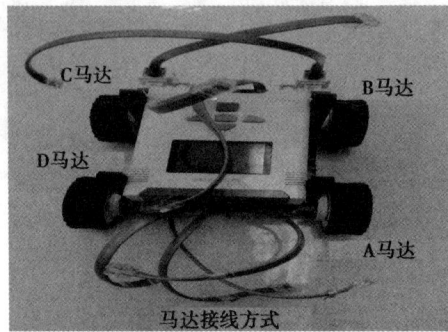

C马达

B马达

D马达

A马达

马达接线方式

编程界面简介：

工具栏：在编写程序过程中常用的一些工具集合，如新建、保存、下载等

模块库：程序的基本组成单元。每一个模块都有特殊的功能，如控制电机的模块、传感器采集信息的模块等

编程区域：机器人程序生成区域，通过模块库中模块的连接组成机器人的程序指令

模块属性设置区域：通过点击单个模块，修改模块功能参数，如设置电机的旋转速度等

编程案例：

给机器人小车编写一个程序，让它运动 5 秒，等待 1 秒，显示"停止"图像。

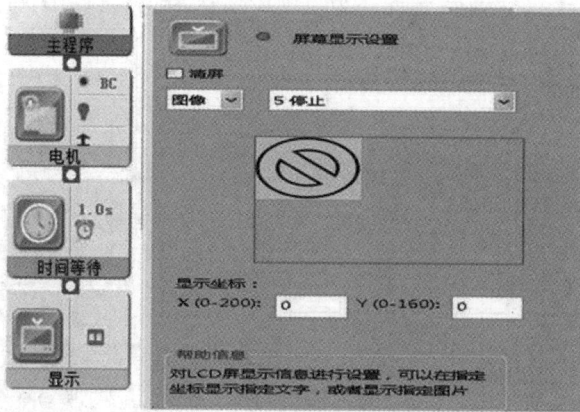

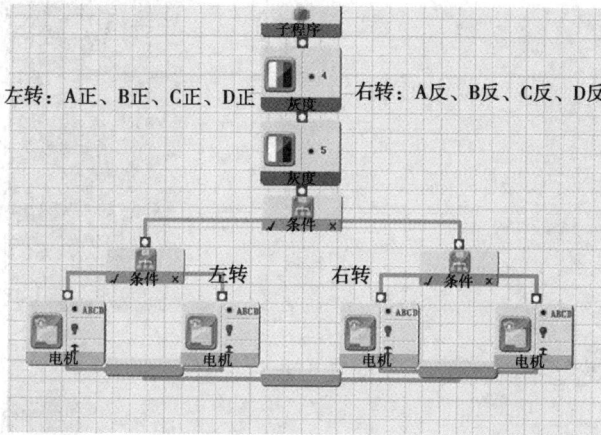

巡线子程序

根据比赛场地的要求，执行程序采用穷举法，即有多少直行和转弯就执行多少个程序，最后在终点停下来。

图示的线路执行程序的顺序依次为直行、右转弯、右转弯、右转弯、左转弯、直行、右转弯、右转弯、右转弯、右转弯、直行、停止。

　　直行程序：由于4个马达安装方向不同，A、B马达为正转，C、D马达为反转，并把功率（速度）设为50。后面可以设置一个时间等待。

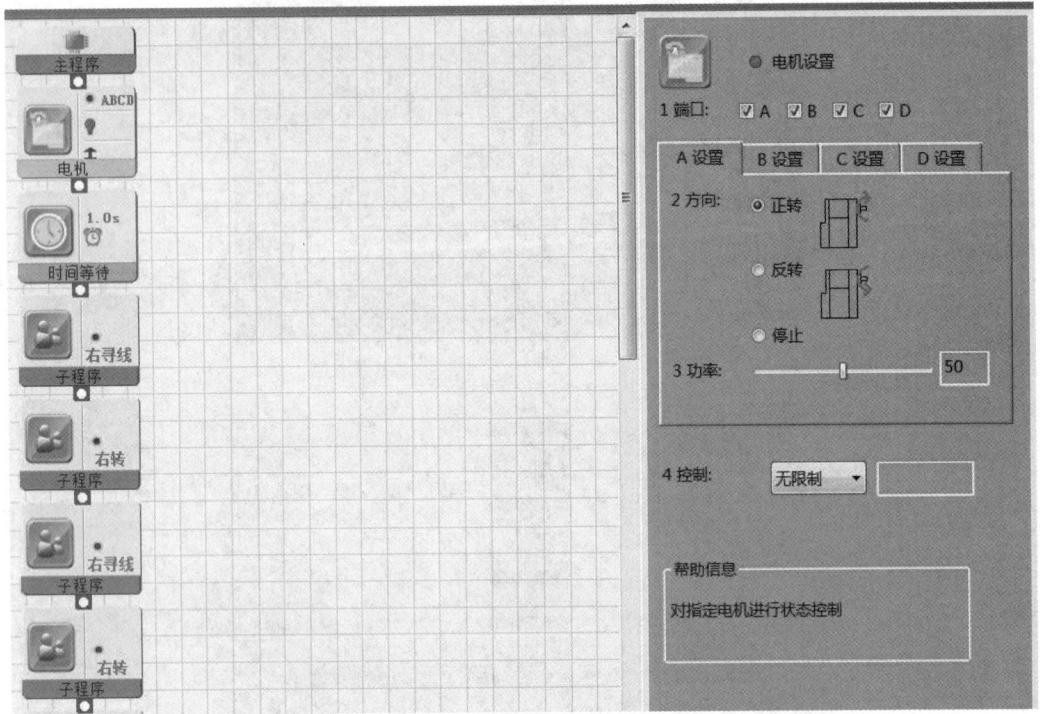

　　右巡线程序：需要套用一个循环，并设置为永远循环。

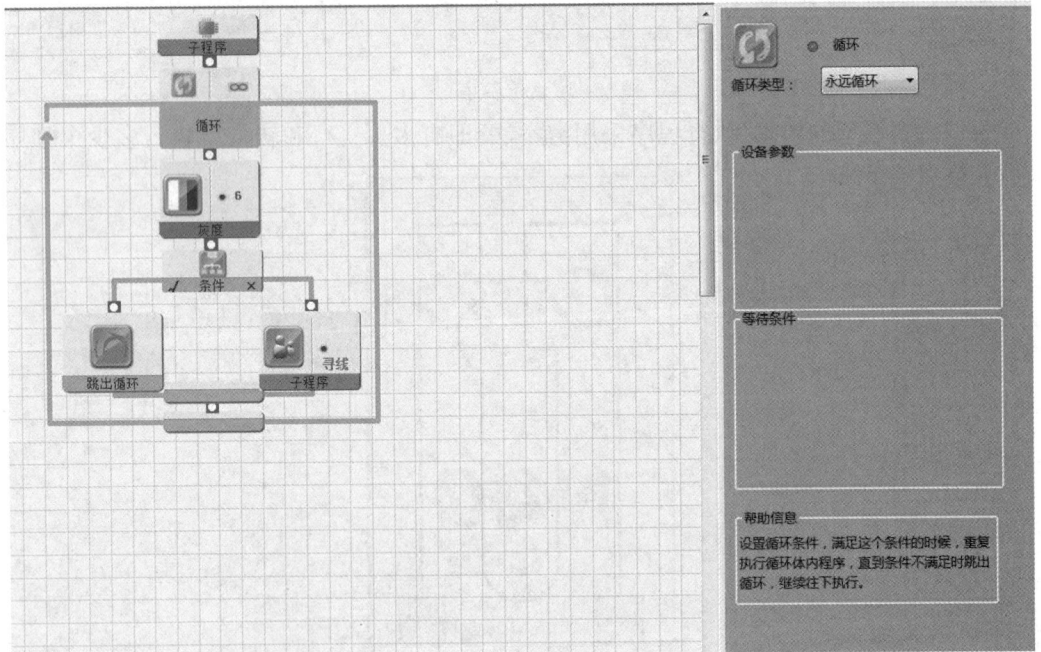

将灰度变量设为如图数值，并设置条件判断。

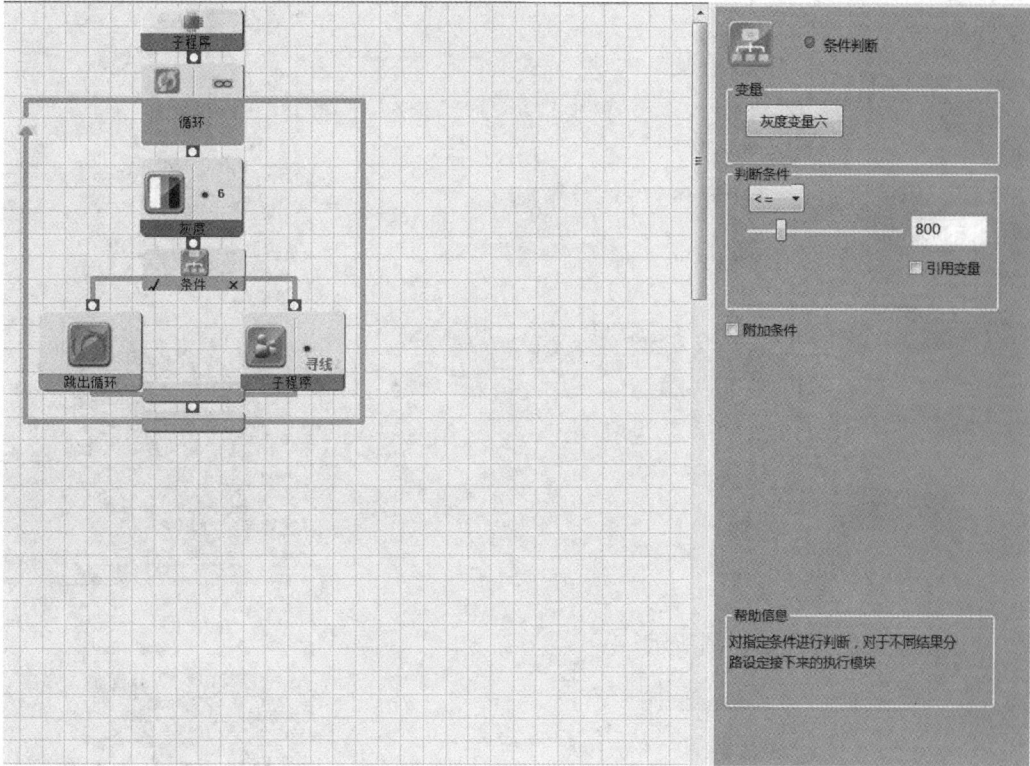

其中的巡线子程序如下图所示。

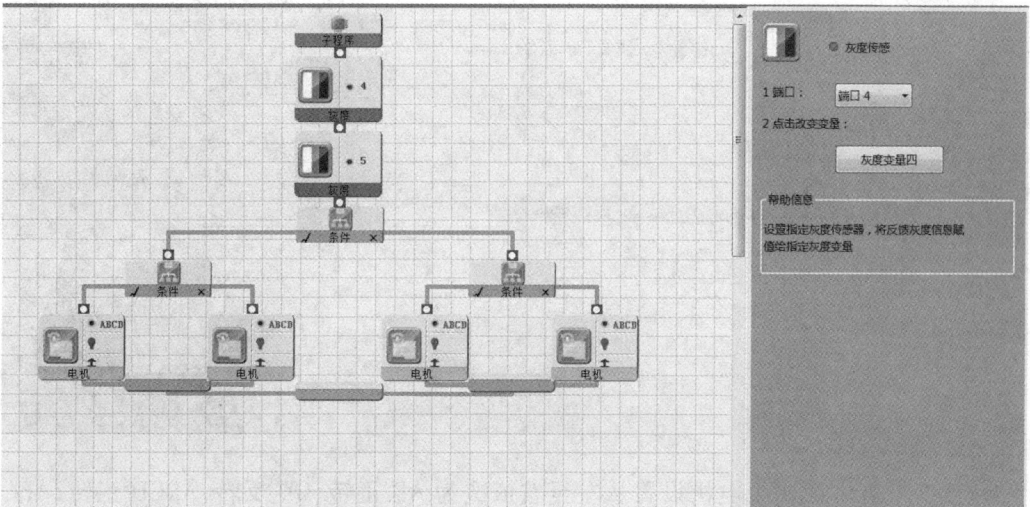

将端口4的灰度变量设为灰度变量四，端口5的灰度变量设为灰度变量五。
灰度变量四的条件如下图所示。

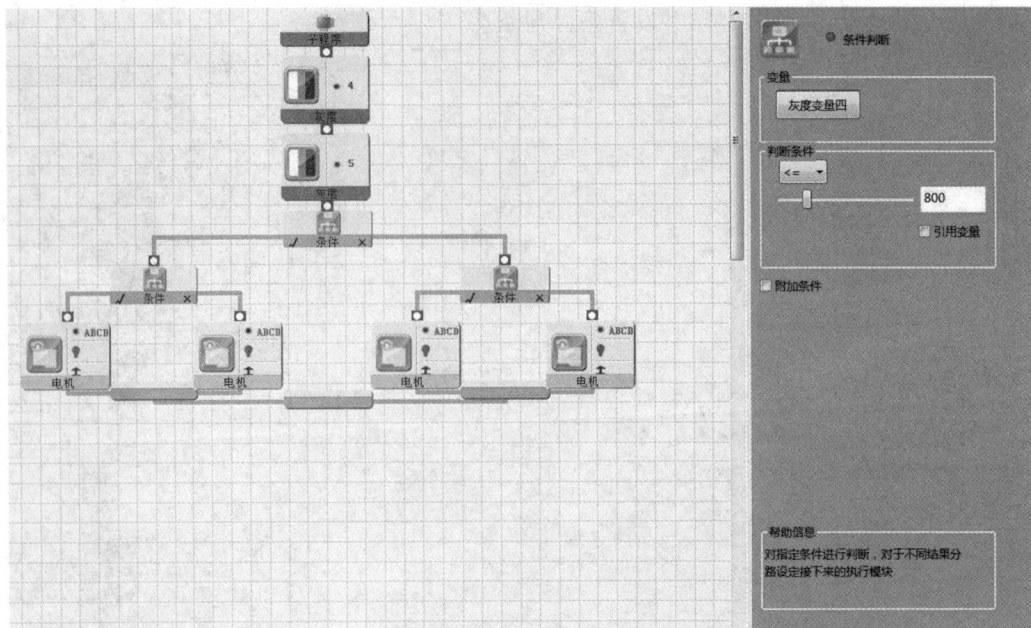

灰度变量五的条件如下图所示。

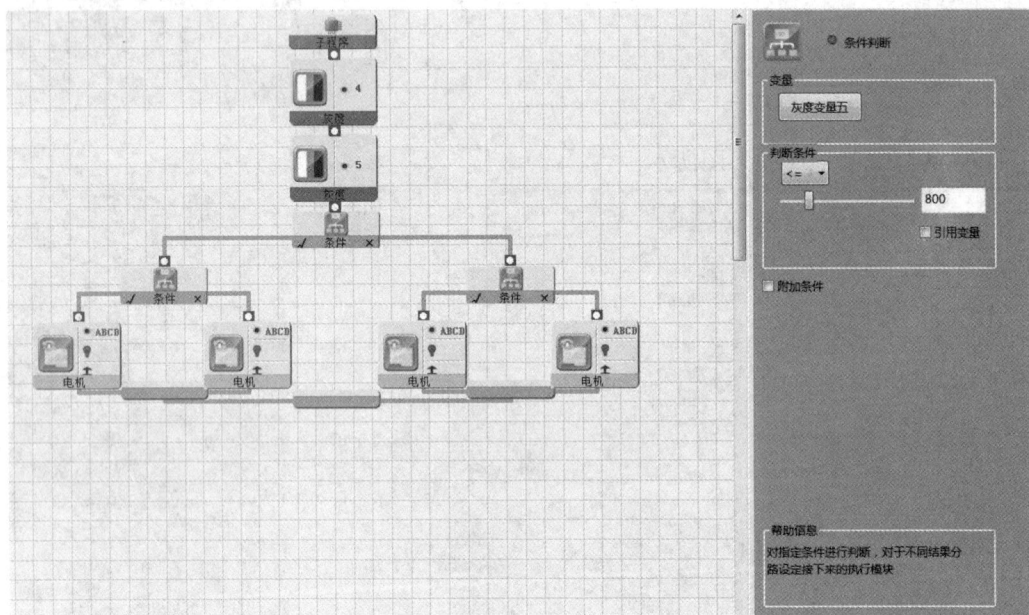

灰度变量五下面 4 个电机设置从左至右依次为 AB 正转、CD 反转,ABCD 正转,ABCD 反转,AB 正转、CD 反转。功率分别为 50,30,30,50。

右转程序如下图所示。

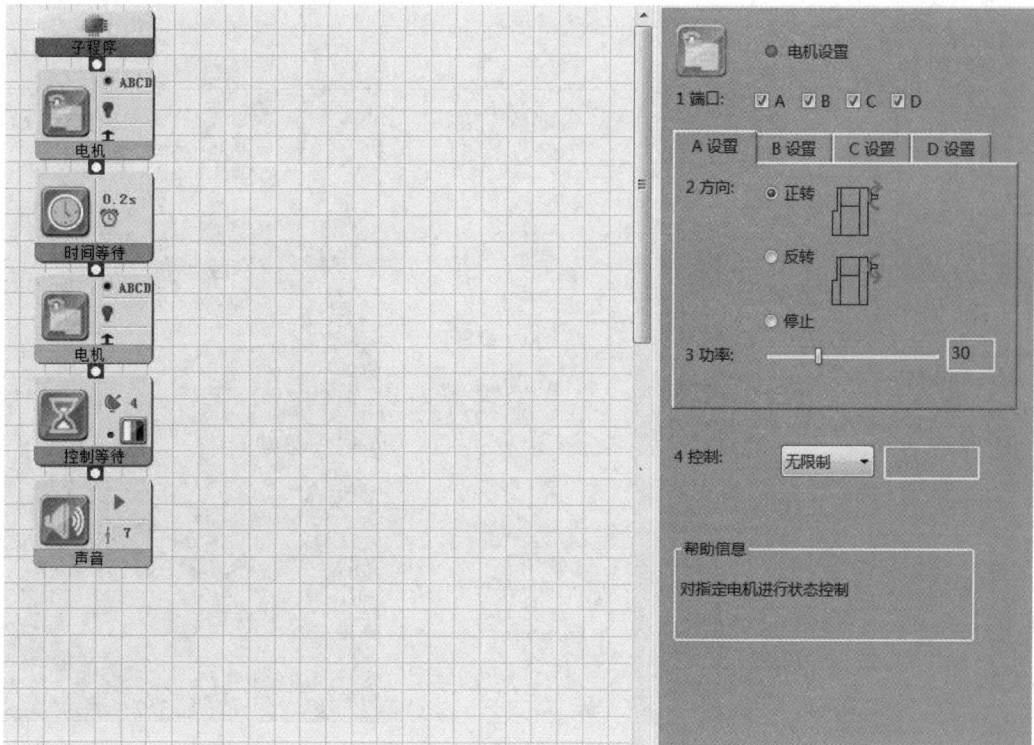

上下两个电机的马达旋转顺序分别为 AB 正转、CD 反转，ABCD 反转，功率为 30。时间等待 0.2 秒，控制等待和声音如下图所示。

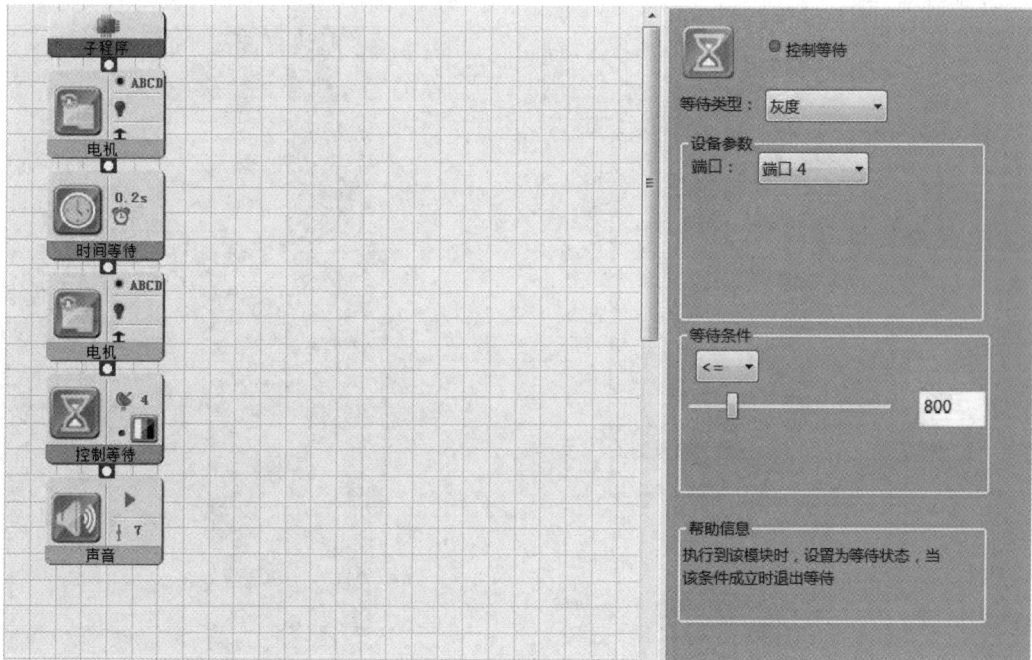

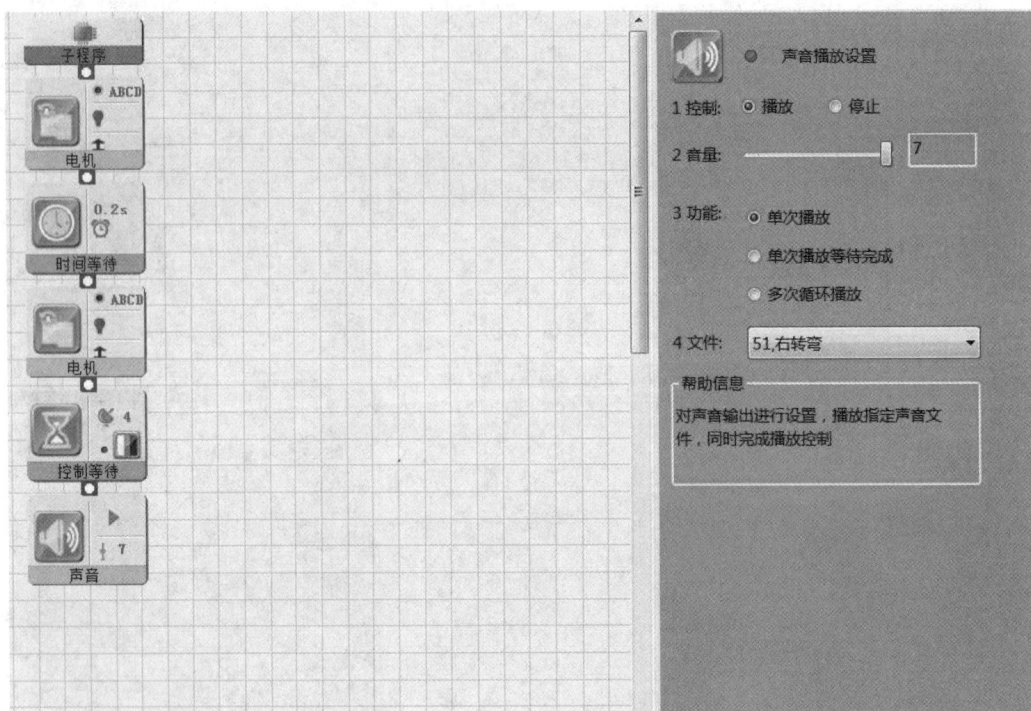

这样,右巡线和右转弯的程序就完成了,后面的所有右转弯与此相同。左巡线和左转弯与此类似。

左巡线程序如下图所示。

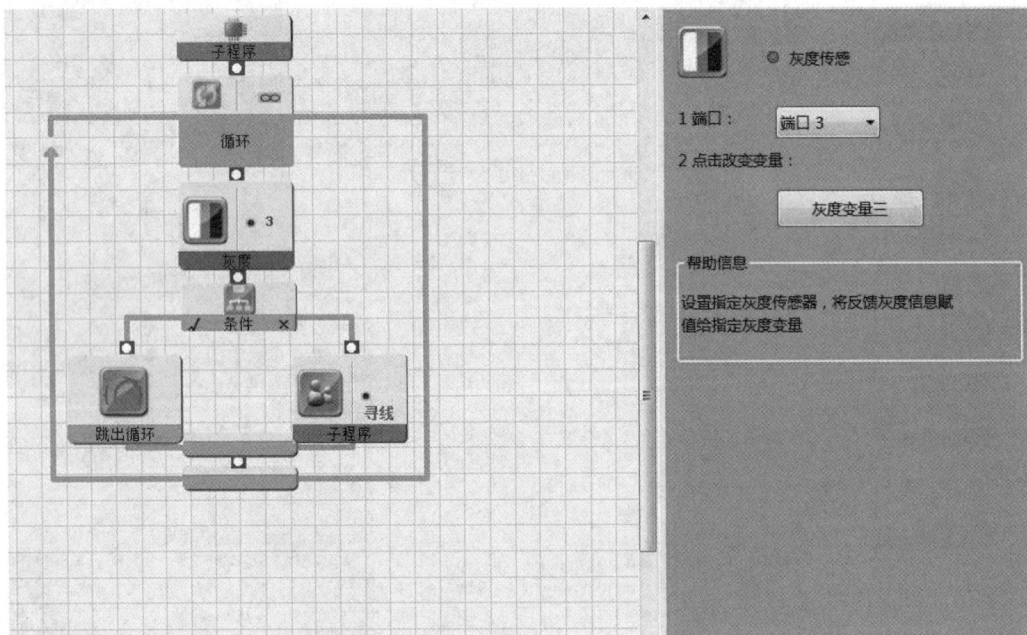

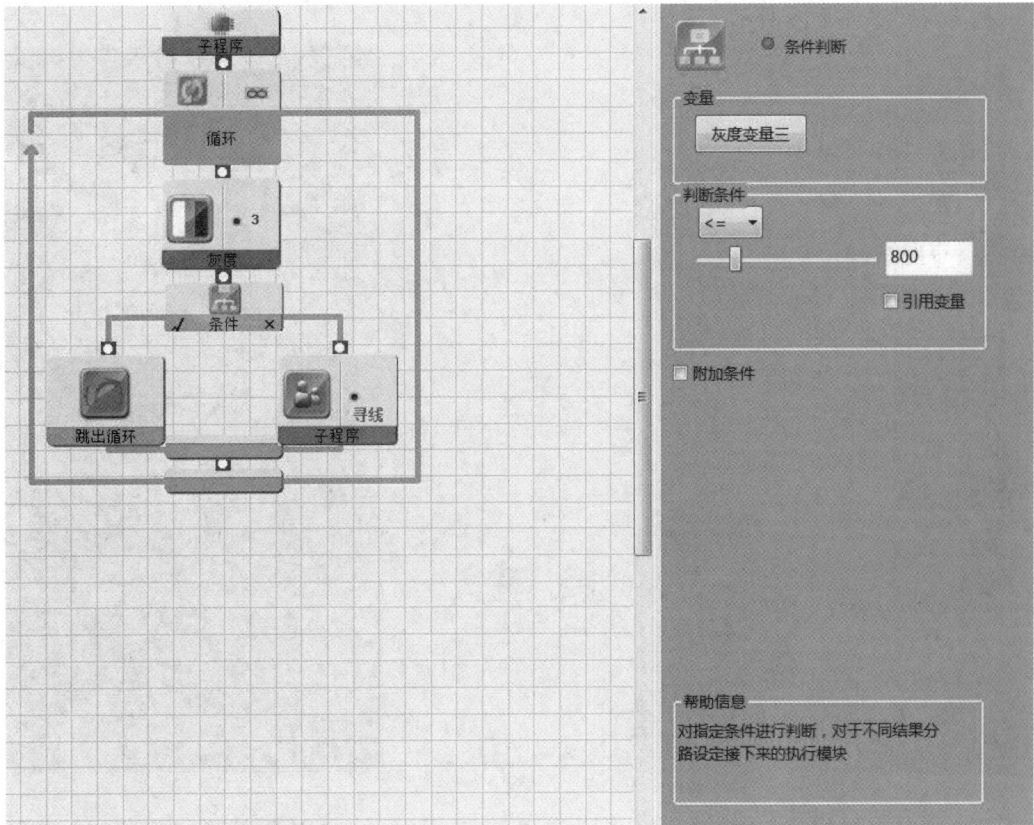

左巡线的端口与灰度变量不变,条件判断如下图所示。

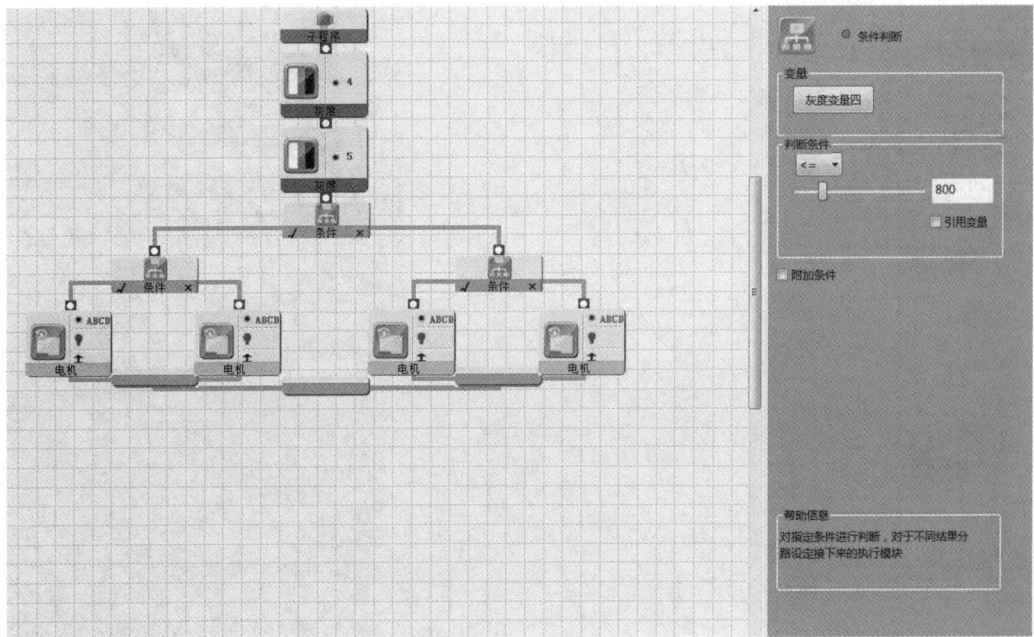

灰度变量五下面 4 个电机设置从左至右依次为 AB 正转、CD 反转,ABCD 正转,ABCD 反转,AB 正转、CD 反转。功率分别为 50,30,30,50。

左转弯程序如下图所示。

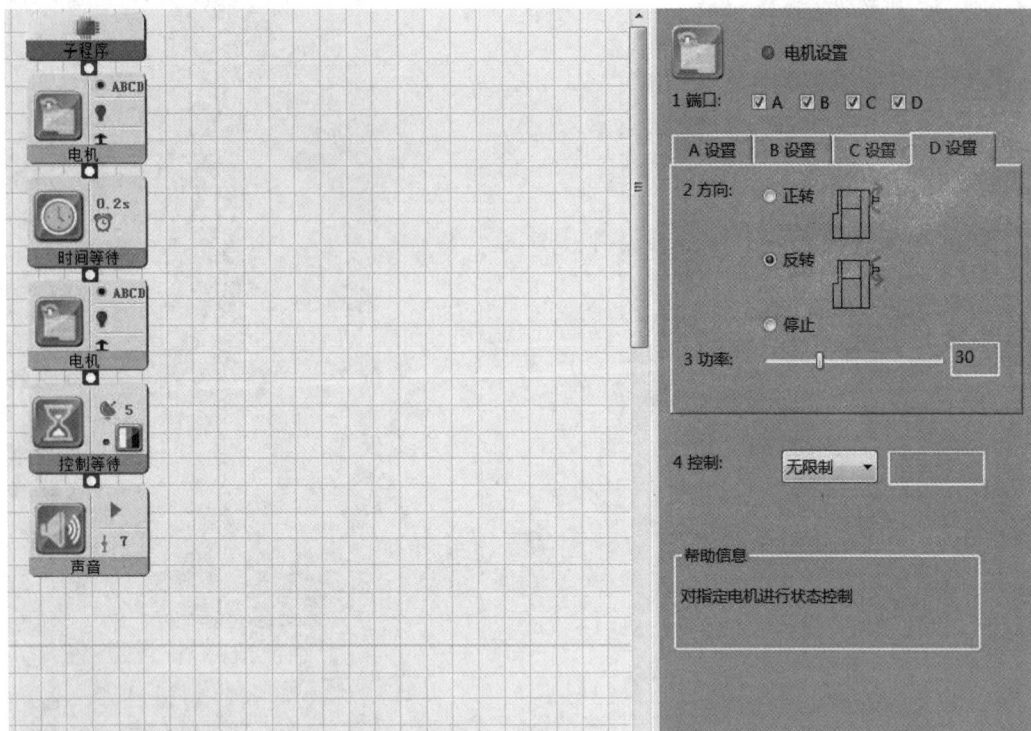

上下两个电机的马达旋转顺序分别为 AB 正转、CD 反转，ABCD 正转，功率为 30。时间等待 0.2 秒，控制等待和声音如下图所示。

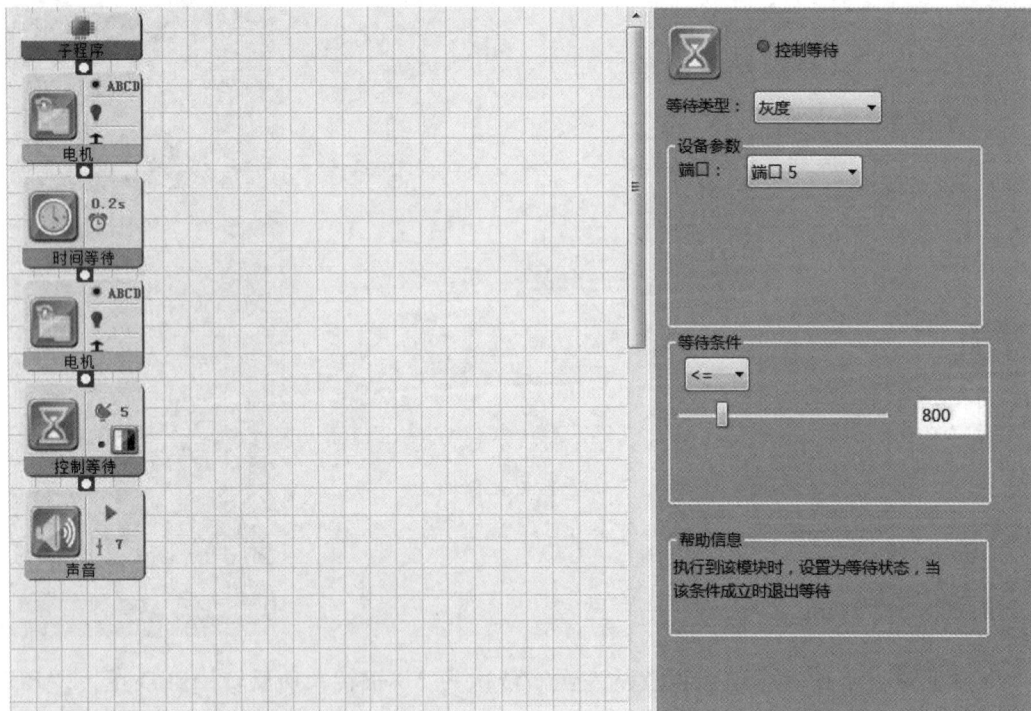

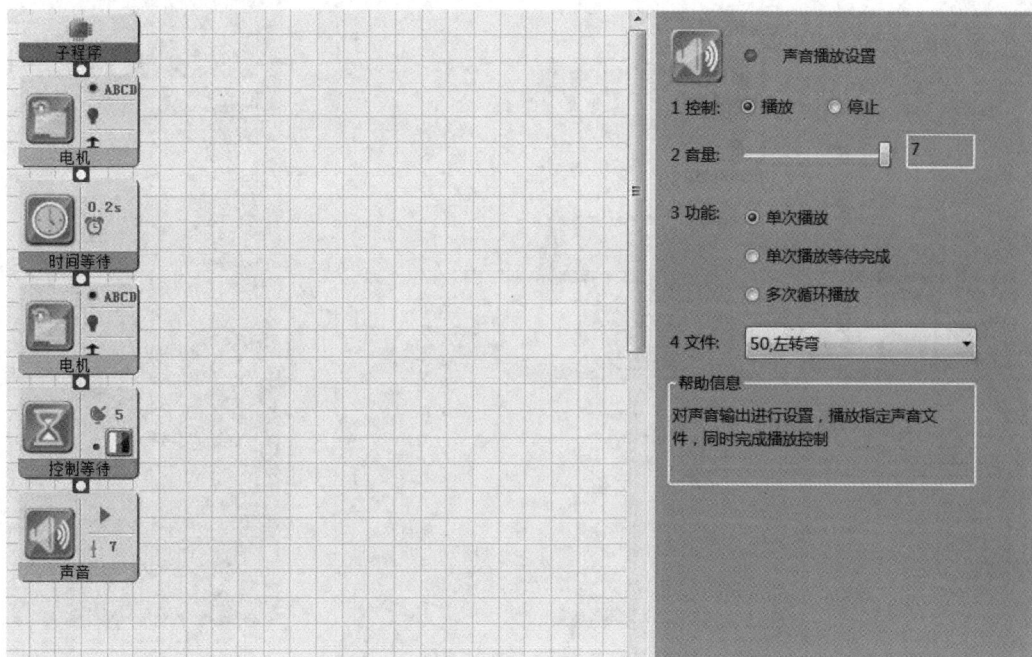

这样，左巡线和左转弯的程序就完成了。

在左转弯程序之后加入一个时间循环。

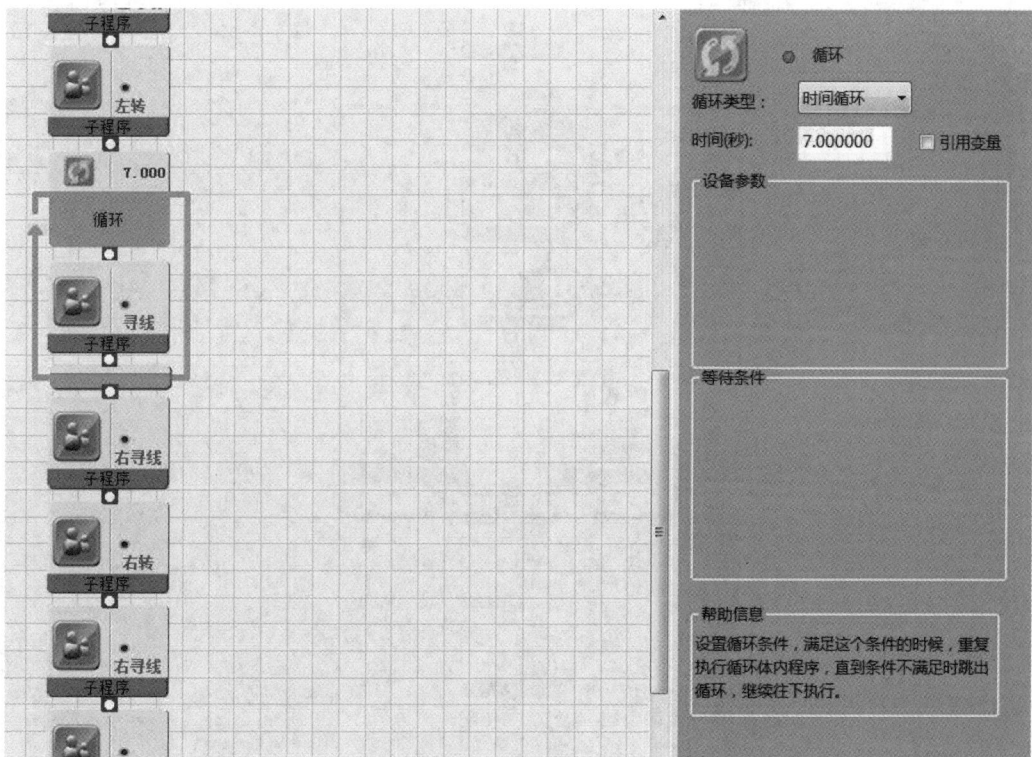

在时间循环内加入一个条件循环。

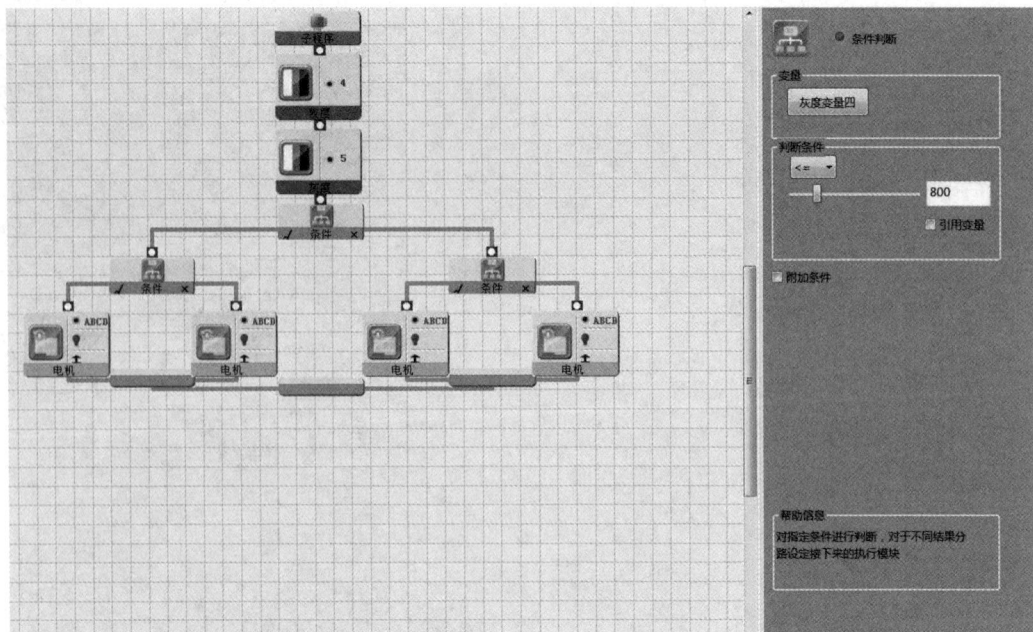

灰度变量五下面 4 个电机设置从左至右依次为 AB 正转、CD 反转, ABCD 正转, ABCD 反转, AB 正转、CD 反转。功率分别为 50,30,30,50。

终点程序如下图所示。

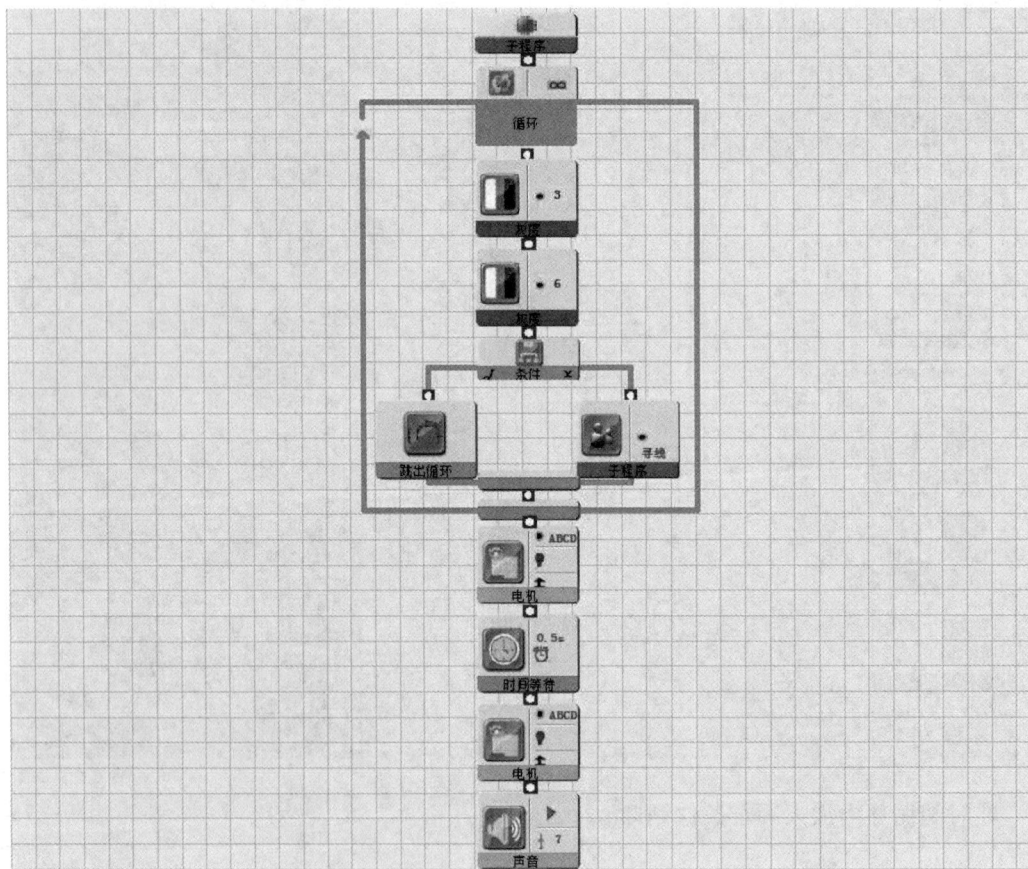

其中,循环类型为永远循环,端口3为灰度变量三,端口6为灰度变量六。条件判断设置如下图所示。

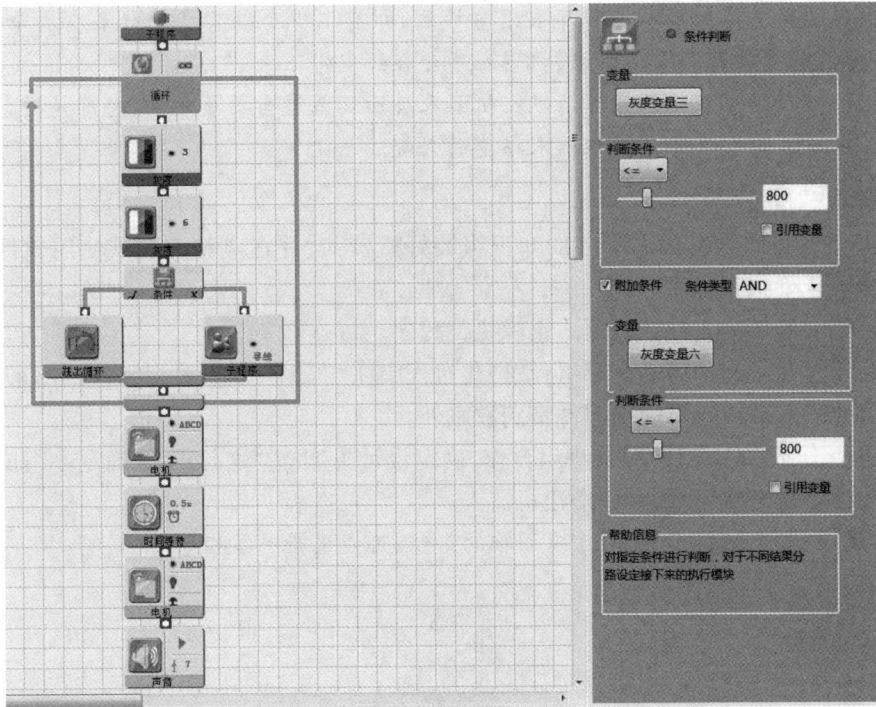

循环内巡线子程序与前面相同。

循环外的电机设置分别为 AB 正转、CD 反转,功率 50;ABCD 停止。时间等待 0.5 秒。声音设置如下图所示。

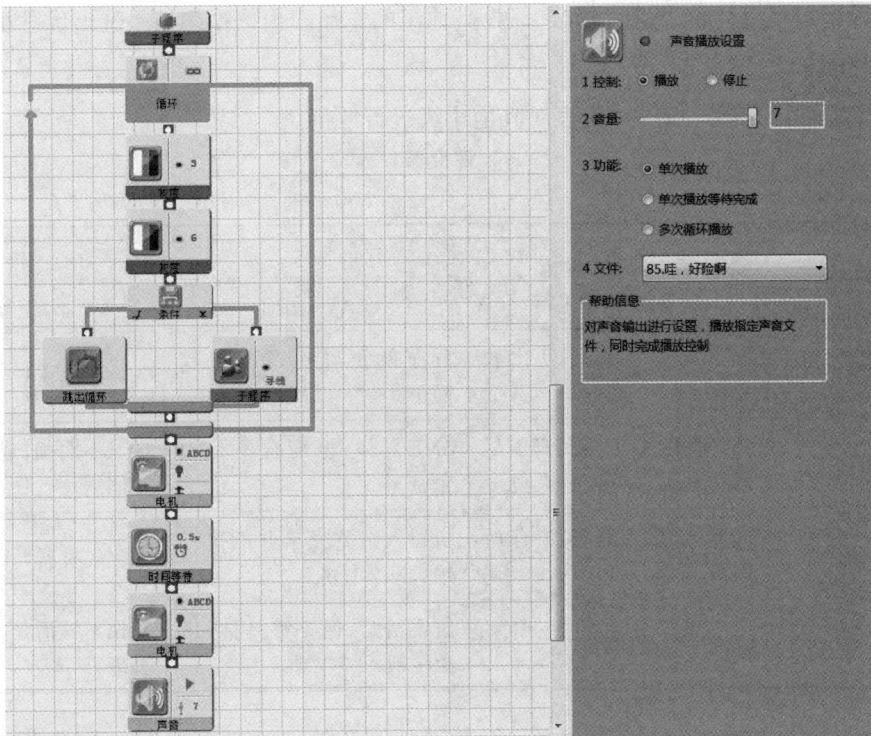

这样所有的程序编写完毕，使用数据线将编好的程序下载到机器人就可以进行巡线挑战了。

注意：这里的竞赛机器人的程序采用穷举法，即有多少个转弯就执行多少次命令，如果在某些地方将转弯执行为前进命令，机器人不会在终点停下来。

指导建议：教师可以根据实际情况在机器人展示环节适当拓展延伸，特别是近几年来机器人的发展水平，以引发学生对机器人搭建的兴趣。

4.学生动手环节

（1）布置任务。学生根据学会的知识组装好机器人，并在电脑上尝试使用软件编出程序，让机器人正确执行程序。

任务：组装好机器人并让机器人正确执行程序。

要求：①坐在一起的为一个小组；②搭建过程中注意安全；③不要把零件倒出来；④活动过程中不能离开位置；⑤不能把零件带到教室外。

（2）执行任务。①设计草图：小组合作，确定设计方案；②确定分工：确定小组成员各自搭建部分；③合作搭建：小组合作搭建机器人。

指导建议：教师巡视指导，对于有困难的小组，可以进行一些指导。

活动总结

1.展示与交流

（1）学生以小组为单位，派代表展示本小组机器人执行的程序，并说出本小组的设计思路和分工。

（2）教师引导学生思考：你设计的程序有什么优点与不足？

（3）各小组根据评价表进行投票，只投其他组的作品。根据投票结果选出优胜小组。

2.评价与反思

学生以小组为单位，按照评价表对其他小组进行评价。

评价表

小组成员：　　　　　　　　　　　　　　　　　　　　　　　　　　总分：

评价项目	评价等级		
	一级（3分）	二级（2分）	三级（1分）
程序	程序能正确执行且比较复杂	程序能正确执行但比较简单	程序不能执行
分工	分工明确，每个成员都能尽力而为，成员间配合默契	分工具体，但配合不是很紧密	分工不明确，成员内部不团结
完成度	机器人组装完毕并有所创新	机器人组装完毕并能执行绝大部分任务	未完成机器人组装
讲解	解说生动，想象合理	解说清楚，但不够具体，想象一般	解说不够清楚，想象不合理

指导建议：在评价环节中，教师应事先让学生了解评价标准，要求学生熟悉评价表的内容，对评价标准中的能力培养目标或要求做到心中有数。

知识链接

robot，原意为奴隶，即人类的仆人，后译为机器人，是作家卡雷尔·凯佩克创造的词汇。它是高级整合控制论、机械电子、计算机、材料和仿生学的产物。在工业、医学、农业、建筑业甚至军事等领域中均有重要用途。

国际上对机器人的概念已经逐渐趋近一致，即机器人是靠自身动力和控制能力来实现各种功能的一种机器。联合国标准化组织采纳了美国机器人协会给机器人下的定义：一种可编程和多功能的操作机，或是为了执行不同的任务而具有可用电脑改变和可编程动作的专门系统。

"机器人巡线"学习单

［活动目标］

学生在教师的指导下学会利用图形化编程工具编写简单的巡线程序，并使巡线机器人正确执行程序，建立初步的编程思想。

［活动方案］

学生根据学会的知识组装好机器人，并在电脑上尝试使用软件编出程序，让机器人正确执行程序。

"机器人巡线"小组活动方案表

小组名称：   日期：

我们的设计草图：
我们这样分工：
我们遇到了这些困难：
搭建机器人让我们学到了：

[评价反思]

评价表

小组成员：   总分：

评价项目	评价等级		
	一级（3分）	二级（2分）	三级（1分）
程序	程序能正确执行且比较复杂	程序能正确执行但比较简单	程序不能执行
分工	分工明确，每个成员都能尽力而为，成员间配合默契	分工具体，但配合不是很紧密	分工不明确，成员内部不团结
完成度	机器人组装完毕并有所创新	机器人组装完毕并能执行绝大部分任务	未完成机器人组装
讲解	解说生动，想象合理	解说清楚，但不够具体，想象一般	解说不够清楚，想象不合理

社 会

SHEHUI

测定土壤酸碱性

适用年级：初中　　建议时间：120 分钟

活动目标

通过测定土壤酸碱性活动，了解我们赖以生存的土壤；知道土壤酸碱度是影响土壤化学环境的重要因素；明白土壤酸碱性对农作物、生态环境的影响；掌握用简单的化学方法测定土壤酸碱性；鼓励学生利用自己所学知识，为农业和生态环境开展更多的探究实验活动。

活动准备

材料：试管（每组 5 支）、药匙、pH 试纸（带比色卡）、玻璃片、玻璃棒、蒸馏水、口取纸、白纸、试管刷、笔、纸、与土壤有关的视频或图片。

场地：果园。

活动实施

1.情境导入

教师展示与土壤有关的视频或图片，介绍土壤的基本知识、土地与农作物及土地环保等。

土壤是有酸碱度的，不同地方的土壤其酸碱度是不一样的，有的植物适合偏酸性的土壤，有的植物适合偏碱性的土壤。你知道自家花盆里土壤的酸碱度吗？应怎样测定？

2.观察练习

观察实验仪器、用具的使用方法，用 pH 试纸测试、判别酸碱度。

3.任务要求

任务：实验测定土壤酸碱度。

要求：①对指定区域土壤的酸碱性进行实验测定，实验中要求准确记录实验现象；②解释实验数据和现象，形成实验报告。

4.制订方案

各小组按照以下表格进行合理分工，填写相应内容。

"测定土壤酸碱性"小组活动方案表

小组名称：　　　　　　　　　　　　　　　　　　　　　　　　　日期：

规定任务：
目的：
我们还想探究：
所需器材：
活动策略(分工安排、实验设计、注意事项、方法步骤等)：
实验现象记录：
实验现象分析：
初步结论：
问题和困难：

5.任务实施

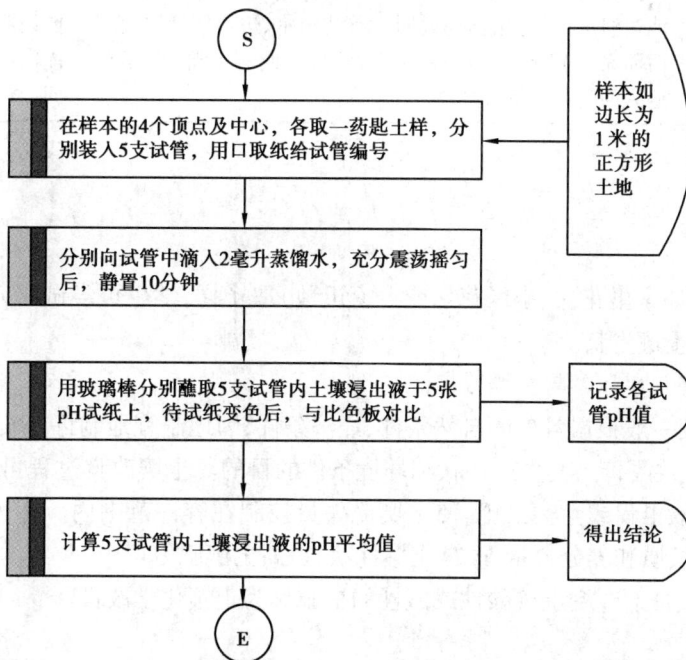

指导建议:①首先交代实验活动的材料主体——土壤的基本知识,让学生明白土壤的基本构成及化学特性,知道土壤酸碱度是影响土壤化学环境的重要因素,为此次活动作铺垫。土壤学作为自然地理学的分支,其博大精深,教师简要介绍即可。②若学生还未接触关于酸碱性、pH测试纸等化学知识,需要教师作示范讲解。③此次活动中的实验,有别于学生化学实验课,有必要引导学生科学取样土壤及制备土壤浸出液,从而使检测结果更为准确有效。④教师全程跟进,若学生进度过慢可适当点拨,随时提醒学生注意操作规范。

活动总结

1.展示与交流

教师引导学生从生实验方案设计、方案实施、实验结果几方面进行小组间评估,选出全班最佳实验组,由最佳实验组发表获奖感言并介绍成功经验。

2.评价与反思

学生以小组为单位,按照评价表对其他小组进行评价。

评价表

小组成员:　　　　　　　　　　　　　　　　　　　　总分:

评价项目	评价等级		
	一级(3分)	二级(2分)	三级(1分)
活动	积极参加活动,对土壤知识、农业科技及环保的关注度极高	参加活动,对土壤知识、农业科技及环保的关注度较高	参加活动,对土壤知识、农业科技及环保的关注度不高
实验	能很好地分工协作,能按要求恰当取样土壤,准确检测土壤酸碱性并得到结果	能分工协作,能按要求取样土壤,检测土壤酸碱性并得到结果	能分工,能取样土壤,检测土壤酸碱性并得到结果
交流	能边演示、边有条理地说明活动完成情况,并举例说明遇到的问题及解决办法	能边演示、边说明活动完成情况,能回答老师、同学的提问	能说明活动完成情况,能回答老师、同学的提问,叙述不太清晰

拓展

(1)从身边(如家里花盆、小区花坛或自家田地)取土样,学生可尝试研究什么样的植物适合在酸(碱)性土壤生长。

(2)尝试了解并实际参与土壤改良。

(3)土壤改良一般根据各地的自然条件、经济条件,因地制宜地制订切实可行的规划,逐步实施,以达到有效改善土壤生产性状和环境条件的目的。土壤改良过程可分为两个阶段:①保土阶段。采取工程或生物措施,使土壤流失量控制在容许范围内。②改土阶段。其目的是增加土壤有机质和养分含量,改良土壤性状,提高土壤肥力。

(4)用化学改良剂改变土壤酸性或碱性的措施称为土壤化学改良。

"测定土壤酸碱性"学习单

[活动目标]

通过测定土壤酸碱性活动,了解我们赖以生存的土壤;知道土壤酸碱度是影响土壤化学环境的重要因素;明白土壤酸碱性对农作物、生态环境的影响;掌握用简单的化学方法测定土壤酸碱性;鼓励学生利用自己所学知识,为农业和生态环境开展更多的探究实验活动。

[活动方案]

"测定土壤酸碱性"小组活动方案表

小组名称: 日期:

规定任务:
目的:
我们还想探究:
所需器材:
活动策略(分工安排、实验设计、注意事项、方法步骤等):
实验现象记录:
实验现象分析:
初步结论:
问题和困难:

[**评价反思**]

评价表

小组成员：   总分：

评价项目	评价等级		
	一级(3分)	二级(2分)	三级(1分)
活动	积极参加活动,对土壤知识、农业科技及环保的关注度极高	参加活动,对土壤知识、农业科技及环保的关注度较高	参加活动,对土壤知识、农业科技及环保的关注度不高
实验	能很好地分工协作,能按要求恰当取样土壤,准确检测土壤酸碱性并得到结果	能分工协作,能按要求取样土壤,检测土壤酸碱性并得到结果	能分工,能取样土壤,检测土壤酸碱性并得到结果
交流	能边演示、边有条理地说明活动完成情况,并举例说明遇到的问题及解决办法	能边演示、边说明活动完成情况,能回答老师、同学的提问	能说明活动完成情况,能回答老师、同学的提问,叙述不太清晰

垂　钓

适用年级：初中　　建议时间：120 分钟

活动目标

　　学会垂钓的基本方法，掌握垂钓的技巧及注意事项；学会运用垂钓技巧，逐渐培养垂钓的兴趣，并进行一次垂钓活动；提升注意力和耐心，感悟做人要沉稳、静心的道理，达到修身养性的目的。

活动准备

　　材料：竿、线、漂、钩、坠、饵及活动所需其他材料。
　　场地：鱼塘。

| 竿 | 线 | 漂 | 钩 | 坠 |

活动实施

1.情境导入

　　请学生讲述姜太公钓鱼的故事，并利用课件出示各种鱼和垂钓的图片，请学生交流自己所了解的关于垂钓的知识，引出课程任务——垂钓。
　　指导建议：①在垂钓之前先认识垂钓的工具、材料；②师生交流工具的用法；③对于学生不会使用的工具，教师着重示范。

2.明确任务

　　任务：垂钓。
　　要求：①学生以小组为单位，在规定时间内钓取足够多的鱼；②爱惜垂钓工具；③渔具操作规范。

3.自主探究

　　(1)给出 5 分钟时间让学生对照工具材料，构思垂钓的步骤和方法，并在纸上记下来。
　　(2)阅读垂钓说明书，理解垂钓过程(见知识链接)。
　　(3)针对垂钓的任务，提出自己的问题。
　　指导建议：①学生围绕任务提出自己的困惑，教师和学生共同探讨解答；②给学生充足的时间阅读垂钓说明书，这是垂钓活动顺利进行的基础；③让学生体验垂钓的乐趣。

4.制订方案

　　小组讨论后形成统一意见，确定小组分工，在活动方案表中写下小组讨论的结果。

"垂钓"小组活动方案表

小组名称：　　　　　　　　　　　　　　　　　　　　　　　　日期：

所需器材		
所需工具		
小组分工	选择钓点，分配钓点	
	领取、收发工具材料	
	安全监督	
	收获展示	

5.任务实施

按小组方案进行集体活动,随时记录下活动过程中小组遇到的问题。

指导建议:①监督学生是否在认真活动,提醒学生注意时间,引导学生按方案进行分工等,不对活动的过程作任何技术性指导,但对过程中不规范、不安全的操作要给出正确的指导。②注意用正面的问题激发学生的探索兴趣,引发学生对生活的热爱之情,善于联想与想象,敢于探索生活,发现生活中的美。③教师要仔细观察学生的活动,检验学生是否达到预期的目标。④提醒学生不要太靠近池边,以免失足落水。⑤提醒学生鱼钩的安全使用。

◢ 活动总结

1.展示与交流

垂钓结束后,每个小组推荐一名成员展示活动收获,再集体评价各组活动情况。

指导建议:①可从收获的情况、发现的问题、如何解决问题、还没有解决的问题等方面进行讲述(每人3分钟)。②集体评价各组活动情况时,指出各组的优点及不足,提出改进建议,讨论、解决他人的问题。

2.评价与反思

"垂钓"个人总结与反思

姓名：   日期：

我的表现：
垂钓方法描述：
过程中获得的帮助：

评价表

小组成员：   总分：

评价项目	评价等级		
	一级（3分）	二级（2分）	三级（1分）
合作	活动计划周密，分工合理，执行力强	能制订出活动计划，有分工安排	未能就活动方案达成共识，存在不相互配合的情况
实践	活动过程正确科学，安全规范；钓鱼数量最多，工具完好，环保	活动过程基本正确，安全；钓鱼数量较多，工具基本完好	活动过程不正确；钓鱼数量最少，工具有损坏
交流	汇报材料准备充分，讲解清晰	汇报材料有准备，讲解明了	仅能说明本组开展活动的情况

◤ 拓展

　　学生交流讨论自己在本次垂钓活动中的成功与不足之处，总结技巧与经验，与大家分享自己的感受。垂钓最重要的是什么？怎样才能钓到很多鱼？垂钓最大的忌讳是什么？如果遇到急事最大的忌讳又是什么？以后再碰到这样的事该怎样做？

　　指导建议：垂钓对于很多学生来说不是一件难事，但此次活动的目的并不在于钓鱼的多少，而在于磨炼心性，让学生更加沉稳、静心，遇事不慌。

◤ 知识链接

　　垂钓的步骤如下：

　　（1）打窝。选择好钓点后就要下诱饵打窝。一般水面大的，窝打远些；水面小的，窝打近些。春天宜打在近岸的浅水区，夏天宜打在阴凉的深水区，秋天宜打在较远的深水区，冬天宜打在向阳背风的水域。

（2）投饵。一般来讲，投饵数量由诱饵质量、水面大小和深浅决定，诱饵质量好、水浅水面小的可少投，诱饵质量差、水深水面宽的宜多投。诱饵投放要适量，过多则鱼只吃诱饵，咬钩率差，过少则鱼聚集的时间太短。

（3）装饵。钓饵有荤素之分，以蚯蚓为例，正确的装钩方法有两种：一是用钩尖从蚯蚓一端穿入，剩下0.5~1厘米长的部位不穿，使其能摆动，引鱼抢食；二是用钩尖从蚯蚓中间穿入，留头尾不穿，在外摆动，这样更容易引鱼上钩。应特别注意的是，钩尖不外露。

（4）下钩。正确下钩要注意4个字：轻、准、动、避。"轻"就是不要有太大的声响，否则不但惊跑鱼群，而且容易使饵脱钩。"准"就是要把钓钩抛在窝点上，不要偏离。"动"就是要轻轻抖动钓线，引起鱼儿的注意。"避"就是要避开小鱼的干扰（抢食）。

（5）看钩。鱼的咬钩动作因鱼的种类而异。例如，鲫鱼吞饵一般是头朝上、尾朝下，这时浮子的现象是先下沉1~2厘米，然后浮子上送。青鱼、草鱼游动快，吞饵也快，浮子浮沉1~2次后就出现"拖漂"现象。黑鱼吞饵凶猛，咬钩拖劲奇大。

（6）提竿。鱼咬钩后应及时提竿。提竿有很多技巧，是垂钓中的硬功夫，也是能否钓到鱼的最关键一环。提竿应该掌握正确的姿势：提竿时，手腕向上一翘，同时肘部往下一压，既要用力，又不能大翘大压。只需将鱼竿上翘5厘米左右，就能使鱼钩钩住鱼嘴。提竿要顺着鱼浮拖的方向提或斜向提，不可向后提。提竿时还要注意，不能用力过猛，不能死拉硬拽，不能用手提渔线强行使鱼上岸。这样做，会把鱼嘴拉裂或只钩了个鱼唇上来，或者造成线断、钩断、鱼逃走的后果。

"垂钓"学习单

[活动目标]

学会垂钓的基本方法，掌握垂钓的技巧及注意事项；学会运用垂钓技巧，逐渐培养垂钓的兴趣，并进行一次垂钓活动；提升注意力和耐心，感悟做人要沉稳、静心的道理，达到修身养性的目的。

[活动方案]

"垂钓"小组活动方案表

小组名称：　　　　　　　　　　　　　　　　　　　　　　　　日期：

所需器材	
所需工具	

小组分工	选择钓点，分配钓点	
	领取、收发工具材料	
	安全监督	
	收获展示	

[评价反思]

"垂钓"个人总结与反思

姓名：　　　　　　　　　　　　　　　　　　　　　　　日期：

| 我的表现： |
| 垂钓方法描述： |
| 过程中获得的帮助： |

评价表

小组成员：　　　　　　　　　　　　　　　　　　　　　总分：

评价项目	评价等级		
	一级（3分）	二级（2分）	三级（1分）
合作	活动计划周密，分工合理，执行力强	能制订出活动计划，有分工安排	未能就活动方案达成共识，存在不相互配合的情况
实践	活动过程正确科学，安全规范；钓鱼数量最多，工具完好，环保	活动过程基本正确，安全；钓鱼数量较多，工具基本完好	活动过程不正确；钓鱼数量最少，工具有损坏
交流	汇报材料准备充分，讲解清晰	汇报材料有准备，讲解明了	仅能说明本组开展活动的情况

琥珀制作

适用年级：初中　　建议时间：120分钟

活动目标

认识琥珀,了解琥珀基本知识;学习琥珀制作的基本技法和步骤,自主体验琥珀制作过程;感受琥珀魅力,提升动手能力和审美情趣。

活动准备

材料:松香、酒精灯、石棉网、烧杯、三脚架、打火机、手套、玻璃棒、火柴、绸布及活动所需其他材料。

场地:琥珀制作室。

活动实施

1.情境导入

教师展示不同类型的琥珀图片,学生自主观察琥珀外观,尝试从颜色、光泽、外观特征等多角度归纳总结不同类型的琥珀特点(见知识链接)。

虫珀

蜜蜡

血珀

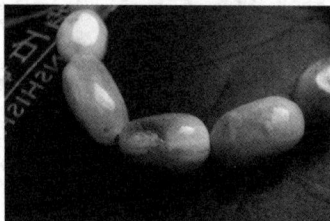

骨珀

金珀

花珀

水胆珀 香珀

指导建议:如有成品琥珀可让学生参观实物,效果更为直观。

2.技法初探

(1)学生观看琥珀制作的讲解版视频和文章,以小组为单位(5~8名为一组),通过画流程图的方式,总结出琥珀制作的基本技法和步骤。

(2)小组依次分享自己的流程图,教师纠错并给予反馈意见。

指导建议:琥珀制作过程复杂,视频一瞬而过较难捕捉到重要信息,可在画流程图环节循环播放视频,帮助学生厘清思路。

3.任务要求

任务:琥珀制作。

要求:①小组合作,探究琥珀制作工艺与注意事项;②参考以下图片,自主设计、制作一件琥珀成品。

4.讨论问题

关于琥珀制作我们知道什么? 为了设计创作出更好的作品,我们还需要了解什么? 身边有哪些东西可作为琥珀设计的灵感? 制作琥珀时需要注意什么? 小组讨论并制订具体活动方案。

5.制订方案

"琥珀制作"小组活动方案表

小组名称: 日期:

小组成员		组长	
任务:			

我们的设计草图、主题及创意说明:
活动方法、步骤与注意事项:
我们这样分工:
我们遇到了什么困难? 是如何解决的?
成品效果(描述):

6.任务实施

(1)教师——介绍琥珀制作的器材与使用注意事项。

注意:酒精灯用火柴点燃,灯帽盖灭,禁用嘴吹;烧杯防烫伤与炸裂,戴手套隔热;鼻子需远离烧杯防止熏伤。

(2)寻找合适的容器作为琥珀盒,也可用现有材料自制一个琥珀盒。

(3)采集小而精巧的物体作为琥珀标本。

(4)点燃酒精灯,隔着石棉网加热烧杯,熔化松香。

(5)戴手套将部分松香倒入琥珀盒,放入标本,浇灌松香至覆盖住整个标本。

(6)冷却成型后用酒精擦拭,使琥珀愈加光亮晶莹。

活动总结

1.展示与交流

小组代表介绍本组作品的主题、创作思路、设计理念,讲述作品运用了哪些技巧,说说本组为使作品更生动做了哪些尝试,还希望对作品做哪些改进与完善。小结本组开展活动的成功经验与不足之处。

2.评价与反思

"琥珀制作"个人总结与反思

姓名: 日期:

我认为制作琥珀最难的是:
琥珀制作过程中的注意事项:
我在小组活动中的角色分工:
评价自己在活动中的表现:
需要改进的地方:

评价表

小组成员: 总分:

评价项目	评价等级		
	一级(3分)	二级(2分)	三级(1分)
器材使用	能够正确使用实验器材,熟知使用器材的注意事项,在琥珀制作过程中没有出现过错误使用的情况	基本掌握实验器材的正确使用方法,能够有意识地注意器材使用时的注意事项,但出现过1~3次错误使用的情况	对实验器材的使用有一定概念,但在实验操作时经常忘记正确的使用方法,出现过3次以上错误使用的情况
成品效果	琥珀制作成型;琥珀标本能够完整地覆盖于松香之内;琥珀表面光滑透亮有光泽;琥珀内没有明显的凹凸和气泡	琥珀制作成型;琥珀标本部分覆盖于松香之内,出现一些明显的裸露;琥珀表面基本光滑平整,但不够透亮,光泽度稍显黯淡;琥珀内有少许气泡,但不太明显	琥珀制作没有完整成型;琥珀标本部分覆盖于松香之内,出现一些明显的裸露;琥珀表面不够光滑,光泽度黯淡;琥珀内有一些明显的气泡和凹凸

评价项目	评价等级		
	一级(3分)	二级(2分)	三级(1分)
展示与交流	交流发言时能加入自己的思考,准备充分,叙述有条理,积极分享活动体会;交流内容丰富,交流时间为5~10分钟	交流发言时汇报材料仅为简单罗列,叙述完整,能分享自己的活动体会;交流时间为3~5分钟	交流发言时汇报材料较为敷衍,汇报叙述含糊不清,活动体会苍白空洞,缺乏实际内容;交流时间不超过3分钟

知识链接

1.认识琥珀

虫珀:包有动植物遗体的琥珀。

蜜蜡:不透明琥珀,以金黄色、棕黄色、蛋黄色等黄色最为普遍,光泽有蜡状感,因"色如蜜,光如蜡"而得名。

血珀:出土年代久远的透明琥珀,犹如高级红葡萄酒的颜色。

骨珀:白色的琥珀,颜色由白色至褐色,因为很像骨料而得名。

金珀:金黄色透明的琥珀。

花珀:多种颜色相间、颜色不均匀的琥珀,熔点低,易融化,怕热,怕暴晒。

水胆珀:中空、内有水分的琥珀,是非常少见且珍贵的琥珀。

香珀:具有香味的琥珀,因含有芳香族物质而具有香味,用力摩擦会散发出清香。

2.琥珀制作步骤

(1)熔化:将优质松香放在玻璃容器内熔化。

(2)浇铸:先在纸盒内倒入1/3松香做下层(纸盒内衬一层蜡纸),再把动植物标本放在上面,并用松香将纸盒倒满,待松香变硬后撕去纸盒,用快刀削去标本四周多余部分,这样就制成了琥珀的毛坯。

(3)打磨:此时琥珀表面是毛糙的,看不清里面,还需用酒精进行洗涤,晾干。

3.琥珀制作注意事项

(1)熔化松香,烧杯下要加石棉网;否则,温度过高,松香颜色加深,影响琥珀透明度。

(2)熔化的松香,用玻璃棒轻轻搅动,让气泡跑出,再倒入纸盒内。

(3)洗涤毛坯时,用手指蘸酒精,在标本不透明的地方来回摩擦,直到看上去透明为止,然后晾干。洗涤时间不能太长,在三四分钟内完成,否则标本的松香会熔化变软。

"琥珀制作"学习单

[活动目标]

认识琥珀,了解琥珀基本知识;学习琥珀制作的基本技法和步骤,自主体验琥珀制作过程;感受琥珀魅力,提升动手能力和审美情趣。

[活动方案]

"琥珀制作"小组活动方案表

小组名称：　　　　　　　　　　　　　　　　　　　　　　　日期：

小组成员		组长	
任务：			
我们的设计草图、主题及创意说明：			
活动方法、步骤与注意事项：			
我们这样分工：			
我们遇到了什么困难？是如何解决的？			
成品效果（描述）：			

"琥珀制作"个人总结与反思

姓名：   日期：

我认为制作琥珀最难的是：
琥珀制作过程中的注意事项：
我在小组活动中的角色分工：
评价自己在活动中的表现：
需要改进的地方：

评价表

小组成员：   总分：

评价项目	评价等级		
	一级（3分）	二级（2分）	三级（1分）
器材使用	能够正确使用实验器材,熟知使用器材的注意事项,在琥珀制作过程中没有出现过错误使用的情况	基本掌握实验器材的正确使用方法,能够有意识地注意器材使用时的注意事项,但出现过1~3次错误使用的情况	对实验器材的使用有一定概念,但在实验操作时经常忘记正确的使用方法,出现过3次以上错误使用的情况
成品效果	琥珀制作成型;琥珀标本能够完整地覆盖于松香之内;琥珀表面光滑透亮有光泽;琥珀内没有明显的凹凸和气泡	琥珀制作成型;琥珀标本部分覆盖于松香之内,出现一些明显的裸露;琥珀表面基本光滑平整,但不够透亮,光泽度稍显黯淡;琥珀内有少许气泡,但不太明显	琥珀制作没有完整成型;琥珀标本部分覆盖于松香之内,出现一些明显的裸露;琥珀表面不够光滑,光泽度黯淡;琥珀内有一些明显的气泡和凹凸
展示与交流	交流发言时能加入自己的思考,准备充分,叙述有条理,积极分享活动体会;交流内容丰富,交流时间为5~10分钟	交流发言时汇报材料仅为简单罗列,叙述完整,能分享自己的活动体会;交流时间为3~5分钟	交流发言时汇报材料较为敷衍,汇报叙述含糊不清,活动体会苍白空洞,缺乏实际内容;交流时间不超过3分钟

环保时装秀

适用年级：初中　建议时间：120 分钟

活动目标

了解服装设计的步骤与图纸的绘制,发挥创意与才能,通过寻找合适的环保材料制作环保服饰,传递绿色环保理念,增强对绿色环保的认同感、归属感,树立环保主人翁意识。

活动准备

材料：废旧报纸、塑料袋、卫生纸、胶布、剪刀、尺、纸、笔、导入图片或视频及活动所需其他材料。

场地：节能环保馆。

活动实施

1.情境导入

随着生活水平的提高,人们的购买力越来越强,购买的物品也越来越多,同时增加的还有手边堆积不用的废旧物品,如塑料品、废旧光盘、废旧报纸等。学生讨论自己家一般如何处理废旧物品,对于这些废旧物品的处理,你有什么好的建议?

2.任务要求

为了进一步宣传环保理念,现举办一场环保服装设计制作大赛。大家合理利用手边的资源,紧密结合环保、创新、艺术,利用身边随手可得的材料,借助奇思妙想,创意设计服饰,适应当今时代的潮流,引领绿色环保风尚。

任务：环保时装秀。

要求：①小组合作,在规定时间内,利用环保材料完成两套不同材质的服装设计与制作;②作品独特且有新意,突出个性,风格表现手法独特。

3.知识探究

(1)服装设计创作的过程。服装设计是一个艺术创作的过程,设计师一般先有构思和设想,然后收集资料,确定设计方案。方案主要内容包括:服装整体风格、主题、造型、色彩、面料、服饰品的配套设计。同时对服装内结构设计、尺寸及具体的剪裁缝制和加工工艺等也要进行周密严谨的考虑,以确保最终完成的作品能够充分体现最初的设计意图。

① 类型判断: 对服装外形风格的总体把握。我们一般把服装分为贴身、合身、较合身、宽松4种类型。对服装类型判断准确,有助于确立样板的主题风格及放松量

② 款式分析: 对款式构成要素的细化认识。包括对轮廓、线条、块面、体积和空间逐一分析,以便使制成的样板图形恰当,线条美观

服装打版前版型
设计步骤流程

③ 规格设计: 依据款式的造型选择号型面料,并进行服装规格设计,包括长度、围度、宽度等各部位尺寸。尺寸数值和比例是直接控制结构图形的,除了打的规格尺寸外,许多局部和细部的尺寸与比例须通过对款式效果图的仔细观察、认真琢磨、反复比较才能确定,并将其作为制图画样时的依据

④ 制图画样: 在进行了类型判断、款式分析和规格设计之后,即可进入制图画样阶段。在画样时,不能只强调具体尺寸,而须以型为主,型又必须根据人体结构形态及面料性能确定,这样画出的样板才能具有合理性、科学性

(2)服装设计图的绘制。服装设计中的绘图形式有两种:一种是服装画,属于商业性绘图,用于广告宣传,强调绘画技巧,突出整体的艺术氛围与视觉效果。

另一种是服装效果图,用于表达服装艺术构思和工艺构思的效果与要求。服装效果图强调设计的新意,注重服装的具体形态及细节,便于在制作中准确把握,以确保成衣在艺术和工艺上都能完美体现设计意图。

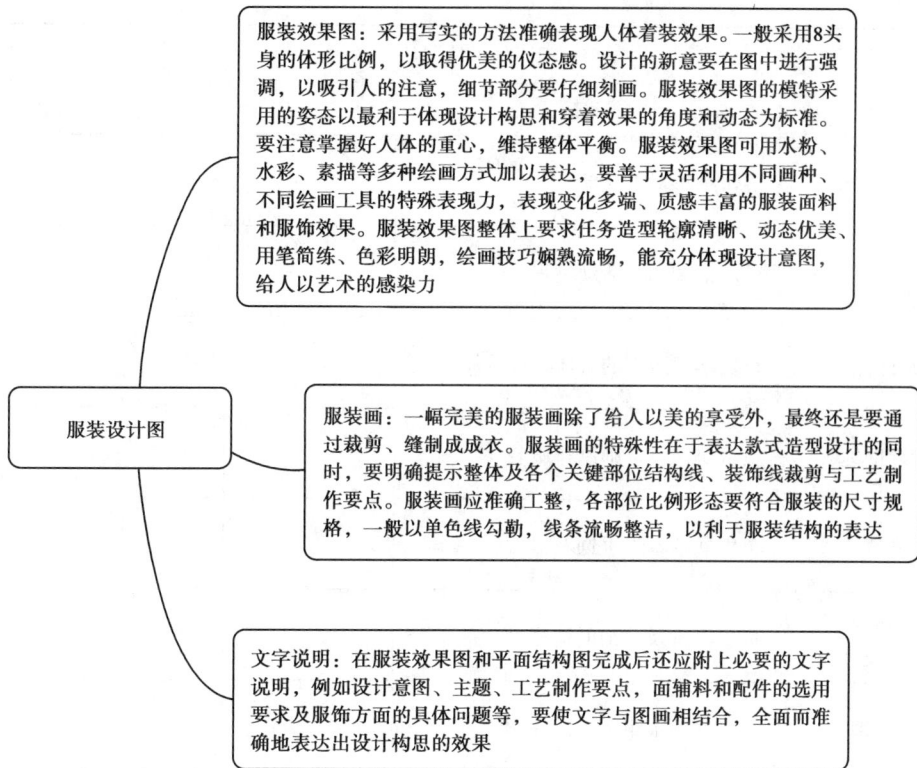

服装效果图：采用写实的方法准确表现人体着装效果。一般采用8头身的体形比例，以取得优美的仪态感。设计的新意要在图中进行强调，以吸引人的注意，细节部分要仔细刻画。服装效果图的模特采用的姿态以最利于体现设计构思和穿着效果的角度和动态为标准。要注意掌握好人体的重心，维持整体平衡。服装效果图可用水粉、水彩、素描等多种绘画方式加以表达，要善于灵活利用不同画种、不同绘画工具的特殊表现力，表现变化多端、质感丰富的服装面料和服饰效果。服装效果图整体上要求任务造型轮廓清晰、动态优美、用笔简练、色彩明朗，绘画技巧娴熟流畅，能充分体现设计意图，给人以艺术的感染力

服装设计图

服装画：一幅完美的服装画除了给人以美的享受外，最终还是要通过裁剪、缝制成成衣。服装画的特殊性在于表达款式造型设计的同时，要明确提示整体及各个关键部位结构线、装饰线裁剪与工艺制作要点。服装画应准确工整，各部位比例形态要符合服装的尺寸规格，一般以单色线勾勒，线条流畅整洁，以利于服装结构的表达

文字说明：在服装效果图和平面结构图完成后还应附上必要的文字说明，例如设计意图、主题、工艺制作要点，面辅料和配件的选用要求及服饰方面的具体问题等，要使文字与图画相结合，全面而准确地表达出设计构思的效果

4.制订方案

"环保时装秀"小组活动方案表

小组名称：   日期：

小组组长		小组走秀音乐	
所需材料			
设计理念			
设计草图			

续表

分工情况			
岗位	职责	负责人	是否达到效果
组长	协作统筹本组活动		
记录员	负责记录本组活动过程		
设计师	负责本组服饰的总体设计及制作		
设计助理	负责协作设计师制作服装		
模特	负责展示本组服饰及走秀		
陈列师 （形象设计）	负责模特及服饰的造型设计		
安全管理员	负责管理本组工具的使用		

5.任务实施

（1）设计与制作。各小组依据活动方案表,在规定时间内完成两套不同材质的环保服饰的制作。

参考制作步骤:①根据服装设计图,结合模特身形,用剪刀裁剪基本的服装轮廓;②在轮廓上进行大胆的裁剪,想要什么样子的都可以;③增加一些简单的装饰,如发光的蜡纸可以制作成星星的装饰。

（2）时装秀。完成环保时装秀服饰展示,分为单独展示(每个模特沿着 T 台单独展示一次)、组合展示(两个模特搭配展示)、集体展示(所有模特一起展示),各小组由该组模特穿戴本组作品进行走秀展示。

◢ 活动总结

1.展示与交流

走秀结束后,评选出最佳服饰奖、最佳模特奖、最佳环保奖,组长介绍服装设计的灵感、意图及使用的材料,分享本次活动的收获、经验和感悟。

2.评价与反思

学生以小组为单位,按照评价表对其他小组进行评价。

评价表

小组成员：　　　　　　　　　　　　　　　　　　　　　　　　　总分：

评价项目	评价等级		
	一级(3分)	二级(2分)	三级(1分)
实践	能够根据服装设计的流程，画出规范的服装设计草图，完成两套与设计草图一致的环保服装	能够根据服装设计的流程，画出服装设计草图，完成两套环保服装的制作，与设计草图略有不同	能够画出服装设计草图，仅完成一套环保服装的制作
交流	能清楚地讲述服装设计的流程、理念及使用材料，积极分享环保理念	能讲述服装设计的理念及使用材料，愿意分享活动感受	仅能说明活动开展情况

"环保时装秀"学习单

[活动目标]

了解服装设计的步骤与图纸的绘制，发挥创意与才能，通过寻找合适的环保材料制作环保服饰，传递绿色环保理念，增强对绿色环保的认同感、归属感，树立环保主人翁意识。

[活动方案]

"环保时装秀"小组活动方案表

小组名称：　　　　　　　　　　　　　　　　　　　　　　　　　日期：

小组组长		小组走秀音乐	
所需材料			
设计理念			
设计草图			

续表

分工情况			
岗位	职责	负责人	是否达到效果
组长	协作统筹本组活动		
记录员	负责记录本组活动过程		
设计师	负责本组服饰的总体设计及制作		
设计助理	负责协作设计师制作服装		
模特	负责展示本组服饰及走秀		
陈列师 (形象设计)	负责模特及服饰的造型设计		
安全管理员	负责管理本组工具的使用		

[评价反思]

评价表

小组成员：　　　　　　　　　　　　　　　　　　　　　　　　　　总分：

评价项目	评价等级		
	一级(3分)	二级(2分)	三级(1分)
实践	能够根据服装设计的流程，画出规范的服装设计草图，完成两套与设计草图一致的环保服装	能够根据服装设计的流程，画出服装设计草图，完成两套环保服装的制作，与设计草图略有不同	能够画出服装设计草图，仅完成一套环保服装的制作
交流	能清楚地讲述服装设计的流程、理念及使用材料，积极分享环保理念	能讲述服装设计的理念及使用材料，愿意分享活动感受	仅能说明活动开展情况

模拟银行职业体验

适用年级：初中　　建议时间：60 分钟

活动目标

掌握辨别真假钞的技巧，能够正确地辨别真假钞；学会银行开户、存取款等基本业务的办理方法，能够独立办理简单的银行业务，了解银行从业人员所需具备的能力与素质；通过职业体验，为自身未来职业规划提供参考。

活动准备

材料：导入图片或视频、电脑(联网)、练习钞、虚拟币、人民币、开户单、存款单及活动所需其他材料。

场地：模拟银行馆。

活动实施

1.情境导入

教师带领学生回忆生活日常，学生分享去银行办业务的经历，思考：在银行可以办理哪些业务？你知道哪些银行？银行包含哪些工作人员？

2.布置任务

任务：模拟银行职业体验。

要求：①小组合作，分角色体验银行办理业务的流程；②模拟银行职业体验，分角色完成验钞、点钞、存取款等业务办理。

3.职业技能学习

(1)辨别人民币真伪。教师播放金融知识小视频《如何辨别人民币真伪》，学生学习人民币的防伪标志及辨别方法，再由教师实际操作，演示 3 种辨别方法。

①看:看水印颜色的变化。

②摸:主要摸几个点,如盲文、衣领等。

③听:如果是真钱,甩几下会有清脆的回声。

(2)点钞流程与方法。教师演示并讲解银行从业人员的点钞流程与方法。

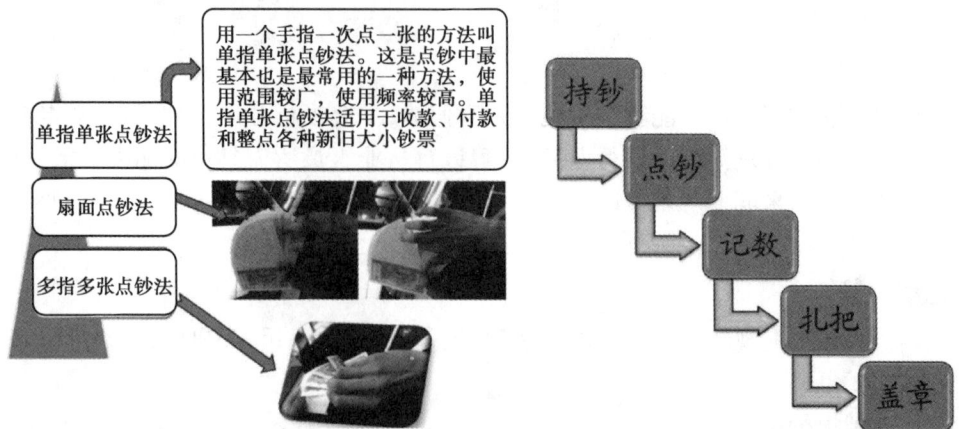

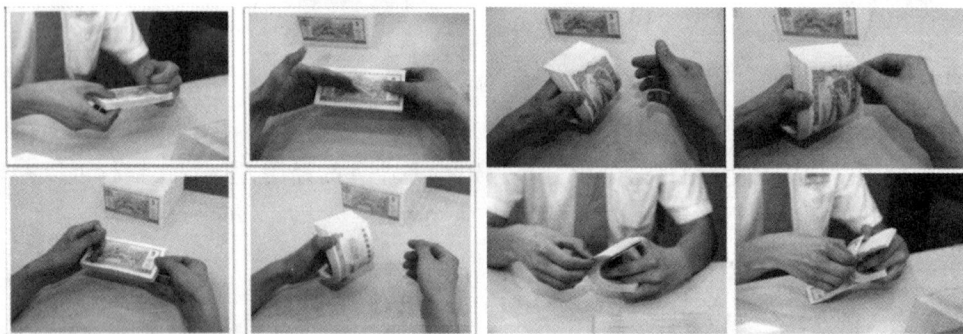

持钞　　　　　　　　　　点钞

扎把

(3)模拟存取款业务。教师出示开销户、存取款单模板,学生了解需要填写的栏目与信息。教师介绍自动存取款机业务办理流程及模拟银行操作系统。

开户流程
- 客户提交证件和款项
- ⇩[1801]
- 身份验证并留存复印件
- ⇩
- 填写个人开户申请书
- ⇩[0201]
- 开立客户号　　　已有客户号
- ⇩[0301]
- 开户

销户流程
- 核对存贷款余额
- ⇩
- 归还贷款本息
- ⇩
- 填写销户申请书
- ⇩[0309]
- 单户结息
- ⇩[0310]
- 销户　⟹　收回存折/卡/支票

中国邮政 CHINA POST

自动存取款机业务办理流程

★无卡现金汇款（存款）：
点击屏幕上的"无卡交易"→确认→确认→现金汇款→确认→输入账号→确认"户名"和"账号"→确认→在存钞口放入现金→确认→结束放钞→确认

★卡存款：
插入银行卡→确认→输入密码→确认→继续→（储蓄账户）→存款→确认→确认→在存钞口放入现金→确认→结束放钞→确认→取卡

★卡取款：
插入银行卡→确认→输入密码→确认→继续→（储蓄账户）→取款→确认→选择金额→提取现金→取卡

★卡转账：
插入银行卡→确认→输入密码→确认→继续→（储蓄账户）→转账→确认→本行转账（跨行转账）→确认→输入账号→确认→确认→输入金额→确认→确认→取卡

贰零壹捌　2018

4.技能练习

教师提供少量人民币、虚拟币供学生辨别真伪,学生利用练习钞学习点钞的技巧。

指导建议:教师提醒学生爱护人民币是每个公民的义务。在使用人民币时应注意:①不要乱揉乱折,整点存放时要平铺整齐;②不要在人民币票面上写、画或计数、盖印;③用机具收付款时,应注意避免损伤人民币;④在容易污损人民币的场所要使用收付款工具;⑤防止油浸和腐蚀性化学药物对人民币的侵蚀,在生活中不要将肥皂、洗涤剂与人民币放在一起;⑥凡发现图案不全、墨色过淡过浓、裁切偏斜、漏印花纹等人民币,应到就近银行鉴定,真币按面额兑换;⑦严禁将金属币穿孔、磨边、剪口、轧薄变形等;⑧不准随意撕裂、剪割人民币;⑨企事业单位对收进的残损币应随时挑出,交存银行或向银行兑付,不要再向外支付;⑩对破坏人民币的行为要批评教育,故意破坏者要追究其法律责任。

5.制订方案

"模拟银行职业体验"小组活动方案表

小组名称：   日期：

活动任务：
辨别人民币真伪的方法：
办理存取款的流程：
活动策略(人员分工、活动具体步骤等)：
对银行职员职业体验的感受：

6.任务实施

学生根据活动任务,参照活动方案表,熟悉场馆内各种机器设备的操作使用方法,完成模拟银行职业体验活动。

▍活动总结

1.展示与交流

学生以小组为单位,分享本次活动感受以及对银行内部相关职业的认识与了解,总结银行从业者需要具备的职业素养与品德,思考本次职业体验对自己未来职业规划的影响。

2.评价与反思

学生以小组为单位,按照评价表进行自评。

评价表

小组成员: 总分:

评价项目	评价等级		
	一级(3分)	二级(2分)	三级(1分)
学习	能够掌握辨别人民币真伪的方法,辨别正确率在90%以上,能够快速完成点钞任务,掌握各种单据填写及操作的方法	能够掌握辨别人民币真伪的方法,辨别正确率在70%~90%,能够完成点钞任务,掌握各种单据填写及操作的方法	辨别人民币真伪的正确率在70%以下,只能完成点钞的部分步骤,能够尝试填写各种单据
表达	能够清晰、有逻辑地描述银行职员所需的基本职业素养及自己对此职业的认识与看法	能够分享本次的活动感受,对银行职业的基本认识叙述含糊不清	对本次活动的感受及职业描述叙述含糊不清

"模拟银行职业体验"学习单

[活动目标]

掌握辨别真假钞的技巧,能够正确地辨别真假钞;学会银行开户、存取款等基本业务的办理方法,能够独立办理简单的银行业务,了解银行从业人员所需具备的能力与素质;通过职业体验,为自身未来职业规划提供参考。

[活动方案]

"模拟银行职业体验"小组活动方案表

小组名称: 日期:

活动任务:
辨别人民币真伪的方法:
办理存取款的流程:

续表

活动策略(人员分工、活动具体步骤等):
对银行职员职业体验的感受:

[评价反思]

评价表

小组成员: 　　　　　　　　　　　　　　　　　　　　　　　　　　　总分:

评价项目	评价等级		
	一级(3分)	二级(2分)	三级(1分)
学习	能够掌握辨别人民币真伪的方法,辨别正确率在90%以上,能够快速完成点钞任务,掌握各种单据填写及操作的方法	能够掌握辨别人民币真伪的方法,辨别正确率在70%~90%,能够完成点钞任务,掌握各种单据填写及操作的方法	辨别人民币真伪的正确率在70%以下,只能完成点钞的部分步骤,能够尝试填写各种单据
表达	能够清晰、有逻辑地描述银行职员所需的基本职业素养及自己对此职业的认识与看法	能够分享本次的活动感受,对银行职业的基本认识叙述含糊不清	对本次活动的感受及职业描述叙述含糊不清

体验拍卖

适用年级：初中　　建议时间：60分钟

活动目标

以拍卖员或竞买者的身份进行模拟拍卖活动，经历拍卖过程，熟悉竞买、竞卖程序，学会理解、设计拍卖规则，树立机会意识，提升应变能力，克服内心对"变化"的恐惧感，感悟如何把握和设计机会。

活动准备

材料：有关拍卖的书籍、电脑、拍卖物品（每组3种不同小件物品）、"道具钱"（面值为100元，每人10张）、纸、笔、导入视频或图片及活动所需其他材料。

场地：主题活动室。

活动实施

1.情境导入

教师引导学生回忆日常，思考是否见过拍卖会的场面，了解"拍卖"是什么，参加拍卖会将面对哪些考验，学生自由谈，教师小结。

2."拍卖会"游戏

当今社会经济各方面飞速发展，对人的适应能力是一个考验：即使做好了充分的准备，

"变化"也会让我们感到恐惧。今天,我们就通过"拍卖会"这样一个游戏来感悟冒险是应对变化过程中不可避免的行为。

（1）发给每个学生一张物品拍卖清单和1 000元"道具钱"。

（2）学生浏览清单上的物品,把自己最想拥有的物品圈上,安排一下自己的预算,想一想自己想花多少钱拍得自己想要拥有的物品。

（3）游戏规则:遵循增价拍卖规则,拍得的物品在拍卖会结束前不能转卖;每个人可以用现有的钱竞拍多件物品,也可以只用来竞拍一件物品;每件物品的拍卖底价是100元,每次加价以100元为单位,最少为100元。

指导建议:游戏由教师主导拍卖,拍卖物品可以是小的实物,也可以将物品清单写在黑板上,黑板擦替代拍卖槌进行模拟拍卖。引导学生思考如下问题:①你是否后悔得到你买的东西? 为什么? ②拍卖过程中你的心情如何? 有没有同学什么也没买? 为什么?

教师引导学生树立机会意识,提升应变能力,克服内心对"变化"的恐惧感。

3.任务要求

任务:模拟拍卖。

要求:①在规定的时间内,小组合作完成;②遵循增价拍卖规则,小组可设计附加规则,选择3种价位不同的商品,小组内推选一名拍卖员,叙述拍卖规则、介绍拍卖品,针对其他组同学公开拍卖;③每个学生1 000元"道具钱",不竞买本组的拍卖品;④拍卖结束后,各组统计拍卖的物品及价格、剩余"道具钱"总数,由拍卖员分享活动体会。

4.知识预备

学生查阅资料了解拍卖的程序流程、特点、方式、技巧等。

（1）拍卖程序流程。

（2）拍卖的特点、方式、技巧及流程。

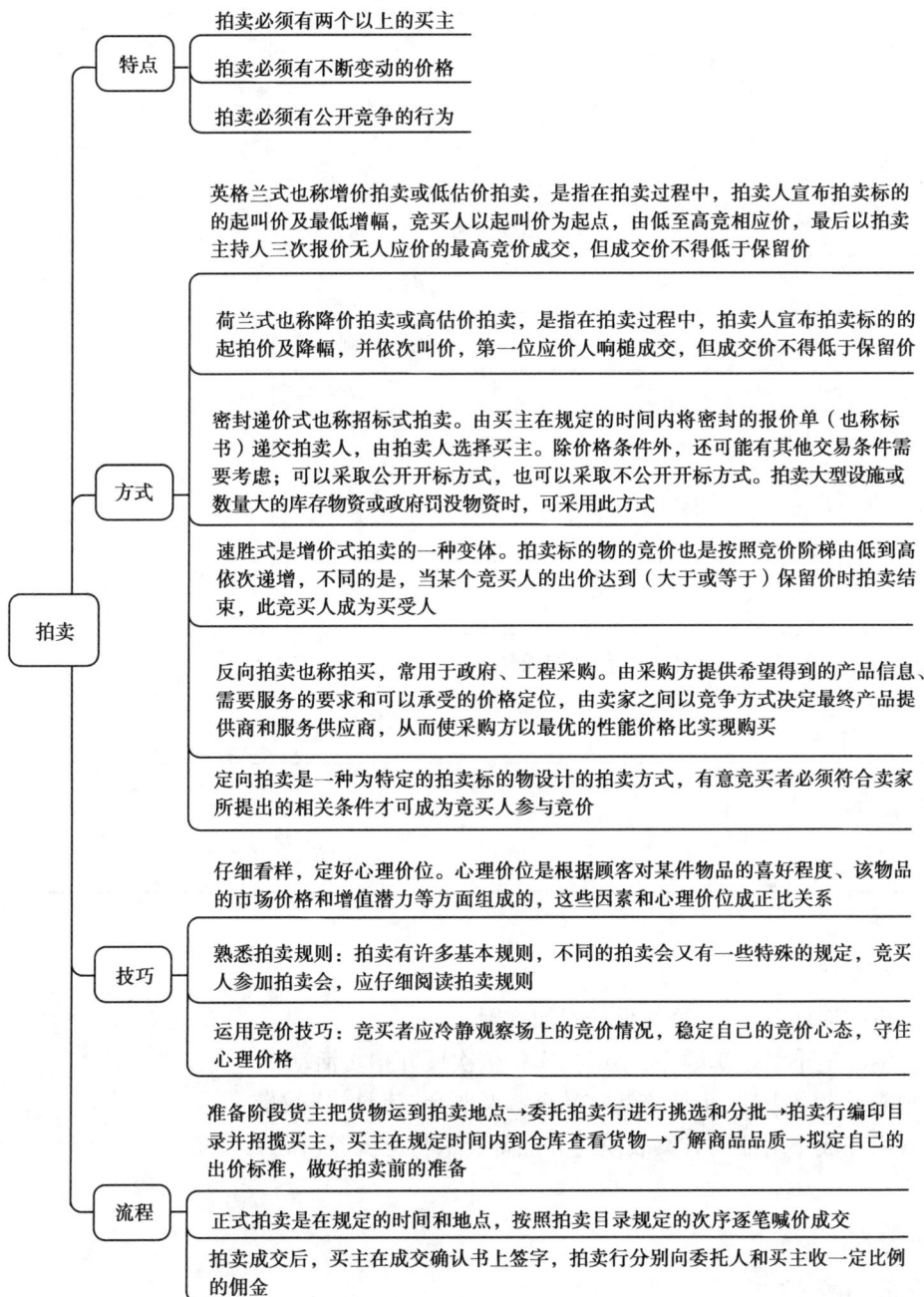

拍卖

特点
- 拍卖必须有两个以上的买主
- 拍卖必须有不断变动的价格
- 拍卖必须有公开竞争的行为

方式
- 英格兰式也称增价拍卖或低估价拍卖，是指在拍卖过程中，拍卖人宣布拍卖标的的起叫价及最低增幅，竞买人以起叫价为起点，由低至高竞相应价，最后以拍卖主持人三次报价无人应价的最高竞价成交，但成交价不得低于保留价
- 荷兰式也称降价拍卖或高估价拍卖，是指在拍卖过程中，拍卖人宣布拍卖标的的起拍价及降幅，并依次叫价，第一位应价人响槌成交，但成交价不得低于保留价
- 密封递价式也称招标式拍卖。由买主在规定的时间内将密封的报价单（也称标书）递交拍卖人，由拍卖人选择买主。除价格条件外，还可能有其他交易条件需要考虑；可以采取公开开标方式，也可以采取不公开开标方式。拍卖大型设施或数量大的库存物资或政府罚没物资时，可采用此方式
- 速胜式是增价式拍卖的一种变体。拍卖标的物的竞价也是按照竞价阶梯由低到高依次递增，不同的是，当某个竞买人的出价达到（大于或等于）保留价时拍卖结束，此竞买人成为买受人
- 反向拍卖也称拍买，常用于政府、工程采购。由采购方提供希望得到的产品信息、需要服务的要求和可以承受的价格定位，由卖家之间以竞争方式决定最终产品提供商和服务供应商，从而使采购方以最优的性能价格比实现购买
- 定向拍卖是一种为特定的拍卖标的物设计的拍卖方式，有意竞买者必须符合卖家所提出的相关条件才可成为竞买人参与竞价

技巧
- 仔细看样，定好心理价位。心理价位是根据顾客对某件物品的喜好程度、该物品的市场价格和增值潜力等方面组成的，这些因素和心理价位成正比关系
- 熟悉拍卖规则：拍卖有许多基本规则，不同的拍卖会又有一些特殊的规定，竞买人参加拍卖会，应仔细阅读拍卖规则
- 运用竞价技巧：竞买者应冷静观察场上的竞价情况，稳定自己的竞价心态，守住心理价格

流程
- 准备阶段货主把货物运到拍卖地点→委托拍卖行进行挑选和分批→拍卖行编印目录并招揽买主，买主在规定时间内到仓库查看货物→了解商品品质→拟定自己的出价标准，做好拍卖前的准备
- 正式拍卖是在规定的时间和地点，按照拍卖目录规定的次序逐笔喊价成交
- 拍卖成交后，买主在成交确认书上签字，拍卖行分别向委托人和买主收一定比例的佣金

5.制订方案

"体验拍卖"小组活动方案表

小组名称：　　　　　　　　　　　　　　　　　　　　　　　　日期：

任务：			
所需物品材料：			
我们还关注：			
活动策略			
拍卖员		统计员	
其他分工安排		附加规则	
拍品及底价		其他活动方法、步骤等	
拍卖活动结束后,小组物品金额、剩余"道具钱"等统计：			
我们的思考、感受：			

6.任务实施

(1)小组按活动方案,讨论并设计附加规则。

(2)抽签确定小组拍卖顺序,小组拍卖员依次展开拍卖活动。

(3)拍卖活动结束后,小组统计物品金额及剩余"道具钱"数量。

(4)各组完成小组活动方案表填写并准备展示与交流资料。

▰ 活动总结

1.展示与交流

由各组拍卖员说明小组完成任务的情况,叙述本组设计、制订拍卖附加规则的过程,分享活动体会。

2.评价与反思

学生以小组为单位,按照评价表对其他小组进行评价。

评价表

小组成员: 总分:

评价项目	评价等级		
	一级(3分)	二级(2分)	三级(1分)
合作	小组成员能积极参加讨论制订活动方案,对分配给每个人的任务,执行力强,能互相协作,遇到困难能共同面对	参加讨论制订活动方案,有分工安排,执行力强,能互相协作	活动过程中,小组成员存在推诿现象,不能共同面对困难,不能相互配合
实践	能积极参加拍卖活动,熟悉竞买、竞卖程序,学会理解、设计拍卖规则,树立机会意识,提升应变能力	参加拍卖活动,知道竞买、竞卖程序,学会理解拍卖规则,具有一定的应变能力	了解竞买、竞卖程序,知道拍卖规则,参加拍卖体验活动不积极
交流	能有条理地说明本组完成任务的情况,能举例说明遇到的困难及克服困难的办法,能准确表达感悟体会	能说明本组完成任务的情况,能表述参加活动的体会	汇报内容准备不充分,未能清楚表述本组完成任务的情况

◢ 拓展

尝试如下拍卖活动:

1.规则

假设我们班每个学生有 5 000 元,他们可以随意叫买下面的拍品。每样东西都有底价,每次出价以 500 元为单位,价高者得,有出价 5 000 元的,立即成交。拍品及起拍价如下:

爱情起拍价 500 元	友情起拍价 500 元	健康起拍价 1 000 元
美貌起拍价 500 元	礼貌起拍价 1 000 元	威望起拍价 500 元
自由起拍价 500 元	爱心起拍价 500 元	财富起拍价 1 000 元
快乐起拍价 500 元	长命百岁起拍价 1 000 元	享受一次美餐起拍价 500 元

2.思考问题

你是否后悔得到你买的东西?为什么?

拍卖过程中你的心情如何?有没有同学什么也没买?为什么?

假如现在已经是人生的尽头,请看看你拥有的是什么东西?它们对你来说是否仍有意义?

你是否后悔刚才为自己争取的东西太少？

你争取回来的东西是否是你最想得到的东西？

金钱是否一定会带来幸福和欢乐？

知识链接

流程与拍卖原则

为了切实遵循"公开、公平、公正、价高者得"的拍卖原则，保障各方当事人的合法权益，保证拍卖会顺利进行，依照《中华人民共和国拍卖法》制订本规则。

第一条　凡参加竞买活动者，必须在取得竞买资格以后才能参加竞买，未取得竞买资格的，不能参加竞买。

第二条　拍卖标的以现状拍卖，在拍卖前进行拍卖标的展示，竞买人在竞买前要仔细看拍卖品（包括聘请专业人士协助鉴定），一旦竞买人进入竞买席，则视为已了解并接受拍卖标的的现状（包括瑕疵），竞标成功后不得以任何理由提出退货或拒付成交价款。

第三条　竞买人应持号应价，未持号牌者其竞买行为无效。竞买人之间不得恶意串通损害他人利益，否则拍卖无效，并将依法承担赔偿责任。

第四条　拍卖主持人报出拍卖标的物的起价后，竞买人举牌应价。同时，拍卖主持人对竞买人的加价应当即告之于众，竞买人举牌应价，并报出加价后的最新价格。

第五条　拍卖主持人连续三次询问再无人应价时，以击槌予以确认，一经拍定不得反悔，最后一次应价者为买受人且当即签订成交确认书。

第六条　拍卖主持人击槌后再有竞买人报出新的应价，一律无效。

第七条　拍卖会竞买人每次举牌应价的加价幅度，拍卖主持人根据标的物的情况现场宣布。

"体验拍卖"学习单

[活动目标]

以拍卖员或竞买者的身份进行模拟拍卖活动，经历拍卖过程，熟悉竞买、竞卖程序，学会理解、设计拍卖规则，树立机会意识，提升应变能力，克服内心对"变化"的恐惧感，感悟如何把握和设计机会。

[活动方案]

"体验拍卖"小组活动方案表

小组名称：	日期：
任务：	
所需物品材料：	

我们还关注：			
活动策略			
拍卖员		统计员	
其他分工安排		附加规则	
拍品及底价		其他活动方法、步骤等	

拍卖活动结束后,小组物品金额、剩余"道具钱"等统计：

我们的思考、感受：

[评价反思]

"体验拍卖"个人总结与反思

姓名：   日期：

拍卖过程中我的心理变化：
如何克服内心对"变化"的恐惧感：
我的体会：

小组成员：   总分：

评价项目	评价等级		
	一级（3分）	二级（2分）	三级（1分）
合作	小组成员能积极参加讨论制订活动方案，对分配给每个人的任务，执行力强，能互相协作，遇到困难能共同面对	参加讨论制订活动方案，有分工安排，执行力强，能互相协作	活动过程中，小组成员存在推诿现象，不能共同面对困难，不能相互配合
实践	能积极参加拍卖活动，熟悉竞买、竞卖程序，学会理解、设计拍卖规则，树立机会意识，提升应变能力	参加拍卖活动，知道竞买、竞卖程序，学会理解拍卖规则，具有一定的应变能力	了解竞买、竞卖程序，知道拍卖规则，参加拍卖体验活动不积极
交流	能有条理地说明本组完成任务的情况，能举例说明遇到的困难及克服困难的办法，能准确表达感悟体会	能说明本组完成任务的情况，能表述参加活动的体会	汇报内容准备不充分，未能清楚表述本组完成任务的情况

制作葡式蛋挞

适用年级：初中　　建议时间：120分钟

▌活动目标

掌握制作葡式蛋挞的基本步骤，会使用烤箱，对烘焙技术有一定了解，体会劳动创造美好生活的重要性。

▌活动准备

材料：低筋面粉、高筋面粉、黄油、细砂糖、盐、水、淡奶油、牛奶、炼乳、蛋黄及活动所需其他材料。

场地：烘焙制作室。

▌活动实施

1.情境导入

（1）图片展示。教师展示各种蛋挞的图片，让学生讨论蛋挞是如何做成的，引起学生的兴趣。

（2）制作流程。教师讲解葡式蛋挞的制作方法：第一步，制作蛋挞皮（千层酥皮）；第二步，将千层酥皮制成葡式蛋挞形状；第三步，制作蛋挞水并倒入蛋挞模型中，最后放入烤箱即可。

指导建议：教师边讲解，学生边做好笔记。学生可以针对制作过程中的疑惑进行提问，教师进行解答。

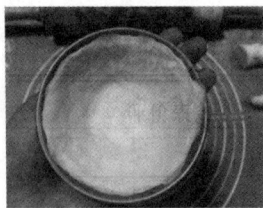

2.布置任务

任务:制作葡式蛋挞。

要求:①小组内明确分工;②蛋挞数不得少于5个;③蛋挞皮层次分明、口感酥脆;④蛋挞水细腻嫩滑,奶香浓郁,外观具有美感。

3.项目探究

教师引导学生筛选出重难点问题并进行探究,如蛋挞水为什么只需要装到七分满? 蛋挞皮捏好后,为什么需要静置20分钟,再倒入蛋挞水并烘焙?

指导建议:学生提出的难点和重点问题是实践过程中阻碍活动顺利开展的重要环节,要引导学生深入探究。

(1)探究安全须知。

烘烤安全:清洁电烤箱时,必须拔掉电源线,等待电烤箱冷却至室温时才能操作;严禁将电源线、插头及电烤箱浸入水中或其他液体;电烤箱工作时不要随意触摸,以免灼伤,仅可使用旋钮或把手;不要将纸板、纸张或塑料等物品放置在烤箱内;加热物品时,容器内应预留足够空间,以防液体沸腾溢出。

饮食安全:要挑选新鲜的鸡蛋,不吃没烤熟的食品;品尝食物时,双手要清洗干净。

(2)探究烘烤温度与时间。

烘烤的温度对所烤蛋挞的质量影响很大。通常烤制温度以180~220 ℃为佳。烘烤时间对所烤蛋挞质量影响也很大。正常情况下,烤制时间为25分钟左右。应依据制品的大小和厚薄来确定,同时根据配方中糖的含量灵活进行调节(此时可组织学生讨论探究烤制时间过长或过短、温度过高或过低会对制作的葡式蛋挞造成什么影响,根据含糖量或蛋挞皮厚度如何调整烤制温度和时间)。

4.制订方案

各小组按照活动方案表进行合理分工,填写相应内容。

"制作葡式蛋挞"小组活动方案表

小组名称: 日期:

| 制作葡式蛋挞的流程: |
| |
| 需要的工具: |

活动中遇到的困难:		
任务分工	人员	备注:
擀皮		
蛋挞皮制作		
蛋挞水制作		
烤箱监管		
机动		

5.任务实施

按照小组制订好的计划合理分工,小组合作开始制作葡式蛋挞,随时记录下在制作过程中出现的问题。

指导建议:①教师要充分发挥指导者和督导者角色的作用,巡视指导整个班级,从安全操作规范(刀具、烤箱等的安全使用)、时间、分工、学生兴趣度来进行指导;②不对实际的制作过程进行技术指导,引导学生用不同的方法,从不同的角度解决问题,小组解决不了的问题可记录下来;③制订好相关秩序规则,保证制作活动的有序进行。

活动总结

1.展示与交流

学生以小组为单位展示本组制作的葡式蛋挞,小组间交换品尝,并分享活动过程中的感受。

指导建议:教师就活动中的现象引导学生分享:哪个小组的葡式蛋挞最成功? 为什么? 蛋挞水制作的时候,加热淡奶油与牛奶的目的是什么? 如果用糖粉,可否不加热,直接搅拌均匀? ……

2.评价与反思

评价表

小组成员: 　　　　　　　　　　　　　　　　　　　　　　　　　总分:

评价项目	评价等级		
	一级(3分)	二级(2分)	三级(1分)
学习	能够根据教师的讲解,完全自主学习葡式蛋挞的制作;对有困惑的地方,能够积极寻求解决的办法	能够根据教师的讲解,自主学习葡式蛋挞的制作;碰到困难,能够向教师请教	未能根据教师的讲解,完全自主学习葡式蛋挞的制作;对有困惑的地方,采取消极回避的态度

续表

评价项目	评价等级		
	一级(3分)	二级(2分)	三级(1分)
实践	能在规定时间内完成葡式蛋挞的制作,数量在 7 个以上;蛋挞皮层次分明、口感酥脆;蛋挞水细腻嫩滑,奶香浓郁,外观具有美感	能在规定时间内完成葡式蛋挞的制作,数量为 5~7 个;蛋挞皮层次分明、口感酥脆;蛋挞水细腻嫩滑,奶香浓郁,外观具有美感	未能在规定时间内完成葡式蛋挞的制作,数量在 5 个以下;蛋挞皮层次不分明、口感欠佳;蛋挞水外溢,外观差
合作	小组成员能够相互合作、相互支持,形成一个和谐的整体,团队气氛友好	小组能够体现出团队合作精神,但个别成员没有和团队相互配合	小组没有体现团队合作精神,团队成员间有矛盾,存在嘲笑组员的现象

指导建议:教师应事先让学生了解评价标准,要求学生熟悉这些评价表格的内容,对评价标准中的能力培养目标或要求做到心中有数。最后,评出优胜小组,颁发证书。

◤ 知识链接

葡式蛋挞具体制作步骤:

①准备好原料。

②面粉和糖、盐混合,将 40 克黄油放于室温使其软化,加入面粉中。

③倒入清水,揉成面团。水不要一次全部倒入,要根据面团的软硬度酌情添加。

④揉成光滑的面团。用保鲜膜包好,放进冰箱冷藏松弛 20 分钟。

⑤另取 180 克黄油切成小片,放入保鲜袋排好。

⑥用擀面杖把黄油压成厚薄均匀的一大片薄片。这时候黄油会有轻微软化,放入冰箱冷藏至重新变硬。

⑦把松弛好的面团取出来,案板上施一层防粘薄粉,把面团放在案板上擀成长方形,长大约为黄油薄片宽度的 3 倍,宽比黄油薄片的长度稍宽一点。

⑧把冷藏变硬的黄油薄片取出来,撕去保鲜袋。

⑨把黄油薄片放在长方形面片中央。

⑩把面片的一端向中央翻过来,盖在黄油薄片上。

⑪把面片的另一端也放过来。

⑫这样就把黄油薄片包裹在面片里了。

⑬把面片的一端压死,手沿着面片一端贴着面皮向另一端移过去,把面皮中的气泡从另一端赶出来,避免把气泡包在面片里。

⑭手移到另一端时,把另一端也压死。

⑮把面片旋转 90°。

⑯用擀面杖再次将面片擀成长方形。擀的时候,由中心向四个角的方向擀,容易擀成规则的长方形。

⑰将面皮的一端向中心折过来。

⑱将面皮的另一端也向中心翻折过来。

⑲再把折好的面皮对折。这样就完成了第一轮的四折。

⑳四折好的面片，包上保鲜膜，放入冰箱冷藏松弛约20分钟。

㉑松弛好的面片拿出来，重复第⑯—⑳步，再进行两轮四折。一共进行三轮四折。

㉒把三轮四折完成的面片擀成厚度约0.3厘米的长方形。千层酥皮就做好了。

㉓千层酥皮做好后擀成0.3厘米的长方形，沿着一边卷起来，卷好后放冰箱冷藏10分钟。

㉔用刀切成厚度约1厘米的小剂子，拿起一个小剂子，在面粉里沾一下，放入蛋挞模，沾面粉的一面朝上。

㉕用大拇指把剂子捏成蛋挞模形状，静置20分钟。

㉖将淡奶油与牛奶混合，加入细砂糖与炼乳，加热搅拌至细砂糖溶解。冷却至不烫手后，加入蛋黄与低筋面粉，搅拌均匀即可。倒入蛋挞水，七分满即可。

㉗入烤箱，220 ℃，烤25分钟左右。

"制作葡式蛋挞"学习单

[活动目标]

掌握制作葡式蛋挞的基本步骤，会使用烤箱，对烘焙技术有一定了解，体会劳动创造美好生活的重要性。

[活动方案]

"制作葡式蛋挞"小组活动方案表

小组名称：　　　　　　　　　　　　　　　　　　　　　　　　　日期：

制作葡式蛋挞的流程：			
需要的工具：			
活动中遇到的困难：			
任务分工	人员	备注：	
擀皮			
蛋挞皮制作			
蛋挞水制作			
烤箱监管			
机动			

[评价反思]

评价表

小组成员：　　　　　　　　　　　　　　　　　　　　　　　　总分：

评价项目	评价等级		
	一级（3分）	二级（2分）	三级（1分）
学习	能够根据教师的讲解，完全自主学习葡式蛋挞的制作；对有困惑的地方，能够积极寻求解决的办法	能够根据教师的讲解，自主学习葡式蛋挞的制作；碰到困难，能够向教师请教	未能根据教师的讲解，完全自主学习葡式蛋挞的制作；对有困惑的地方，采取消极回避的态度
实践	能在规定时间内完成葡式蛋挞的制作，数量在 7 个以上；蛋挞皮层次分明、口感酥脆；蛋挞水细腻嫩滑，奶香浓郁，外观具有美感	能在规定时间内完成葡式蛋挞的制作，数量为 5～7 个；蛋挞皮层次分明、口感酥脆；蛋挞水细腻嫩滑，奶香浓郁，外观具有美感	未能在规定时间内完成葡式蛋挞的制作，数量在 5 个以下；蛋挞皮层次不分明、口感欠佳；蛋挞水外溢，外观差
合作	小组成员能够相互合作、相互支持，形成一个和谐的整体，团队气氛友好	小组能够体现出团队合作精神，但个别成员没有和团队相互配合	小组没有体现团队合作精神，团队成员间有矛盾，存在嘲笑组员的现象

重庆烧烤

适用年级：初中　　建议时间：120分钟

▌活动目标

　　了解有关烧烤的知识,探究重庆烧烤的特点;认识各种烧烤用具并掌握使用方法,初步掌握烧烤的基本步骤、技巧及不同食物的烧烤方式;能以小组合作的形式,根据自己掌握的基本技巧亲手烧烤各种食物;探讨烧烤食物的利弊,懂得健康饮食的重要性。

▌活动准备

　　材料:学习单、评价表、教学课件、烧烤用具(烧烤炉、木炭、烤架、刀、竹签、鱼夹、助燃剂、碗筷、刷子、剪刀等)及食材(油、烧烤酱、料酒、孜然、食盐、花椒粉、辣椒粉等各种佐料,小草鱼、猪肉、韭菜等各类食材)、垃圾袋、纸、笔及活动所需其他材料。

　　场地:烧烤馆或室外场地。

▌活动实施

1.情境导入

　　教师出示烧烤图片,引起学生对烧烤的兴趣,引入烧烤的相关知识。提问学生对比其他地区烧烤,重庆烧烤从味道、工序、佐料用量上看有哪些特点。

指导建议:教师在图片出示过程中可提问学生以下问题:你们吃的烧烤的味道是怎样的?你们吃烧烤的方法是怎样的?放了哪些佐料?比起东北烧烤更注重食材原汁原味,重庆烧烤从味道、工序、佐料用料上看有什么特点?

2.知识预备

教师播放视频《户外重庆烧烤方法》并展示制作重庆烧烤的图片,引导学生归纳制作重庆烧烤的方法,并填入学习单中。

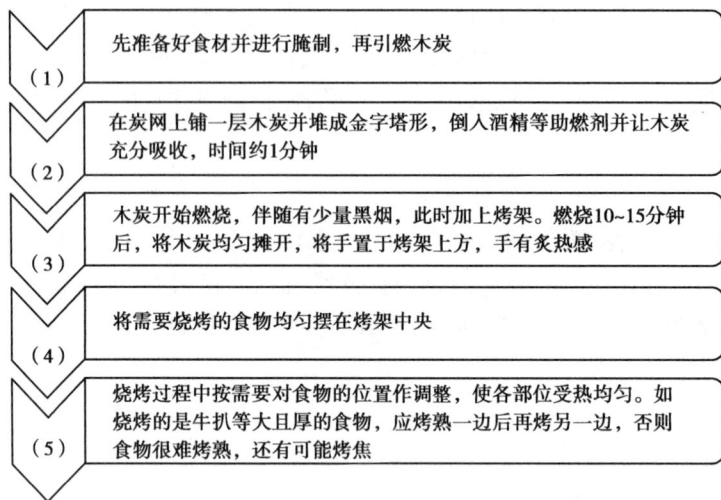

(1) 先准备好食材并进行腌制,再引燃木炭

(2) 在炭网上铺一层木炭并堆成金字塔形,倒入酒精等助燃剂并让木炭充分吸收,时间约1分钟

(3) 木炭开始燃烧,伴随有少量黑烟,此时加上烤架。燃烧10~15分钟后,将木炭均匀摊开,将手置于烤架上方,手有炙热感

(4) 将需要烧烤的食物均匀摆在烤架中央

(5) 烧烤过程中按需要对食物的位置作调整,使各部位受热均匀。如烧烤的是牛扒等大且厚的食物,应烤熟一边后再烤另一边,否则食物很难烤熟,还有可能烤焦

3.难点解析

教师示范讲解重庆烧烤注意事项(见知识链接),从木炭使用、清洁烤架、适时翻面、补充水分、盐的使用、油的使用6个方面进行阐述。学生从教师的讲解中提取自己觉得应该注意的地方,记录在学习单中。

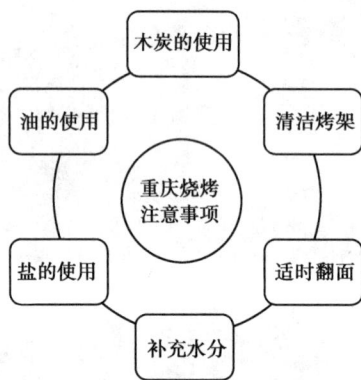

木炭的使用 · 清洁烤架 · 适时翻面 · 补充水分 · 盐的使用 · 油的使用

重庆烧烤注意事项

4.布置任务

任务:以小组为单位,运用重庆烧烤的方法做一顿午餐。

要求:①烧烤前对食材进行处理并腌制,讲究卫生;②注意工具使用和用火安全,爱护环境,活动结束后清理现场;③味道符合重庆烧烤特点(若有组员不能接受,可使部分食材符合重庆烧烤特点即可);④需用到鱼、肉类及蔬菜3种食材。

5.讨论问题

明确了任务和要求,小组成员需要充分讨论、交流,提出任务顺序,选用工具及食材,并进行任务分工。

指导建议:教师可引导小组按照以下问题进行讨论:完成任务有几项工作要做？最重要的是什么？有的任务是有先后顺序的,有的任务是可以并列进行的,要统筹分工。要安全完成任务,每个小细节都要考虑好。

6.制订方案

仔细思考问题,充分讨论交流后制订小组活动方案。

"重庆烧烤"小组活动方案表

小组名称: 日期:

重庆烧烤的特点:
重庆烧烤的方法:
注意事项:
所需工具:
所需食材:

续表

分工	负责人
领取、称取材料	
食材处理、腌制	
木炭助燃	
烧烤食材	
佐料调配、管理	
统筹协调	
卫生整理	
……	

问题及困难：

改进建议：

7.任务实施

（1）各小组根据讨论方案有序地领取工具及食材。

（2）烧烤准备：小组根据所选食材进行处理、腌制，摆放佐料，组装烤炉并点火。

①鱼类的腌制：将宰杀干净的草鱼洗净，剪去鱼鳍，在鱼身两侧开花刀，沿鱼骨将鱼对半剖开，鱼肚相连，用 5 毫升料酒和 5 克盐抹匀鱼身，并加姜片腌制 20 分钟。

②肉类的腌制：将肉洗净，切成肉丁，放入碗中加入五香粉、料酒，拌匀腌制 20 分钟，用竹签串好肉丁。

③蔬菜的处理:将蔬菜洗净,若是韭菜则需两头一样齐,绿叶蔬菜需摘取菜叶,可直接进行烧烤,也可用竹签串起。

(3)烧烤食材。

①鱼类:将鱼夹在鱼夹中,鱼身刷上油和酱油,撒上孜然粉、辣椒粉,来回翻动直至烤熟。中途可再刷一次油和酱油(若条件允许,可进行以下步骤制作重庆烤鱼:姜切姜末,蒜切成大块,芹菜去老叶洗净切段,香菇洗净分瓣,豆腐皮切宽条。炒锅内放入油,烧至五成热,放入姜末蒜瓣炒香,放入郫县豆瓣、辣椒、花椒炒香。放入清水烧开,加酱油、盐、糖、鸡精调味。将汤汁浇在烤鱼上)。

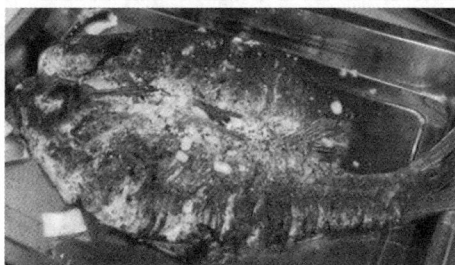

②肉类:放上烤架,刷油,撒上辣椒粉、花椒粉,来回翻面,烤熟即可。

③蔬菜:放上烤架,刷油,等蔬菜变软(2~3分钟)再开始撒料。如果蔬菜量较多需来回反复烤。

（4）烧烤活动结束后，收拾好烤具及其他物品，烧烤架要清洗干净；木炭要用水浇灭，一定要检查仔细，不留火种；垃圾装袋带回处理。

指导建议：学生烧烤时，教师要多巡视，及时发现存在的问题，引导学生迅速解决。不规范、不安全的操作要在第一时间给予指正，以保证学生的安全。

活动总结

1.展示与交流

各小组对照小组活动方案表及任务要求，对整个活动过程进行分享与反思。分享烧烤的食材及过程、味道，反思小组成员的分工是否合理，实践过程是否规范、安全，制作过程中遇到哪些问题，怎么解决的，探讨烧烤的利弊，探究生活中的健康饮食方式。

2.评价与反思

学生以小组为单位，按照评价表进行自评。

评价表

小组成员： 　　　　　　　　　　　　　　　　　　　　总分：

评价项目	评价等级		
	一级（3分）	二级（2分）	三级（1分）
知识	能说出重庆烧烤的特点，在教师的引导下熟悉重庆烧烤方法及注意事项，了解烧烤的利弊	能说出重庆烧烤的特点，在教师的引导下大概了解重庆烧烤方法及注意事项，了解烧烤的利弊	不能说出重庆烧烤的特点，不能理解重庆烧烤方法及注意事项，不能客观探讨烧烤的利弊
合作	按照统筹规划的原则进行小组内部分工，每个人都参与到制作过程中，将烧烤有序地进行，任务结束后场地清理干净	按照统筹规划的原则进行小组内部分工，每个步骤都是按顺序进行但没有同时进行，任务结束后场地清理较干净	没有按照统筹规划的原则进行小组内部分工，步骤进行较为混乱，任务结束后场地清理较杂乱
制作	烧烤味道有些符合重庆烧烤特点，偏辣、偏重，佐料使用种类较多，且烧烤了鱼类、肉类、蔬菜类食材	烧烤味道都不符合重庆烧烤特点，佐料使用种类较少，且烧烤了鱼类、肉类、蔬菜类食材	烧烤味道都不符合重庆烧烤特点，佐料使用种类较少，且只烧烤了鱼类、肉类、蔬菜类食材中的两种或一种

知识链接

1.烧烤

烧烤是人类最原始的烹调方式，是通过燃料加热和干燥空气，把食物放置于一个比较接近热源的位置来加热食物。一般来说，烧烤是在火上将食物（多为肉类、海鲜、蔬菜）烹调至可食用。由于现代社会有多种用火方式，烧烤方式也逐渐多样化，发展出各式烧烤炉、烧烤架、烧烤酱等。

2.重庆烧烤的特点

重庆烧烤味道偏辣、偏重,工序较复杂,佐料种类较多,用量偏多,食材在烧烤之前进行过腌制。

3.重庆烧烤注意事项

(1)木炭的使用。

燃料最好还是选择木炭,尽量不要用化学炭。炭烤食物的特殊风味来自木炭高温时烧烤食物的香味,因此,选择好木炭是享受美味的基础。质量好的木炭一般燃烧时间长,火势好。木炭最好选树枝部分,不要使用整块茎,否则不易点燃。在点火时,以一包火种5粒而言,一次放进5粒。要等木炭烧到透明红热时,再把它摊平。木炭表层还未烧透时,请勿急着烤,这样容易把食物弄脏、弄黑。

(2)清洁烤架。

在烧烤食物前,先将烤架上刷一层油,以免食物粘在架上。随时用铁刷刷掉烤架上的残渣,保持烤架清洁,这样才不会影响食物的风味。

(3)适时翻面。

食物上烤架后,不停地翻面不仅会延长烧烤时间,还会破坏蛋白质,使肉质变硬。在翻烤食物时,食物必须受热到一定程度才容易翻面。如果翻面时部分食物粘在烤架上,说明蛋白质还没有完全受热,硬拉只会扯坏蛋白质纤维,比如鱼类就容易出现脱皮现象。

(4)补充水分。

食物在烧烤过程中,时间越长,水分和油脂的流失越大,口感越干涩。因此在烧烤过程中,应在食物上适量刷些烧烤酱,保持食物湿润度。注意:不要一次性刷得过多,使食物过咸。

(5)盐的使用。

盐可以用来调味。在烤肉时,许多脂肪含量较高的肉类加热后会滴油,这些油滴被炭火烧着后会产生很高的火焰,使烤架上的食物容易烤焦。如果用水喷洒,只会产生烟灰污染食物,这时在火中撒些盐即可解决问题。

(6)油的使用。

烧烤时油的使用很重要,刚上架的肉类食材先不要急着刷油,待食材烤热、收紧后再刷油,其他食材可以上架时就刷油。油不要刷太多,以刷完后不滴油为原则,烤的过程中要尽量避免油滴落在烧烤炉中。

"重庆烧烤"学习单

[活动目标]

了解有关烧烤的知识,探究重庆烧烤的特点;认识各种烧烤用具并掌握使用方法,初步掌握烧烤的基本步骤、技巧及不同食物的烧烤方式;能以小组合作的形式,根据自己掌握的基本技巧亲手烧烤各种食物;探讨烧烤食物的利弊,懂得健康饮食的重要性。

[活动方案]

"重庆烧烤"小组活动方案表

小组名称：   日期：

重庆烧烤的特点：	
重庆烧烤的方法：	
注意事项：	
所需工具：	
所需食材：	

分工	负责人
领取、称取材料	
食材处理、腌制	
木炭助燃	
烧烤食材	
佐料调配、管理	
统筹协调	
卫生整理	
……	

问题及困难：
改进建议：

[评价反思]

评价表

小组成员：   总分：

评价项目	评价等级		
	一级(3分)	二级(2分)	三级(1分)
知识	能说出重庆烧烤的特点，在教师的引导下熟悉重庆烧烤方法及注意事项，了解烧烤的利弊	能说出重庆烧烤的特点，在教师的引导下大概了解重庆烧烤方法及注意事项，了解烧烤的利弊	不能说出重庆烧烤的特点，不能理解重庆烧烤方法及注意事项，不能客观探讨烧烤的利弊
合作	按照统筹规划的原则进行小组内部分工，每个人都参与到制作过程中，将烧烤有序地进行，任务结束后场地清理干净	按照统筹规划的原则进行小组内部分工，每个步骤都是按顺序进行但没有同时进行，任务结束后场地清理较干净	没有按照统筹规划的原则进行小组内部分工，步骤进行较为混乱，任务结束后场地清理较杂乱
制作	烧烤味道有些符合重庆烧烤特点，偏辣，偏重，佐料使用种类较多，且烧烤了鱼类、肉类、蔬菜类食材	烧烤味道都不符合重庆烧烤特点，佐料使用种类较少，且烧烤了鱼类、肉类、蔬菜类食材	烧烤味道都不符合重庆烧烤特点，佐料使用种类较少，且只烧烤了鱼类、肉类、蔬菜类食材中的两种或一种

制作传统农具展厅平面图

适用年级: 初中　　建议时间: 90 分钟

▶ 活动目标

了解农民生产、生活用具的产生,熟悉传统农具的定义;自主探究各种传统农具的用处、特点等,感受中国传统农业文化;制作传统农具展厅平面图,重拾农耕文化记忆。

▶ 活动准备

材料: 学习单、评价表、导入图片或视频、A3 白纸、彩笔、直尺、水性笔、电脑(联网)及活动所需其他材料。

场地: 农具博物馆。

▶ 活动实施

1.情境导入

教师播放视频《老物件忆往昔——你未曾见过的传统农具》,从农具(度量农具——斗)入手,提问学生还见过哪些中国传统农具,它们的来历和用处分别是什么。同时,出示两种常见的传统农具,引导学生总结传统农具的定义。

锄头　　　　　　　　铁锹

2.布置任务

任务: 制作农具展厅简易平面图。

要求: ①小组合作,自主探究中国传统农具的名称、用处等;②根据探究结果,完成农具展厅简易平面图,尽量与教师出示例图不同;③平面图至少含有 8 种农具;④以简笔画的形式进行农具的铺陈,同时需用文字叙述该农具的名称及用途。

3.农具探究

教师引导学生思考,除了刚刚出示的农具,中国还有哪些传统农具? 鼓励学生小组合作,自主参观农具博物馆,利用网络查找相关资料,并将自己找到的中国传统农具的名称、用处记录在学习单中。

指导建议：教师在学生探究过程中，对有困难和不懂的学生，要及时给予适当的指导及帮助。

4.平面图示范

教师出示只含有少数农具的展厅平面图作为示例，让学生了解任务展示形式，并根据任务提出的问题进行解答。

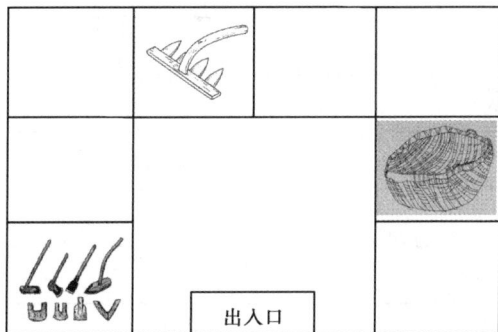

指导建议：此处教师应说明任务中的展厅平面图分为两张图，一张为简笔画图，一张为文字说明图，但是两张图均需要有大致的布局。学生最好自行发挥，按照其他方式布局，也可按照教师出示的平面图进行布局。

5.制订方案

各小组根据实际情况，在组长的带领下，制订详细的活动计划，明确活动安排。

“制作传统农具展厅平面图”小组活动方案表

小组名称： 日期：

<table>
<tr><td>小组成员</td><td></td><td>组长</td><td></td></tr>
<tr><td colspan="4">什么是传统农具：</td></tr>
<tr><td colspan="4">我认识了以下传统农具</td></tr>
<tr><td>农具名称</td><td colspan="3">农具用途</td></tr>
<tr><td></td><td colspan="3"></td></tr>
<tr><td></td><td colspan="3"></td></tr>
<tr><td></td><td colspan="3"></td></tr>
<tr><td></td><td colspan="3"></td></tr>
<tr><td></td><td colspan="3"></td></tr>
<tr><td></td><td colspan="3"></td></tr>
<tr><td>分工</td><td colspan="3">负责人</td></tr>
<tr><td>资料整理</td><td colspan="3"></td></tr>
<tr><td>平面图设计</td><td colspan="3"></td></tr>
<tr><td>平面图制作</td><td colspan="3"></td></tr>
<tr><td>简笔画</td><td colspan="3"></td></tr>
<tr><td>……</td><td colspan="3"></td></tr>
<tr><td colspan="4">遇到的困难及解决方案：</td></tr>
</table>

6.执行任务

（1）资料整理。学生根据自主探究结果，讨论选出展厅需要摆放的农具，并将这些农具的名称、用处整理好。

（2）平面图设计。按照任务要求，设计大概的平面布局。

（3）平面图制作。根据分工安排，小组成员进行简笔画勾画及文字内容的补充，完成平面图。

指导建议：①教师在学生操作过程中进行巡视，引导学生解决在操作过程中遇到的困难，总结经验。②在任务实施环节，教师可将示例放在课件中供学生参考。

◤ 活动总结

1.展示与交流

比较各小组的思维导图，让每个小组依次给其他组的同学讲解平面图的内容及设计灵感。同时，总结出小组在任务实施中遇到的困难及解决方法。

2.评价与反思

根据评价表，对各小组活动过程中的表现进行评价。

评价表

小组成员：　　　　　　　　　　　　　　　　　　　　　　　　总分：

评价项目	评价等级		
	一级（3分）	二级（2分）	三级（1分）
探究	能自主探究传统农具的概念、名称及作用，内容充实、准确	能在教师引导下探究传统农具的概念、名称及作用，内容较为充实、准确	未能在教师引导下探究传统农具的概念、名称及作用
内容	平面图包含了8种以上传统农具的简笔画、名称及作用	平面图包含了8种传统农具的简笔画、名称及作用	平面图包含了8种以下传统农具的简笔画、名称及作用
设计	平面图的设计与教师出示的例图有90%左右不同	平面图的设计与教师出示的例图有60%左右不同	平面图的设计与教师出示的例图有30%左右不同

◤ 知识链接

传统农具是对历史上发明创制并承袭沿用的农业生产工具的泛称。传统农具具有就地取材、轻巧灵便、一具多用、适用性广等特点。

"制作传统农具展厅平面图"学习单

［活动目标］

了解农民生产、生活用具的产生，熟悉传统农具的定义；自主探究各种传统农具的用处、特点等，感受中国传统农业文化；制作传统农具展厅平面图，重拾农耕文化记忆。

[活动方案]

"制作传统农具展厅平面图"小组活动方案表

小组名称：   日期：

小组成员		组长	

什么是传统农具：

我认识以下传统农具	
农具名称	农具用途
分工	负责人
资料整理	
平面图设计	
平面图制作	
简笔画	
……	

遇到的困难及解决方案：

[评价反思]

评价表

小组成员：   总分：

评价项目	评价等级		
	一级(3分)	二级(2分)	三级(1分)
探究	能自主探究传统农具的概念、名称及作用,内容充实、准确	能在教师引导下探究传统农具的概念、名称及作用,内容较为充实、准确	未能在教师引导下探究传统农具的概念、名称及作用
内容	平面图包含了8种以上传统农具的简笔画、名称及作用	平面图包含了8种传统农具的简笔画、名称及作用	平面图包含了8种以下传统农具的简笔画、名称及作用
设计	平面图的设计与教师出示的例图有90%左右不同	平面图的设计与教师出示的例图有60%左右不同	平面图的设计与教师出示的例图有30%左右不同

包汤圆

适用年级：初中　　建议时间：120 分钟

◤ 活动目标

能包出合格的汤圆;能够概括包汤圆的动作要领;尝试煮好汤圆;树立团结合作和迎难而上的精神。

◤ 活动准备

材料:汤圆面(湿)、熟黑芝麻、熟花生粒、糖、猪油。

场地:生活体验馆。

◤ 活动实施

1.情境导入

汤圆在我国有着悠久的历史,吃汤圆也成为老百姓的传统习俗,特别是在我国南方,每到过年,家家户户都会吃汤圆,象征团团圆圆。大家都吃过汤圆,那么汤圆究竟是怎么做的呢?

2.布置任务

任务:以小组为单位开展包汤圆活动;将做好的汤圆煮好。

要求:保证干净卫生;汤圆不能露馅。

3.讨论问题

(1)汤圆是怎么包成的?

(2)怎么制作汤圆馅?

(3)如何防止包汤圆时露馅?

4.制订方案

"包汤圆"小组活动方案表

小组名称：　　　　　　　　　　　　　　　　　　　　　　　　日期：

小组成员		组长	
任务：			
活动方法、步骤与注意事项：			

分工安排：	
包汤圆探究报告	
汤圆特点： 制作方法： 注意事项：	
本组创作成品效果（描述）：	

5.任务实施

（1）教师展示包好的汤圆。

（2）将熟黑芝麻和熟花生粒磨碎，混合，加入适量糖和猪油，制成汤圆馅。

（3）分组进行汤圆制作。①取一小块汤圆面，轻轻揉搓；②将汤圆面揉搓成一个球体，中间留出一个小窝；③放入适量汤圆馅，将边缘的汤圆面往上捏，然后封口；④慢慢揉搓汤圆至顺滑。

（4）将包好的汤圆煮熟。

（5）分享自己的劳动成果。

指导建议：①教师根据实际情况对学生和面给予相应的指导；②教师根据学生实际情况对如何包汤圆给予一定的提示；③教师巡视指导，对有困难的小组可以进行一些指导。

◤ 活动总结

1.展示与交流

学生根据自己的表现做总结并交流分享，教师结合任务目标及学生表现对活动做小结。

2.评价与反思

"包汤圆"个人总结与反思

姓名：　　　　　　　　　　　　　　　　　　　　　　　　　日期：

我的表现：
对此我的理解：
应注意的事项(要点)：

评价表

小组成员：　　　　　　　　　　　　　　　　　　　　　　总分：

评价项目	评价等级		
	一级(3分)	二级(2分)	三级(1分)
合作	分工合作,小组成员每个人都有相应的任务	存在个别成员不知道做什么的情况	分工不合理,小组成员各自为政;有的人任务过重,有的人毫无事情可做
实践	能按小组确定的计划,运用所学方法顺利完成任务	能按小组确定的计划完成任务	未能制订好小组计划,未能完成相应任务
交流	能对本组的活动计划、构思等进行准确、明晰的阐述	能对本组的活动计划、构思等进行简单的阐述	对本组的计划制订、构思、人员分工等叙述含糊不清

"包汤圆"学习单

[活动目标]

　　能包出合格的汤圆;能够概括包汤圆的动作要领;尝试煮好汤圆;树立团结合作和迎难而上的精神。

[活动方案]

"包汤圆"小组活动方案表

小组名称：　　　　　　　　　　　　　　　　　　　　　　　　　日期：

小组成员		组长	
任务：			
活动方法、步骤与注意事项：			
分工安排：			
包汤圆探究报告			
汤圆特点： 制作方法： 注意事项：			
本组创作成品效果（描述）：			

[评价反思]

"包汤圆"个人总结与反思

姓名：   日期：

我的表现：
对此我的理解：
应注意的事项(要点)：

评价表

小组成员：   总分：

评价项目	评价等级		
	一级(3分)	二级(2分)	三级(1分)
合作	分工合作,小组成员每个人都有相应的任务	存在个别成员不知道做什么的情况	分工不合理,小组成员各自为政;有的人任务过重,有的人毫无事情可做
实践	能按小组确定的计划,运用所学方法顺利完成任务	能按小组确定的计划完成任务	未能制订好小组计划,未能完成相应任务
交流	能对本组的活动计划、构思等进行准确、明晰的阐述	能对本组的活动计划、构思等进行简单的阐述	对本组的计划制订、构思、人员分工等叙述含糊不清

开发新能源

适用年级：初中　　建议时间：60分钟

◤ 活动目标

　　理解世界各国在常规能源消耗量日益增大之际，寻找和开发新能源已成为当务之急；了解各种新能源的特点；了解我国新能源资源的蕴藏情况。

◤ 活动准备

　　材料：学习单、评价表、教学课件及活动所需其他材料。
　　场地：节能环保馆。

◤ 活动实施

1.情境导入

　　观看图片，教师引导学生思考人类目前面临的环境污染。

2.人类寻找新能源的原因

　　（1）了解常规能源与新能源的概念，以及能源在生产生活中的主要用途。

　　你知道我国目前广泛使用的能源有哪些吗？像煤、石油、天然气等燃料，是目前人类广泛应用的能源，在技术上也比较成熟，我们称之为常规能源。

　　除这些常规能源外，你能说出哪些目前人类正在积极研制或很有利用前途的其他能源？同学们所列举的这些刚开始利用或正在积极研究、有待推广的能源，我们称之为新能源。

　　（2）讨论："风能""水能"是常规能源还是新能源？

人们从古代就开始利用风能,如风帆船、风帆车辆、风力抽水机等。从这个意义上说,风能属于常规能源。但这样直接利用风力规模小,也不稳定。现代社会人们利用风力来发电,所以也可以把风能划为新能源。

广义的水能资源包括河流水能、潮汐水能、波浪能、海流能等能量资源;狭义的水能资源指河流的水能资源,它属于常规能源,也是一种可再生能源。到 20 世纪 90 年代初,河流水能成为人类大规模利用的水能资源,潮汐水能也得到了较成功的利用。

(3)总结开发新能源的原因。

3.介绍新能源

(1)太阳能。

①说出利用太阳能的装置或产品。

太阳能热水器

太阳灶

太阳能路灯

太阳能汽车

太阳能电池

太阳能发电站

②由于太阳能是太阳光辐射的能量,因此太阳能具备许许多多的优点,如太阳能清洁环保,无任何污染,利用价值高,且不会存在短缺的问题,是可持续发展的新型能源。

说出以上利用太阳能的装置或产品的原理。

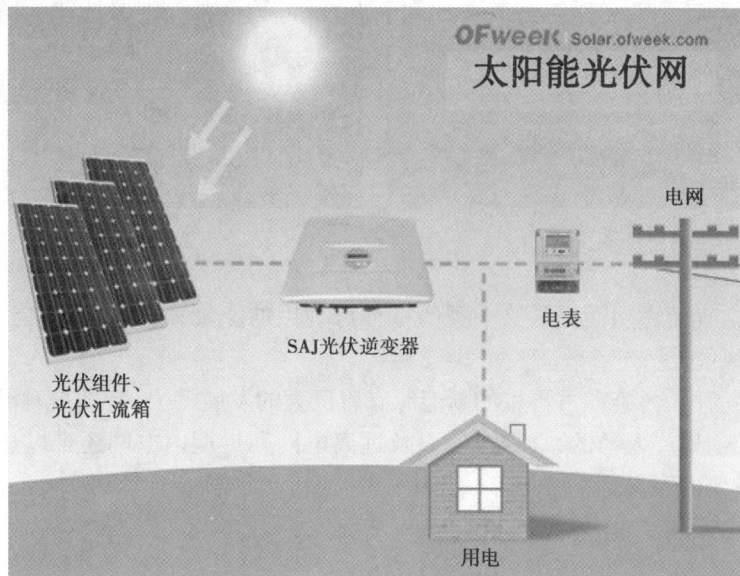

光伏并网发电原理图

知识链接

利用太阳能发电的方式有多种,目前较常使用的有以下两种:①光—热—电转换。即利用太阳辐射所产生的热能发电。一般是用太阳能集热器将所吸收的热能转换为蒸汽,然后由蒸汽驱动汽轮机带动发电机发电。前一过程为光—热转换,后一过程为热—电转换。②光—电转换。其基本原理是利用光伏特效应将太阳辐射能直接转换为电能,它的基本装置是太阳能电池。

（2）风能。

①风能资源的利用。

风力路灯

风帆助航

新疆达坂城发电场

风力提水

②风能主要优点。

风能是因空气流做功而提供给人类的一种可利用的能量,属于可再生能源。空气流具有的动能称为风能。

风能作为一种无污染和可再生的新能源有着巨大的发展潜力,特别是对沿海岛屿、交通不便的边远山区、地广人稀的草原牧场,以及远离电网和近期内电网还难以达到的农村、边疆,有着十分重要的意义。

③风力发电原理。

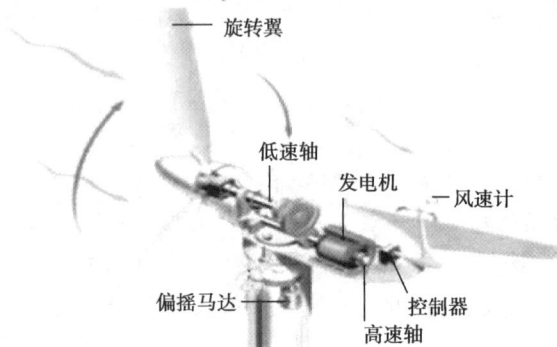

现代风力机解剖图

知识链接

风力发电是利用风力带动风车叶片旋转,再透过增速机将旋转的速度提升,促使发电机发电。依据目前的风车技术,风速约为 3 米/秒的微风就能用于发电。

风力发电在芬兰、丹麦等国家很流行,在我国的西部地区也被大力提倡。小型风力发电系统效率很高,但它不只由一个发电机头组成,而是一个有一定科技含量的小系统:风力发电机+充电器+数字逆变器。风力发电机由叶片、尾翼、转体、机头组成,每一部分都很重要,各部分功能如下:叶片用来接受风力并通过机头转为电能;尾翼使叶片始终对着来风的方向从而获得最大的风能;转体能使机头灵活地转动以实现尾翼调整方向的功能;机头的转子是永磁体,定子绕组切割磁力线产生电能。

（3）水能。

①水能资源用在哪些方面？水能资源有哪些优点？

三峡发电站

水能是一种取之不尽、用之不竭、可再生的清洁能源。为了有效利用天然水能，需要人工修筑能集中水流落差和调节流量的建筑物，如大坝、引水管涵等。这些建筑工程投资大、建设周期长，但水力发电效率高，发电成本低，机组启动快，调节容易。由于是利用自然水流，因此受自然条件的影响也较大。水力发电往往是综合利用水资源的一个重要组成部分，与航运、养殖、灌溉、防洪和旅游组成水资源综合利用体系。

②水力发电原理。

将水具有的重力势能转变成动能的水冲击水轮机，水轮机就可转动，若我们将发电机连接水轮机，则发电机就可发电。如果我们将水位提高，可发现水轮机转速增加。由此可知水位差越大水轮机所得动能越大，可转换之电能越高，这就是水力发电的基本原理。

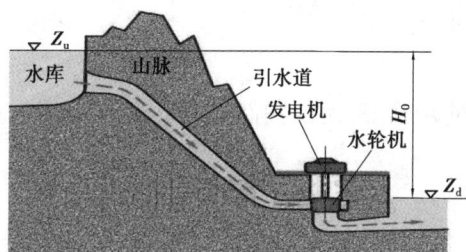

③你还知道哪些新能源？开发利用新能源主要依靠什么？

4.制订方案

"开发新能源"小组活动方案表

小组名称：   日期：

我们的设计：

有哪些新能源？
我们这样分工：
我们遇到的困难：
我们学到了：

5.节能环保知识抢答

教师组织学生进行节能环保知识抢答。

6.课后实践

调查能源在生活中的使用情况,说说我们采取了哪些节能措施。

■ 活动总结

评价表

小组成员：　　　　　　　　　　　　　　　　　　　　　　　　　　总分：

评价项目	评价等级		
	一级（3分）	二级（2分）	三级（1分）
合作	分工合作,小组成员每个人都有相应的任务	存在个别成员不知道做什么的情况	分工不合理,小组成员各自为政;有的人任务过重,有的人毫无事情可做
实践	能按小组确定的计划,运用所学方法顺利完成任务	能按小组确定的计划完成任务	未能制订好小组计划,未能完成相应任务
交流	能对本组的活动计划、构思等进行准确、明晰的阐述	能对本组的活动计划、构思等进行简单的阐述	对本组的计划制订、构思、人员分工等叙述含糊不清

"开发新能源"学习单

[活动目标]

　　理解世界各国在常规能源消耗量日益增大之际,寻找和开发新能源已成为当务之急;了解各种新能源的特点;了解我国新能源资源的蕴藏情况。

[活动方案]

　　(1)本次活动旨在让学生了解我国能源短缺危机及不合理的能源结构引发严重的环境危机,培养学生初步建立珍惜能源资源、努力开发新能源的思想,激励他们树立自觉学习科学技术的决心。

　　(2)主题的引入。通过出示环境污染的相关图片,激发学生的学习兴趣和参与热情,使学生了解开发利用新能源的重要性和必要性。

　　(3)对于新能源类型,可以在学生活动的基础上,通过图片、录像等多种媒体,使学生较为直观地、比较深入地了解各种新能源的特点和利用情况。

　　(4)如果要安排环保知识抢答,讲清楚抢答规则,保证活动有序开展。

"开发新能源"小组活动方案表

小组名称:　　　　　　　　　　　　　　　　　　　　　　　　日期:

我们的设计:
有哪些新能源?
我们这样分工:
我们遇到的困难:
我们学到了:

[评价反思]

评价表

小组成员：　　　　　　　　　　　　　　　　　　　　　　　总分：

评价项目	评价等级		
	一级（3分）	二级（2分）	三级（1分）
合作	分工合作，小组成员每个人都有相应的任务	存在个别成员不知道做什么的情况	分工不合理，小组成员各自为政；有的人任务过重，有的人毫无事情可做
实践	能按小组确定的计划，运用所学方法顺利完成任务	能按小组确定的计划完成任务	未能制订好小组计划，未能完成相应任务
交流	能对本组的活动计划、构思等进行准确、明晰的阐述	能对本组的活动计划、构思等进行简单的阐述	对本组的计划制订、构思、人员分工等叙述含糊不清

模拟法庭

适用年级：初中　　建议时间：120分钟

活动目标

观看图片,并能结合已有经验说出法庭的作用;观看视频案例,了解法庭的审判流程;小组合作,能够进行模拟审判;培养法治意识;锻炼小组合作能力。

活动准备

材料:学习单、评价表、教学课件、案例剧本及活动所需其他材料。

场地:模拟法庭馆。

活动实施

1.情境导入

教师展示法庭现场审理照片,结合学生自身对法庭的认识,提问法庭的作用。

指导建议:教师可参考以下问题进行提问:你们见过法庭吗? 在哪里见过? 法庭的作用是什么?

2.认识法庭的作用和分类

法庭是法院设立的用来审理诉讼案件的机构。根据案件性质设立民事法庭、刑事法庭等。

(1)民事法庭:审理公民之间、法人之间、其他组织之间以及他们相互之间因财产关系和人身关系而提起的诉讼。

（2）刑事法庭：用于审理刑事案件，即触犯刑法的行为。

指导建议：教师可参考以下问题进行提问：你知道哪些纠纷属于民事法庭审理的范围，哪些属于刑事法庭审理的范围？能否举出一些例子。

3.认识刑事法庭的组成人员

（1）观察模拟法庭馆室内法庭布局，思考哪些人员组成了刑事法庭，他们各自的职责是什么。

（2）了解刑事法庭人员的座次。请一位同学上台将诉讼参与人员的名牌放置于相应的位置上；对应PPT上的刑事法庭布局图进行纠正和讲解。

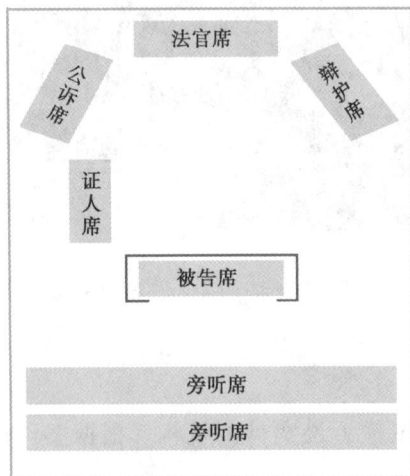

传统法庭布局示意图

（3）教师总结刑事法庭组成人员及工作职责。

书记员：法院内担任记录人员的人。

被告人：在刑事案件诉讼中，被公诉机关指控涉嫌犯罪的人。

公诉人：指不用当事人而是由国家司法机关直接提起诉讼，在中国主要由人民检察院的司法人员来担任，也就是说，在人民检察院担任诉讼的人，就是公诉人。

审判长：指在人民法院审判案件所组成的合议庭中，负责组织审判活动的审判人员。合议庭是法院代表国家行使审判权的重要表现形式，中国民事、刑事和行政三大诉讼法都规定，法院行使审判权的组织形式有两种，即独任制和合议制。合议庭的工作内容包括：审查证据；参加开庭审理；发表合议意见；以一致或多数人意见作为处理原则，形成并做出裁判。

辩护人：帮助被告人行使辩护权以维护其合法权益的人（一般是律师）。

4.了解刑事法庭的审判流程

（1）教师播放一个刑事案件的审判视频，学生总结该案件的审理分为几个环节，每个环节各诉讼参与人分别做了什么。

案件背景介绍：2014年8月，张××及李××在北京禁毒大队的一次搜捕行动中被捉获，两人涉嫌吸食毒品大麻。随后张××在公安机关的审问中交代其家中还藏有大麻，并曾经多次容留李××等人在其住所吸食大麻。张××随后被北京市东城区检察院以容留他人吸食毒品罪提起公诉。

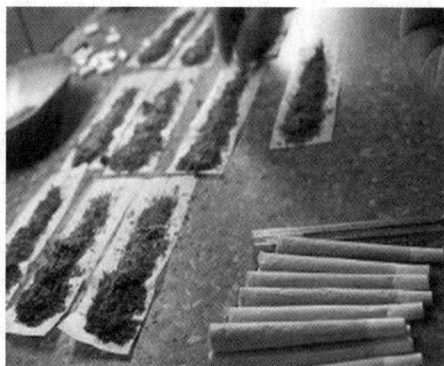

（2）教师总结刑事案件审理流程。

①开庭：

a.由审判长查明当事人是否到庭。

b.宣布案件来源：告知当事人今天法院审理的是××检察院起诉的××人涉嫌的××罪名。

c.宣布合议庭的组成人员、书记员、公诉人、辩护人、诉讼代理人、鉴定人等名单；告知当事人有权对合议庭组成人员、书记员、公诉人、鉴定人等申请回避。

d.告知被告人享有的权利，包括申请回避权、为自己辩护权、提交证据权、申请新的证人出庭权、申请调取新的证据权、申请重新鉴定权、申请重新勘验权、最后陈述权。

e.讯问被告人是否申请回避。

f.宣布本案公开审理或不公开审理及其理由。

g.宣布法庭纪律。

②法庭调查阶段：

a.宣读起诉书。

b.控辩双方交叉讯问被告人。

c.询问证人、鉴定人。

d.出示证据。

e.申请有专门知识的人出庭。

③法庭辩论阶段：

a.审判长宣布法庭调查结束，法庭辩论开始。

b.公诉人发表公诉词。

c.被害人发表控诉意见。

d.被告人陈述和辩解。

e.辩护人发表辩护词。

f.互相辩论。

g.被告人做最后陈述。

④评议、宣判：

a.审判长宣布休庭。

b.控辩双方向法庭移交证据。

c.当事人核对笔录、签字。

d.合议庭成员对控辩双方的意见进行评议。评议秘密进行。

e.合议庭成员有重大分歧或不同意合议庭意见的，提交审判委员会讨论决定。

f.制作判决书。

g.继续开庭，宣读判决书。

指导建议：教师可参考以下问题进行提问：你记住了几个审判环节？分别是什么？各个诉讼参与人在不同的审判环节中分别做了什么？你认为影响最后审判结果的因素有哪些？

5.布置任务

根据教师给出的案件背景资料，分组进行模拟审判。

2018年1月1日，铜梁区青少年综合实践基地发生一起入室盗窃案件。警察勘查现场发现如下证物：①监控：犯罪嫌疑人张某深夜进入校园，并于两小时后携带一挎包离开的视频资料。②现场遗留的带有指纹的作案工具。③张某朋友的供词，证实其在盗窃后的销赃行为。

任务：就上述案件进行模拟审判。

要求：①每组组长带领组员进行角色分配，每名同学都必须参与，体现团队合作；②根据案件提供的信息进行编排，审判流程需完整；③每个角色表演符合其身份特征，大方得体。

6.制订方案

"模拟法庭"小组活动方案表

小组名称：　　　　　　　　　　　　　　　　　　　　　　　　　日期：

模拟审判过程概述：

审判的几个环节：
我们这样分配角色：
我们遇到了这些困难：
模拟审判让我们学到了：

7.执行任务

(1)设计案件：小组合作，设计完整的案件过程。

(2)确定角色：根据所编排案件的需要，确定小组角色分配。

(3)合作编写剧本：小组合作完成台词设计。

指导建议：教师巡视指导，对有困难的小组可进行一些指导。

活动总结

1.展示与交流

(1)学生以小组为单位进行表演。评价每组案件创意是否新颖，审判流程是否清楚完整。

(2)教师引导学生思考：表演过程中遇到了什么困难？学到了什么？遇到矛盾时可以用哪些方法解决问题？团队怎样进行合作能够促进任务的完成？生活中从哪些途径可以学习法律知识？

(3)各小组根据评价表进行投票(只能投本组以外的小组)，并选出优胜小组。

指导建议：教师需根据学生所了解到的相关知识，加以引导、补充和修正，指导学生在编排案件时需要注意的地方。通过引导和提升本课内容，增强学生的创造力，培养学生的耐性及团队精神。

2.评价与反思

学生以小组为单位，按照评价表对其他小组进行评价。

小组成员：   总分：

评价项目	评价等级		
	一级(3分)	二级(2分)	三级(1分)
案件编排	案件编排完整,逻辑性强,富有新意	案件编排较完整,比较符合逻辑,较有新意	案件编排不够完整,逻辑不符,无新意
审判流程	审判流程完整,无遗漏,且内容丰富	审判流程基本完整,内容较丰富	审判流程有遗漏,内容略单调
团队合作	配合过程有耐心,小组合作不争吵、不指责	小组合作偶尔有指责,但不争吵,基本上能相互理解、相互合作完成任务	讨论过程中没有耐心,小组常出现争吵,不配合,导致不能顺利合作完成任务
角色扮演	分工明确,角色把握到位,表演投入,配合默契	分工基本明确,角色把握基本到位,表演较投入,有一定的配合	分工不明确,角色把握不够到位,表演不够投入,无配合

指导建议：在评价环节中,教师应事先让学生了解评价标准,要求学生熟悉这些评价标准的内容,对评价标准中的能力培养目标或要求做到心中有数。

知识链接

1.我国诉讼内容和形式

根据诉讼内容和形式的不同,诉讼活动可分为刑事诉讼、民事诉讼和行政诉讼三部分。其中,刑事诉讼是指审判机关(人民法院)、检察机关(人民检察院)和侦查机关(公安机关含国家安全机关等)在当事人以及诉讼参与人的参加下,依照法定程序解决被追诉者刑事责任问题的诉讼活动。

2.刑事法庭介绍

刑事法庭设置原则:从整体上观察,我国现行刑事审判法庭布局呈等腰梯形状态,即法官席位于审判法庭正中的台基之上;公诉席在法官席的右前方;辩护席在法官席的左前方,与公诉席相对;公诉席和辩护席呈内八字形面对台下的被告席和被告席后面的旁听席;被告席则面向法官席。法官席、公诉席、辩护席和被告席构成了一个相对封闭的审判空间。这种法庭布局给我们传递的信息是法官在法庭上是带有追诉倾向的积极审讯者。我国刑事法庭的布局承袭了"三司会审""坐堂问案"的传统风格。

3.模拟法庭图片

"模拟法庭"学习单

[活动目标]

观看图片,并能结合已有经验说出法庭的作用;观看视频案例,了解法庭的审判流程;小组合作,能够进行模拟审判;培养法制意识;锻炼小组合作能力。

[活动方案]

"模拟法庭"小组活动方案表

小组名称: 日期:

模拟审判过程概述:
审判的几个环节:
我们这样分配角色:
我们遇到了这些困难:
模拟审判让我们学到了:

[评价反思]

评价表

小组成员：   总分：

评价项目	评价等级		
	一级(3分)	二级(2分)	三级(1分)
案件编排	案件编排完整,逻辑性强,富有新意	案件编排较完整,比较符合逻辑,较有新意	案件编排不够完整,逻辑不符,无新意
审判流程	审判流程完整,无遗漏,且内容丰富	审判流程基本完整,内容较丰富	审判流程有遗漏,内容略单调
团队合作	配合过程有耐心,小组合作不争吵、不指责	小组合作偶尔有指责,但不争吵,基本上能相互理解、相互合作完成任务	讨论过程中没有耐心,小组常出现争吵,不配合,导致不能顺利合作完成任务
角色扮演	分工明确,角色把握到位,表演投入,配合默契	分工基本明确,角色把握基本到位,表演较投入,有一定的配合	分工不明确,角色把握不够到位,表演不够投入,无配合

生 命
SHENGMING

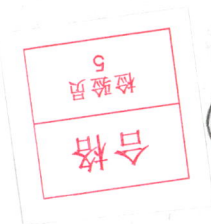

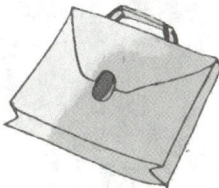

"我"从哪里来

适用年级：初中　　建议时间：120分钟

▮ 活动目标

知道人从胎儿形成、发育、生长过程中各个阶段的特点，认识生命的来之不易，理解母爱的伟大；了解父母的特征是如何传递给后代的，懂得感恩父母、珍爱生命。

▮ 活动准备

材料：有关书籍、卡纸、剪刀、纸、笔、导入视频或图片及活动所需其他材料。

场地：生命科学馆。

▮ 活动实施

1.情境导入

每当我们过生日时，有没有想过："我是谁？我是从哪里来的？"学生提出、回答问题。今天我们共同来讨论"我"从哪里来。

指导建议：教师可播放一段配乐散文诗《我从哪里来》。

2.观察思考

教师结合图片、视频，引导学生观察胎儿形成、发育、生长过程中各个阶段的特点。

(1)受精卵、胎儿形成、发育、出生。

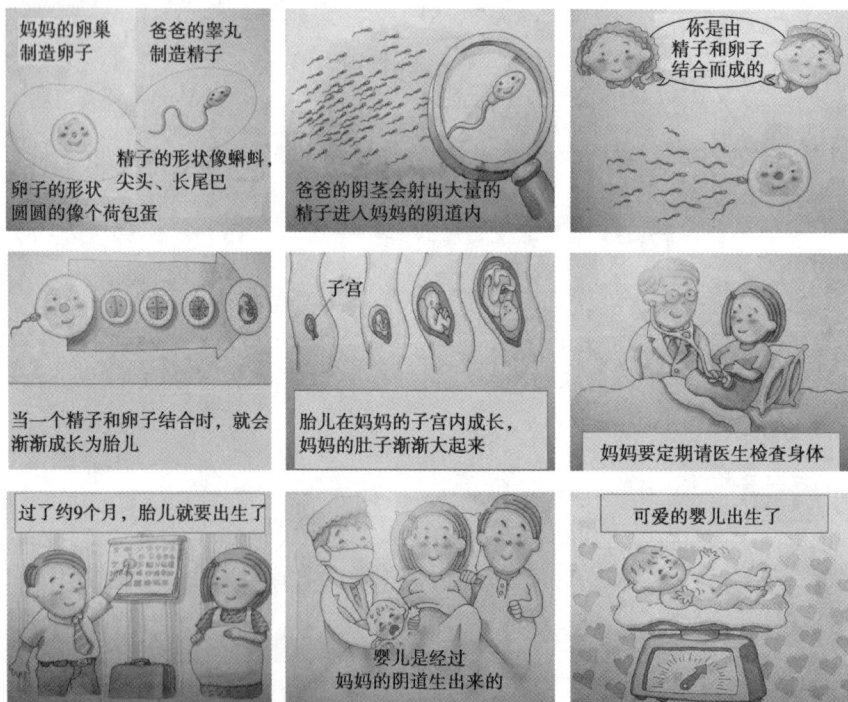

（2）胎儿形成、发育中各个阶段的特点。

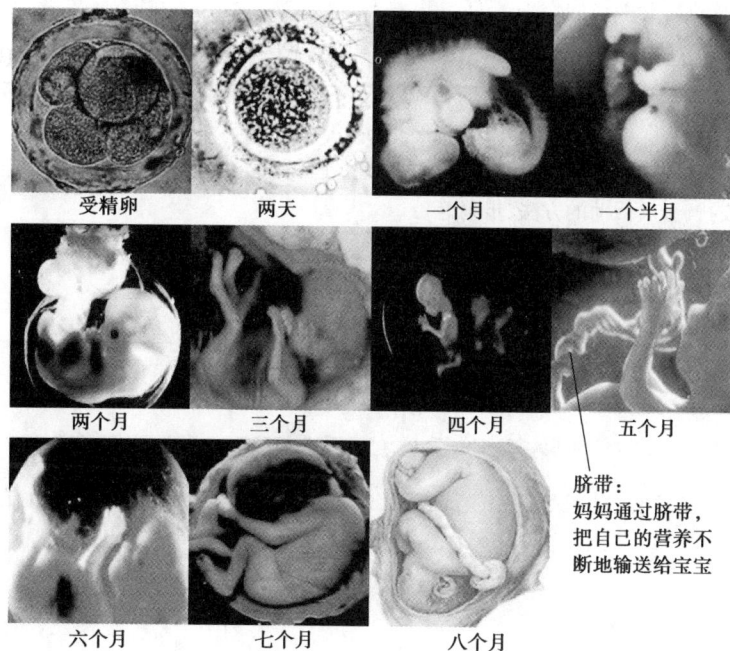

受精卵	两天	一个月	一个半月
两个月	三个月	四个月	五个月

脐带：
妈妈通过脐带，把自己的营养不断地输送给宝宝

六个月　　七个月　　八个月

胎儿的发育

指导建议：①教师可视情况决定是否向学生解释以上过程是正常的自然规律，未涉及试管婴儿、剖宫产等内容。②教师提问学生：脐带意味着什么？在你身体的哪个部位留下了印迹？③做游戏：体验妈妈怀孕的辛苦。

3.任务要求

任务：遗传卡片实验。

要求：①能说明"我"从哪里来；②制作遗传卡片。

4.讨论问题

学生明确任务与要求，读懂遗传卡片实验流程图，讨论实验的具体方法与步骤，制订小组活动方案。

完成任务要做哪些工作？有哪些要求？

标注特征，有序配对，及时记录、统计。

先要读懂遗传卡片实验流程图，熟悉实验步骤。

需要分工，更需要相互协作。

5.制订方案

""我'从哪里来"小组活动方案表

小组名称：   日期：

任务：
活动策略(分工安排,开展活动的方法、步骤等)：
实验记录：
探究结果：
思考、感受：

6.任务实施

(1)教师引导学生查资料或上网搜索信息,了解父母的特征是如何传递给后代的。

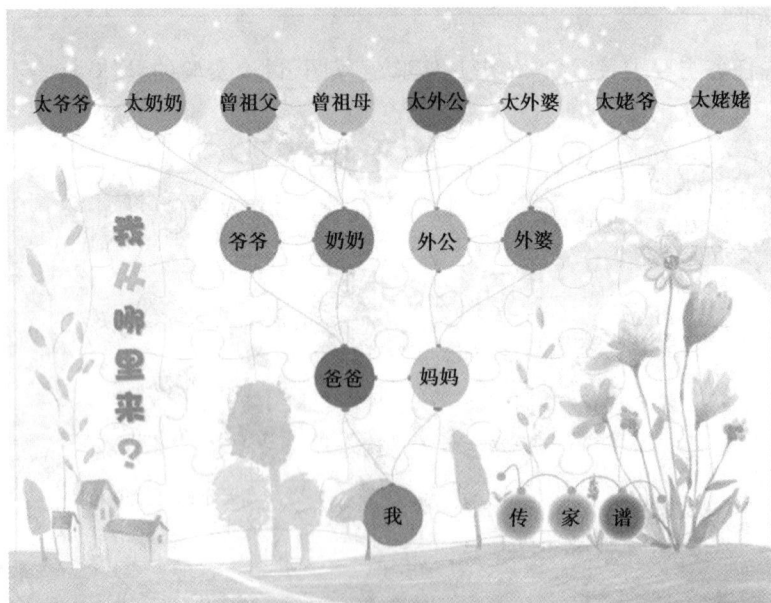

父母将自己的特征传递给后代的现象叫作遗传。后代的特征来源于父母双方。当卵细胞和精子结合时，它们各自携带的特征就像卡片一样进行组合。完成组合后，就诞生出一个新的后代。后代的特征包含许多方面，其中一些来自父亲，另外一些来自母亲。

遗传的特征可分为两类：一类是在物种内遗传的，如某种动物的肢体数量；一类是在家族内遗传的，如眼睛的颜色。除了遗传作用外，还有一些特征是环境作用的结果，如疤痕不会遗传到下一代。

（2）制作一个口袋簿，按遗传卡片实验步骤进行实验。

（3）汇总实验记录。

（4）统计分析得出探究结果，交流活动感受并准备汇报材料。

遗传卡片实验：制作一个口袋簿，并按下图所示进行标注。

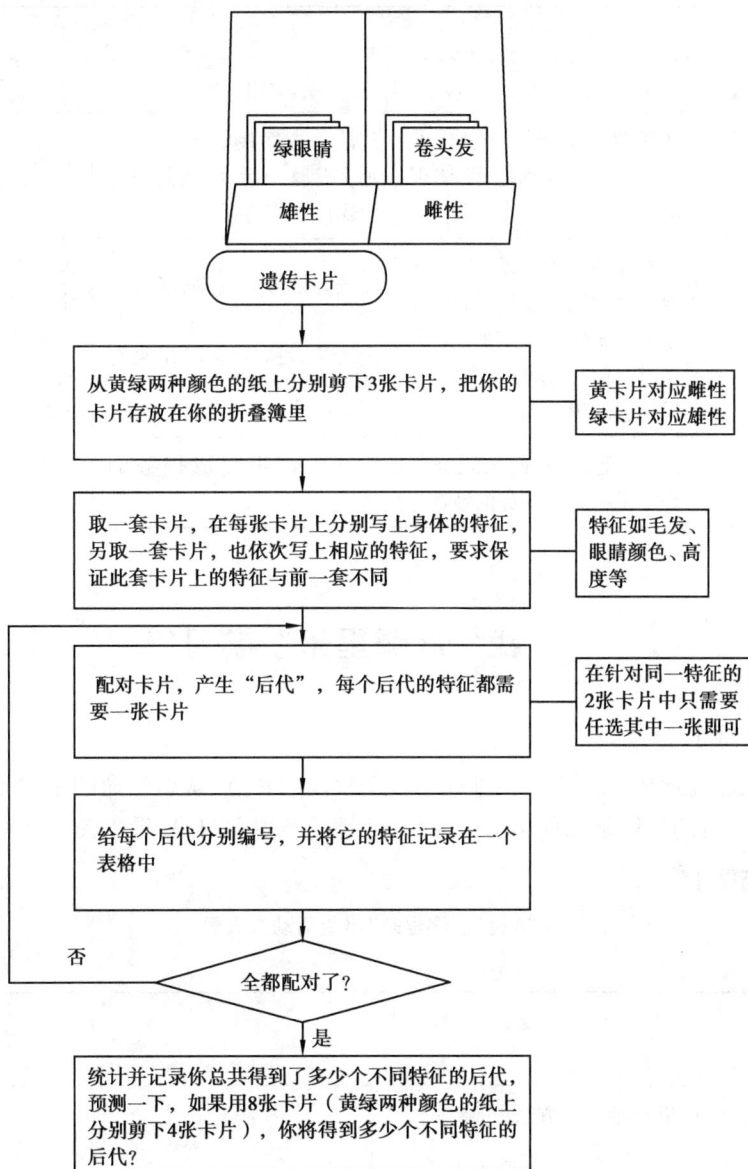

从黄绿两种颜色的纸上分别剪下3张卡片，把你的卡片存放在你的折叠簿里 —— 黄卡片对应雌性 绿卡片对应雄性

取一套卡片，在每张卡片上分别写上身体的特征，另取一套卡片，也依次写上相应的特征，要求保证此套卡片上的特征与前一套不同 —— 特征如毛发、眼睛颜色、高度等

配对卡片，产生"后代"，每个后代的特征都需要一张卡片 —— 在针对同一特征的2张卡片中只需要任选其中一张即可

给每个后代分别编号，并将它的特征记录在一个表格中

否 ← 全都配对了？

是 ↓

统计并记录你总共得到了多少个不同特征的后代，预测一下，如果用8张卡片（黄绿两种颜色的纸上分别剪下4张卡片），你将得到多少个不同特征的后代？

活动总结

1.展示与交流

各小组派一名代表,说明小组开展实验的过程,介绍实验结果记录,讲述探究结果,分享活动感受。

2.评价与反思

学生以小组为单位,按照评价表对其他小组进行评价。

评价表

小组成员:　　　　　　　　　　　　　　　　　　　　　　　　　　总分:

评价项目	评价等级		
	一级(3分)	二级(2分)	三级(1分)
合作	从活动方案制订到遗传卡片实验整个活动过程,体现出较强的团队合作精神	从活动方案制订到遗传卡片实验整个活动过程,表现出团队合作意识	活动过程中,小组成员存在相互推诿现象
实践	能按计划开展活动,能认真观察,积极思考问题;能有序开展遗传卡片实验,记录及时,统计准确;对我从哪里来有准确认知	能按计划开展活动,能观察并思考问题;遗传卡片实验记录及时;对我从哪里来有正确认知	未能按计划开展活动,能观察并思考问题;遗传卡片实验开展不顺利;对我从哪里来有了解
交流	汇报内容准备充分,能有条理地说明完成任务的情况	能清晰汇报完成任务的情况	汇报内容准备不充分,叙述含糊不清

"'我'从哪里来"学习单

[活动目标]

知道人从胎儿形成、发育、生长过程中各个阶段的特点,认识生命的来之不易,理解母爱的伟大;了解父母的特征是如何传递给后代的,懂得感恩父母、珍爱生命。

[活动方案]

"'我'从哪里来"小组活动方案表

小组名称:　　　　　　　　　　　　　　　　　　　　　　　　　　日期:

任务:
活动策略(分工安排,开展活动的方法、步骤等):

实验记录：
探究结果：
思考、感受：

[评价反思]

"'我'从哪里来"个人总结与反思

姓名：   日期：

我的表现：
"我"从哪里来？
遗传特征可分为两类：
除了遗传作用外,还有一些特征是环境作用的结果,如：

评价表

小组成员：　　　　　　　　　　　　　　　　　　　　　　　　总分：

评价项目	评价等级		
	一级(3分)	二级(2分)	三级(1分)
合作	从活动方案制订到遗传卡片实验整个活动过程,体现出较强的团队合作精神	从活动方案制订到遗传卡片实验整个活动过程,表现出团队合作意识	活动过程中,小组成员存在相互推诿现象
实践	能按计划开展活动,能认真观察,积极思考问题;能有序开展遗传卡片实验,记录及时,统计准确;对我从哪里来有准确认知	能按计划开展活动,能观察并思考问题;遗传卡片实验记录及时;对我从哪里来有正确认知	未能按计划开展活动,能观察并思考问题;遗传卡片实验开展不顺利;对我从哪里来有了解
交流	汇报内容准备充分,能有条理地说明完成任务的情况	能清晰汇报完成任务的情况	汇报内容准备不充分,叙述含糊不清

毒品与法辩论赛

适用年级：初中　　建议时间：120 分钟

◤ 活动目标

知晓毒品带来的危害；了解辩论赛的基本形式、流程及规则，学会基本辩论技巧；能够观点鲜明、论述有理有据地进行辩论活动。

◤ 活动准备

材料：学习单、评价表、教学课件、计时器及活动所需其他材料。

场地：法治文化馆。

◤ 活动实施

1.情境导入

教师播放视频《毒品危害离你有多远》，提问学生毒品的危害，引导学生观看场馆内展板，了解禁毒的重要性，引出辩论赛主题——远离毒品，教育和惩治哪个更重要？

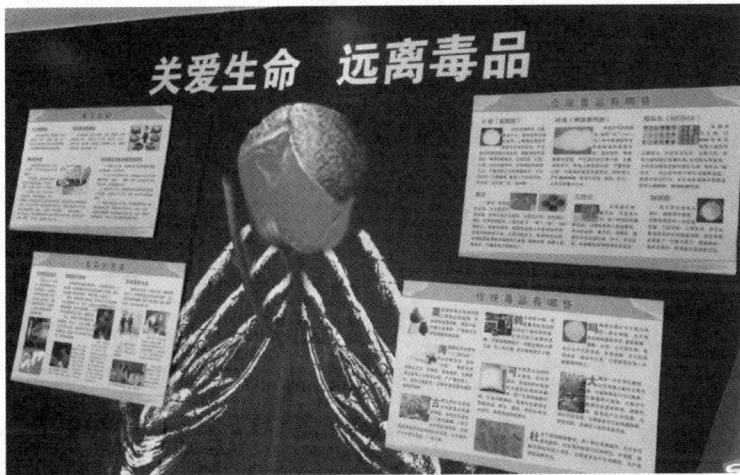

2.布置任务

任务："远离毒品，教育和惩治哪个更重要"辩论赛。

要求：①学生分为正反两组，从场馆、资料中提取观点，展开辩论（正方观点：远离毒品，教育比惩治更重要。反方观点：远离毒品，惩治比教育更重要）。②辩论过程严格按照辩论要求进行。

3.赛前准备

（1）了解规则。教师出示 PPT 或图片，让学生了解辩论赛规则。

（2）**角色熟悉：**教师出示辩手、主持人、计时员任务，让学生熟悉每个角色的任务要领。

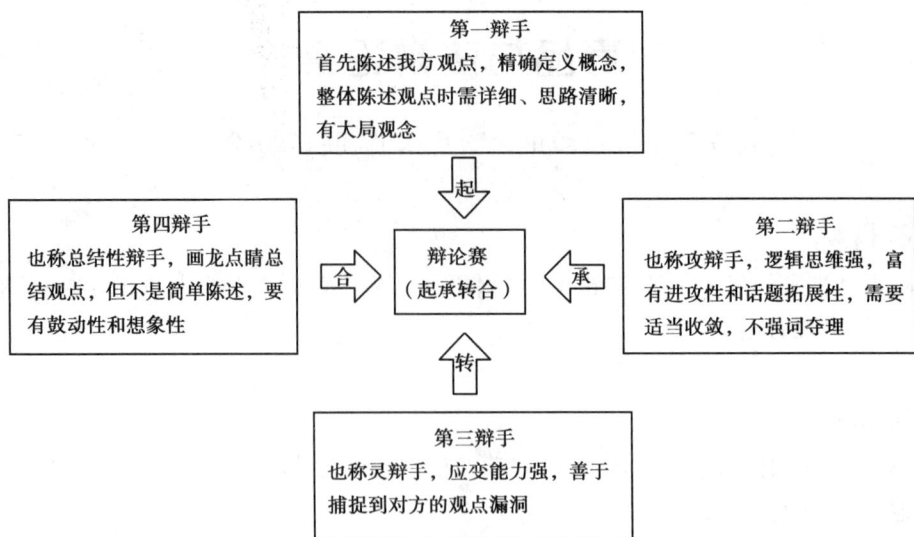

第一辩手
首先陈述我方观点，精确定义概念，整体陈述观点时需详细、思路清晰，有大局观念

起

辩论赛（起承转合）

第四辩手
也称总结性辩手，画龙点睛总结观点，但不是简单陈述，要有鼓动性和想象性

合

承

第二辩手
也称攻辩手，逻辑思维强，富有进攻性和话题拓展性，需要适当收敛，不强词夺理

转

第三辩手
也称灵辩手，应变能力强，善于捕捉到对方的观点漏洞

指导建议：①辩论赛前学生需要熟悉有关辩论的基本知识与技巧，介绍辩论赛的基本知识。②每个角色的任务要领(如辩手的任务、主持人的任务)用纸打印出来发给相应的学生，以便学生能够更好地扮演相关角色。③在学生分组前，教师要提前引导学生选好一名主持人、两名计时员，务必让学生明白活动过程和辩论赛的规则。④涉及的规则较多，学生针对本次活动的任务和规则提出自己的疑问，教师给予解答。在这一环节中，教师务必让学生明白活动过程和辩论赛的规则。

(3)内部分工。选出主持人和计时员，确定各自任务。将剩余学生分为两大组，每组开始对比赛任务进行分工讨论。了解辩论赛的组织方式和人员分工，确定辩手。

4.制订方案

"毒品与法辩论赛"小组活动方案表

小组名称：　　　　　　　　　　　　　　　　　　　　　　　　　日期：

小组成员：
所需工具与材料：
辩论赛题目：
正方(反方)：
辩词：

活动策略(方法步骤、人员分工与注意事项):
活动感受:

5.任务实施

(1)15分钟内,小组参观场馆内展板,并根据教师提供的资料及收集的场馆资料进行分类整理,如正反双方的攻辩组,就应该准备对方可能会问到的问题和怎样回答以及本方要问的问题。主持人等工作人员熟悉各自的职责。

(2)辩论赛。双方进行辩论比赛,辩论赛的目的不是分出胜负,赢的一方的观点也不一定完全正确,要辩证地看待问题。评选结果出来之前,由观众对正反双方进行提问,时长不超过5分钟。

活动总结

1.投票选举

观众投票评选最佳团队,可评选出最佳辩手给予奖励。

2.评价与反思

学生以小组为单位,按照评价表对其他小组进行评价。

评价表

小组成员: 　　　　　　　　　　　　　　　　　　　　　　　　总分:

评价项目	评价等级		
	一级(3分)	二级(2分)	三级(1分)
信息收集	能多渠道运用不同技巧,快速收集资料,并对资料进行归纳整理	能收集大量信息,但不能对资料进行有效归纳整理	收集的资料较少,未能进行归纳整理
实践	辩论赛论据翔实有说服力,场面激烈而有条理,顺利完成任务	辩论有理有据,能够完成任务	辩论论据没有说服力,未能完成任务
合作	小组成员积极讨论,分工合理且明确	小组中个别成员不愿与组内成员积极讨论,但能完成分配的任务	小组成员都不愿进行讨论,未能充分完成分配的任务

知识链接

1.辩论赛规则

在每个攻辩阶段，攻辩双方不能中途换人，攻辩双方站立进行。

第一阶段，双方自我介绍(共1分钟)：先由正方进行自我介绍，再由反方进行，时间各30秒。

第二阶段，开篇立论(共4分钟)：先由正方一辩进行立论，再由反方一辩进行立论，时间各2分钟(1分30秒时提醒)。

第三阶段，攻辩阶段(共6分钟)：①由反方二辩选择正方二辩进行攻辩，时间1分钟；②由正方二辩选择反方二辩进行攻辩，时间1分钟；③由正方三辩、反方三辩重复上述步骤。选择对手完毕后，由攻方向辩方提问，由辩方作答。攻方只能提问，辩方只能回答，每轮攻辩限时2分钟(1分30秒时提醒)。

第四阶段，自由辩论(共10分钟)：由正方开始自由辩论，双方每次一人轮流发言，不可由同一方连续发言，每方分别计时5分钟。在一方时间到后，可以由时间未到的一方同学自由发言直到时间用尽(4分30秒时提醒)。

第五阶段，总结陈词(共4分钟)：先由反方四辩进行总结陈词，再由正方四辩进行，时间各2分钟(1分30秒时提醒)。

2.正方(教育比惩治更重要)资料

(1)拒绝毒品，教育比惩治更重要。更重要的标准，是能够让人们真正从意识上去拒绝毒品，让毒品从我们的生活中消失。但是注意，不要否定惩治，如果每个人从小有很好的教育，有很好的理性，很有自控力，那么他还会去碰毒品吗？惩罚只是一种强制手段，使人心不服口服而已，而教育是从根本上、从人的思想上对他们进行教育。在马来西亚，贩毒已经是死刑，然而毒品活动却不见得有减少的趋势。当然，惩治有一定的重要性，但人性的弱点、贪婪、愚昧等，还是得由教育着手根除。拒绝毒品，第一，不要让和毒品"无关"的人"加入"；第二，要让和毒品"有关"的人"退出"。拒绝毒品，教育的是面对更广泛的人民大众。

(2)惩治是治标，教育是治本。教育具有普遍性，而惩治具有局限性。首先要确定两者是必须共存的；其次，目的都是让毒品减少。交锋处在教育的方法是防患于未然，是动之以情晓之以理，惩治的方法是让别人害怕。教育比惩治更重要：用教育的手段让吸毒者从根本上认清毒品的本质，主动拒绝毒品，这是治本的方法，并且能预防他们再次吸毒。

(3)毒品，人类社会的公敌。中华民族曾饱受鸦片之毒害，中华人民共和国成立后，在中国共产党领导下，全国范围内开展了轰轰烈烈的群众禁毒运动，中国政府3年时间内在全国范围禁绝了烟毒，创造了禁绝毒品的人间奇迹，成为享誉世界30多年的无毒国。可是，进入20世纪80年代，受国际毒潮的影响，贩毒、吸毒现象从沿海地区迅速蔓延到全国各地，国内毒品违法犯罪死灰复燃。如今，毒品还会化了装出现。据说，有些毒品换上了名为"减肥药"的外衣来迷惑爱美的少男少女，他们为了身材大量吞食"减肥药"，却不知自己的生命正慢慢开始亮起红灯。为此，我认为拒绝毒品，教育比惩治更重要。

第一，通过宣传教育，才能使广大人民群众特别是青少年识毒、防毒、拒毒。据统计，2003年在册吸毒的105万人中，青少年吸毒人数占72.2%，而且文化水平普遍偏低，初中、小学文化程度的最多，部分为文盲。青少年时期是人格形成发育的关键时期，亟须从思想上教育和引导。根据中国政府"以人为本"的思想,在全国范围内广泛开展禁毒教育和禁毒斗争,把禁毒教育作为国家素质教育的重要组成部分,正式纳入中小学德育教育教学纲要,教育青少年识毒、防毒、拒毒,远离毒品,珍爱生命,让禁毒这项"功在当代,利在千秋"的工作成为每个公民的自觉行动。

第二,通过宣传教育,才能使广大人民群众认识我国禁毒的方针、政策。国家禁毒委员会按照"四禁并举、预防为本、严格执法、综合治理"的禁毒工作方针,按照"坚持遏制毒品来源、毒品危害和新吸毒人员滋生"的工作要求,各级禁毒部门在严厉打击毒品违法犯罪的同时,必须高度重视并切实抓好毒品预防教育工作,真正做到毒品宣传教育进学校、进家庭、进社区,切实把毒品预防教育作为禁毒工作的治本之策,抓紧、抓实、抓出成效。

第三,通过宣传教育,才能唤起世界人民共同抵制毒品危害,利用每年的6月26日国际禁毒日为契机,与世界各国合作,全面加强禁毒宣传教育,教育广大人民群众,特别是青少年珍爱生命、远离毒品,号召世界人民共同抵制毒品的危害。

第四,惩治毒品违法犯罪,也是禁毒宣传教育。在禁绝毒品中,从不否认惩治的作用。惩治是一种强制手段,是惩前毖后。让毒品从我们的生活中消失,就是要通过教育从人的意识上、思想上去拒绝毒品。中国政府从未放松过对毒品违法犯罪的打击力度,但是毒品泛滥,毒品违法犯罪仍然屡禁不止,吸毒人员数量持续增长。2003年,全国累计登记在册的吸毒人员105万人,2014年底,全国登记吸毒人员295.5万人,实际吸毒人数超过1 400万人。呈现吸毒人员低龄化、多元化;毒品滥用结构发生深刻变化;毒品种类多样化等特点。目前,云南省教育厅、云南省禁毒委员会联合下发《关于组织开展全省学校"禁毒教育周"活动》,全省各级各类学校组织观看禁毒宣传片,参观禁毒展馆,上一堂禁毒课,召开一次主题班会等,其目的就是将禁毒从娃娃抓起,提高孩子们的识毒、防毒、拒毒能力,帮助他们从小树立"珍爱生命,远离毒品"的意识。

综上所述,禁绝毒品,任重而道远,只有通过禁毒宣传、预防教育,强化法制观念,增强全民意识,打一场禁绝毒品的人民战争。拒绝毒品,教育比惩治更重要。

3.反方(惩治比教育更重要)资料

(1)惩治比教育更重要,只要能达到让吸毒者永远远离毒品的目的,就是治本的方法。比起教育,惩治可以量化,能更直接地让吸毒者从惩罚的苦楚中得到教训,能迅速地得到效果。惩治,和刑法挂钩,加大贩毒制毒的犯罪成本,从源头上杜绝毒品,这是根本。毒品本来就非常考验一个人的意志力,大多数人都无法拒绝它,靠教育达不到根治的目的。

(2)首先,我们要肯定无论是预防管理还是惩治打击,二者是并行关系,都是禁毒工作的必要手段。但就中国越发严峻的毒品现状而言,惩治打击显然更重要。下面我将从情、理、法三个方面为大家一一阐述,惩治打击究竟更重要在哪里。

①就当前中国越发严峻的毒品犯罪国情而言,惩治打击比预防管理更重要。我国已由毒品过境受害国转变为世界毒品过境和主要消费国,新型毒品、制毒原料层出不穷,毒品犯罪集团化、跨区域化、职业化倾向明显。客观的毒品现状已严重影响到社会的正常和谐发展,预防管理早已显得苍白无力,只有运用惩治打击才能够最有效地解决毒品犯罪案件蔓延的趋势。

②从禁毒的根本目的来看,惩治打击比预防管理更有效。众所周知,在我国吸毒仅仅是违法行为,惩治也仅仅局限于行政处罚的范畴,这略轻的惩处力度与其严重的社会危害性完全不相适应,而这种现象极易引发大量的违法犯罪活动,成为诱发盗、抢、诈骗等刑事犯罪的

重要原因,严重破坏社会治安,阻碍社会经济发展。面对如此严重危害社会的毒品犯罪案件,我们更应当以司法解释的形式明确其定罪量刑的标准,从严密的刑法规范和严厉的刑法手段予以制裁,加大惩治打击力度,才足以震慑犯罪,警醒世人,维护社会的长治久安。

③从立法角度来看,惩治打击更符合立法的根本。我们都知道,国家制定了如《中华人民共和国禁毒法》《中华人民共和国治安管理处罚条例》《强制戒毒办法》等法律法规来减少毒品犯罪案件的发生,而这些法律也为惩治打击的有效实施提供了法律保障。法律法规的制定,使得惩治打击更加直观有效地针对毒品犯罪行为,有法必依、执法必严、违法必究,不仅使我们普通群众更加信服法律的公正性,同时也体现了我国依法治国的大政方针政策。就禁毒工作而言,我们需要放眼未来,但更要立足当下,在谈毒色变的今天,依靠预防管理这种涓涓细流式的手段显然不能遏制已越发严重的毒品犯罪行为,只有立足于惩治打击这个中心,以惩治打击为主,以预防管理为辅,才能使毒品违法犯罪行为消失成为可能。相信习主席所说的中国梦的实现也将指日可待。因此,我方坚定地认为禁毒工作,惩治比教育更重要!

4.主持人稿件

请大家保持现场安静,我们的辩论赛就要开始了。

本场辩论赛主题是"××××××××××"。接下来为大家介绍的是本场辩论赛的双方辩手,他们是××××××。他们所持的观点是××××××。……

下面我宣布,××辩论赛正式开始。

下面进入第一个阶段:

(1)开场陈述阶段。

下面请正方一辩发言,时间2分钟(示意正方一辩发言)。

下面请反方一辩发言,时间2分钟(示意反方一辩发言)。

(2)攻辩阶段(攻辩时间6分钟,每队各3分钟。具体流程同上,注意攻辩、自由辩论、观众提问环节要先念规则,再进行辩论)。

①正方二辩选择反方二辩进行一对一攻辩,时间1分钟。

②反方二辩选择正方二辩进行一对一攻辩,时间1分钟。

③正方三辩选择反方二辩或三辩进行一对一攻辩,时间2分钟。

④反方三辩选择正方二辩或三辩进行一对一攻辩,时间2分钟。

(3)自由辩论阶段(反方先开始)。

自由辩论规则:

①自由辩论时间总共为10分钟,每队各5分钟。

②自由辩论必须交替进行。当自由辩论开始时,先由反方任何一名队员起立发言。完毕后,正方的任何一位队员应立即发言,双方依次轮流发言,直到双方时间用完为止。

(4)总结陈词阶段。

反方四辩做总结陈词,时间2分钟。

正方四辩做总结陈词,时间2分钟。

(5)观众提问。

①每队可以被三个观众提问,每个观众只能提问一个问题。

②观众提出的问题必须与题目有关,合情合理。

③当问题不合理时,答辩方可拒绝回答,此观众取消提问资格,此次提问机会留给其他

观众。

（6）主持人公布比赛结果。

5.其他注意事项

（1）在辩论时不要随意打断别人的话。

（2）不可进行人身攻击。

（3）除辩论开始一辩必须说"主席、评委、大家好"，其余皆可省去。

（4）在辩论中，辩手可以使用道具、图表或其他物品作为辅助手段以强化自己的陈词，但尺寸不能过大，以免遮挡。

（5）在每场比赛中，辩手的辩位不能变动。

"毒品与法辩论赛"学习单

［活动目标］

知晓毒品带来的危害；了解辩论赛的基本形式、流程及规则，学会基本辩论技巧；能够观点鲜明、论述有理有据地进行辩论活动。

［活动方案］

"毒品与法辩论赛"小组活动方案表

小组名称：　　　　　　　　　　　　　　　　　　　　日期：

小组成员：
所需工具与材料：
辩论赛题目：
正方（反方）：
辩词：
活动策略（方法步骤、人员分工与注意事项）：
活动感受：

[评价反思]

评价表

小组成员：   总分：

评价项目	评价等级		
	一级(3分)	二级(2分)	三级(1分)
信息收集	能多渠道运用不同技巧,快速收集资料,并对资料进行归纳整理	能收集大量信息,但不能对资料进行有效归纳整理	收集的资料较少,未能进行归纳整理
实践	辩论赛论据翔实有说服力,场面激烈而有条理,顺利完成任务	辩论有理有据,能够完成任务	辩论论据没有说服力,未能完成任务
合作	小组成员积极讨论,分工合理且明确	小组中个别成员不愿与组内成员积极讨论,但能完成分配的任务	小组成员都不愿进行讨论,未能充分完成分配的任务

空袭逃生大闯关

适用年级：初中　　建议时间：90分钟

▶ 活动目标

了解有关人防的知识，认识现代科技下的各种空袭武器；举办"逃离大闯关"活动，学习和了解逃生知识；通过执行任务，能够发挥团队的力量，认识到在危机时刻保持秩序和团队合作的重要性。

▶ 活动准备

材料：学习单、评价表、导入图片或视频、教学课件、防化服、防毒面具、雨披、游泳眼镜、毛巾、水、消毒酒精、任务卡、笔、答题卡、绑绳、秒表（每组1只）及活动所需其他材料。

场地：人防馆。

▶ 活动实施

1.情境导入

教师带领学生参观人防馆，参观展板和展馆内物品，引导学生对人防有初步的了解和认识。播放一体机内有关空袭的视频，设定情境：如果我们遇到了空袭，该怎么利用人防设施进行逃生和自救？

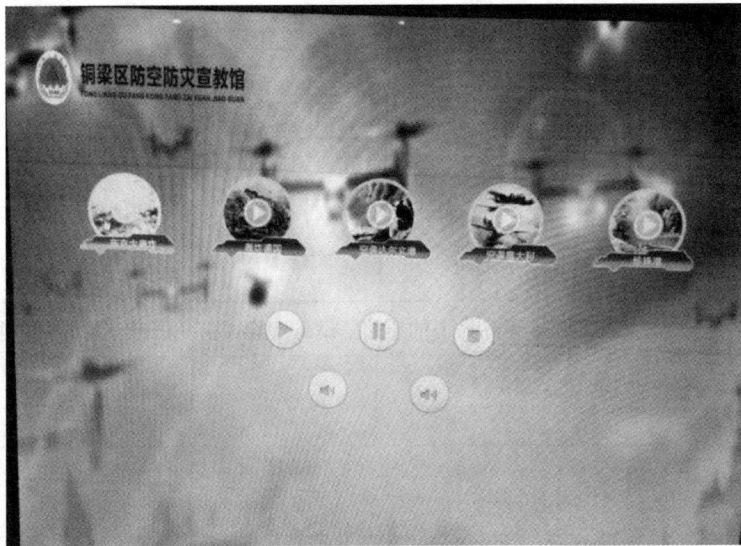

2.布置任务

任务：逃离大闯关。

要求：全班分为5~6个小组，每组5人左右，完成一项任务就到指导老师处领取下一任务卡牌，任务完成不正确则不能领取下一任务卡牌。依次经过武器展区、武器复原区、物质库模拟复原区、沾染演练模拟区、民防发展区，完成相关任务，最后到达地下人防模拟空间入口,"进入防空洞"获得安全。完成任务最快的小组获得"人防小战士"称号。

3.制订方案

"空袭逃生大闯关"小组活动方案表

小组名称：　　　　　　　　　　　　　　　　　　　　　　　　日期：

小组成员		组长	
任务1:有空袭！请选出5种你看到的空袭武器名称及作用。			
武器名称		作用	
出发时间：	结束时间：	任务用时：	
任务2:我方需要用武器进行反击,请用最快的时间将武器复原。			
复原的武器名称是什么？进行了哪些步骤？			
出发时间：	结束时间：	任务用时：	
任务3:敌机投下了毒气弹,毒气封锁了你撤退的道路。请迅速穿戴防化服或选择合适的物品进行防护。			
穿戴防化服要点(若没有防化服可不填写)：			
选择的物品及使用方法：			
出发时间：	结束时间：	任务用时：	
任务4:有一同伴手背上沾染了毒剂。请选择正确的物品,采用合适的方法进行处理。			
选择的物品:酒精棉、清水(参考答案)			
处理方法:用酒精棉擦拭受沾染部位,之后用清水冲洗。擦拭时由外圈开始,慢慢擦向内圈。(参考答案)			

出发时间:	结束时间:	任务用时:
任务5:要进入防空洞,用流程图或思维导图画出世界民防的主要发展历史。		
世界民防的主要发展历史:		
出发时间:	结束时间:	任务用时:
总计用时:		

4.任务实施

各小组以武器展区作为起点,老师发放任务卡。完成一项任务就可在老师处领取下一任务卡。

(1)学生分组,选出组长,确定本组口号。

(2)执行任务。

任务1:有空袭！请选出5种你看到的空袭武器名称及作用(到武器展区找到相关武器名称,填写后交给老师获得下一任务卡)。

任务2:我方需要用武器进行反击,请用最快的时间将武器复原。

任务3:敌机投下毒气弹,毒气封锁了你撤退的道路。请迅速穿戴防化服(如果防化服数量不够或不能使用,请选择合适的物品进行防护。填写任务卡后交给老师获得下一任务卡)。

指导建议:可准备土、湿毛巾、防毒面具、雨衣、塑料布、安全帽、盆等相关物品或卡片。

任务4:有一同伴手背上受了毒剂沾染。请选择正确的物品,采用合适的方法进行处理(填写任务卡后交给老师获得下一任务卡)。

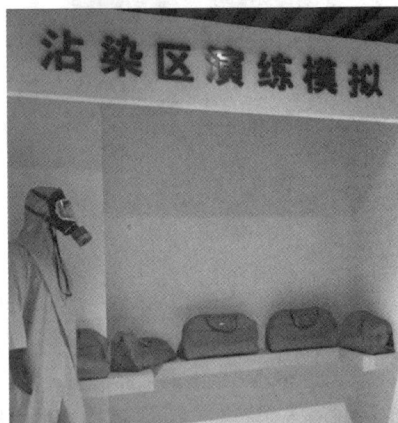

任务5:要进入防空洞,用流程图或思维导图画出世界民防的主要发展历史(填写任务卡后交给老师进入防空洞)。

指导建议:①教师需十分熟悉每个任务的完成标准,同时,记录学生领取任务卡和交换任务卡的时间,便于计时。②教师需注意秩序的维护,如有条件可设立两位教师,一位负责任务卡发放及计时,一位负责现场秩序维护。③如果学生较多,没办法依次参与任务,可采取循环任务制,即每个小组从不同任务出发,顺序仍旧相同,若行至该任务前有小组正在进行任务,则原地等待,记录等待时间。

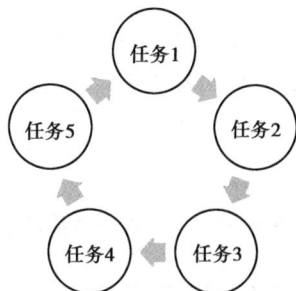

5.评比

教师按照任务卡上记录时间选出完成任务最快的小组。

活动总结

1.展示与交流

各小组派代表说明本组完成任务的情况,教师引导学生思考秩序和合作的重要性,只有保持秩序和合作才能顺利逃生。学生总结通过此次活动,学到了哪些与人防相关的知识,分享参加此次活动的感想。

指导建议:教师可提问学生:现实生活中空袭的威胁存在吗? 怎样可以减小空袭的威胁,使人们生活在安全的环境里? 结合学生的讨论,呈现一些现实的事例,引导学生理解战争的不确定性,使学生意识到增强自我保护能力的必要性,使学生意识到一个国家的强大、国防力量的增强才是安居乐业的根本。

2.评价与反思

根据评价表,对各小组活动过程中的表现进行评价。

评价表

小组成员:　　　　　　　　　　　　　　　　　　　　　　　　　总分:

评价项目	评价等级		
	一级(3分)	二级(2分)	三级(1分)
时间	最快完成任务	第二名完成任务	第三名完成任务
秩序	小组成员能顺利完成任务,在执行过程中能严格遵守任务秩序	小组成员能顺利完成任务,但在过程中有不遵守秩序的行为发生	小组成员未能顺利完成任务,秩序混乱
知识	小组成员能完成任务卡上关于人防知识的相关问题,并能主动收集知识信息,答案正确率高	小组成员能完成任务卡上关于人防知识的相关问题,但错误较多,缺乏收集知识的主动性	小组成员的任务卡未完成,缺乏积极性,正确率不高

"空袭逃生大闯关"学习单

[活动目标]

    了解有关人防的知识,认识现代科技下的各种空袭武器;举办"逃离大闯关"活动,学习和了解逃生知识;通过执行任务,能够发挥团队的力量,认识到在危机时刻保持秩序和团队合作的重要性。

[活动方案]

"空袭逃生大闯关"小组活动方案表

小组名称: 日期:

小组成员		组长	

任务1:有空袭! 请选出5种你看到的空袭武器名称及作用。

武器名称	作用

出发时间:	结束时间:	任务用时:

任务2:我方需要用武器进行反击,请用最快的时间将武器复原。

复原的武器名称是什么? 进行了哪些步骤?

出发时间:	结束时间:	任务用时:

任务3:敌机投下了毒气弹,毒气封锁了你撤退的道路。请迅速穿戴防化服或选择合适的物品进行防护。

穿戴防化服要点(若没有防化服可不填写):

选择的物品及使用方法:

出发时间:	结束时间:	任务用时:

任务4:有一同伴手背上沾染了毒剂。请选择正确的物品,采用合适的方法进行处理。

选择的物品:酒精棉、清水(参考答案)

处理方法:用酒精棉擦拭受沾染部位,之后用清水冲洗。擦拭时由外圈开始,慢慢擦向内圈。(参考答案)

出发时间:	结束时间:	任务用时:

任务5:要进入防空洞,用流程图或思维导图画出世界民防的主要发展历史。		
世界民防的主要发展历史:		
出发时间:	结束时间:	任务用时:
总计用时:		

[评价反思]

评价表

小组成员: 总分:

评价项目	评价等级		
	一级(3分)	二级(2分)	三级(1分)
时间	最快完成任务	第二名完成任务	第三名完成任务
秩序	小组成员能顺利完成任务,在执行过程中能严格遵守任务秩序	小组成员能顺利完成任务,但在过程中有不遵守秩序的行为发生	小组成员未能顺利完成任务,秩序混乱
知识	小组成员能完成任务卡上关于人防知识的相关问题,并能主动收集知识信息,答案正确率高	小组成员能完成任务卡上关于人防知识的相关问题,但错误较多,缺乏收集知识的主动性	小组成员的任务卡未完成,缺乏积极性,正确率不高

生死蜘蛛网

适用年级：初中　　建议时间：120分钟

活动目标

懂得合理分工与资源配置的重要性,学会运用科学决策、有效组织、严谨细致的思维方式思考及解决问题,能够与小组成员共同面对困难,战胜困难,顺利完成团队任务。

活动准备

材料:专业蜘蛛网或自制蜘蛛网、笔、纸、导入视频或图片及活动所需其他材料。
场地:素质拓展场地。

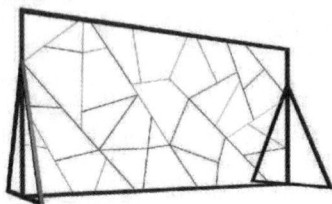

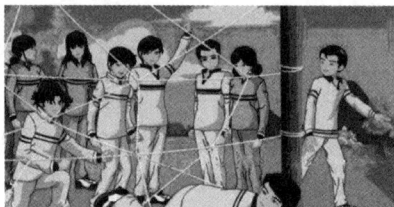

活动实施

1.情境导入

教师出示有关生死蜘蛛网活动的图片视频,或展示先前学生参加生死蜘蛛网活动的视频或图片。你认为此项目需要用到怎样的科学决策? 看起来是否很难? 学生谈观后感。

2.任务要求

背景:各位同学,我们现在陷入了一片原始森林之中。走出森林的唯一出路被一个巨大的蜘蛛网封锁了,我们必须从蜘蛛网中钻过去(不能绕过去,也不能从网的上面或下面过去)。值得庆幸的是,蜘蛛目前正在睡觉。但是非常不幸,蜘蛛很容易被惊醒。在穿越蜘蛛网的过程中,任何人一旦碰到蜘蛛网,不论轻重,蜘蛛都会立刻被惊醒,并扑过来咬人,其结果是正在穿越的人和已经过去的人会被立刻吃掉。另外,每个网洞只能用一次,即不同的人必须从不同的网洞穿越过去。现在,请大家开动脑筋想一想,我们怎样才能保证全部的同学安全地穿过蜘蛛网,离开原始森林。

任务:生死蜘蛛网逃生。

要求:①分小组,在规定时间内不借助任何工具及延长肢体的工具(如腰带、头发、衣服等)完成任务;②必须严格按动作要领、遵守活动规则、符合安全规范地开展活动。

3.活动规则

(1)蜘蛛网是无限延伸的,任何人只能从网洞中穿过。

(2)每个网孔只能用一次,不论是否通过,用完即被封住。

(3)蜘蛛网具有万伏高压可击穿任何物体,身体任何部位触网即宣布"牺牲"。

(4)在抬女生通过时面部朝上,以防止落地擦伤。

(5)项目进行中不可以说话。

(6)违反以上任意一条项目重新开始。

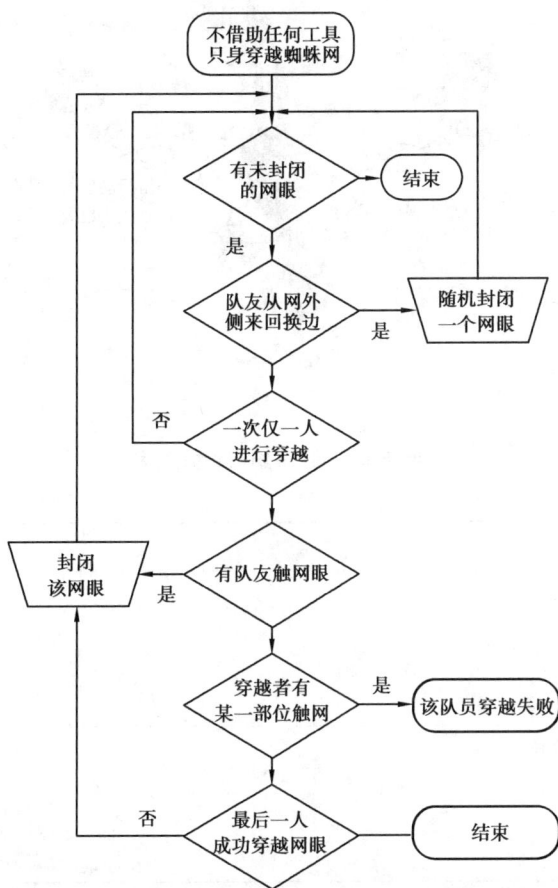

指导建议:①可以在游戏进行过程中变更游戏规则,加大游戏难度。②触网的后果也可以是立刻使游戏者变成"哑巴"。③如果可能会多次使用这个游戏,建议用 PVC 管子做一个支架,用来支撑蜘蛛网。在管子上打出固定点,拉好网线。这样每次做培训的时候,把它拿出来用就可以了。④为了增加游戏的难度,还可以要求每个小组带着满满的一桶水穿越蜘蛛网,这桶水可以被描述成解毒药水,用来在穿越成功后治疗那些被蜘蛛咬伤的人。

4.穿越练习

教师给一定时间,安排学生熟悉蜘蛛网并练习穿越,教师特别要向学生指出不能使用的危险方法和动作,引导学生寻找安全合规的穿越策略。

指导建议:①教师需要引导学生讲究策略,开展创新、安全有效的穿越活动,选择合适的同学第一个和最后一个穿越。②确保每一位学生都明白活动规则,领会安全注意事项,将保护工作做到极致,使活动顺利进行。③对学生练习过程中出现的问题,教师进行有针对性的示范指导,让学生充分知晓活动规则与安全注意事项,使学生更快地进入正式穿越活动状态。

5.讨论问题

> 第一个和最后一个穿越生死蜘蛛网的同学,确定谁?

> 安全保护工作具体怎样做?

> 动作规则和安全注意事项要记牢。

> 小组行动口号、组长和发言代表也要确定。

6.制订方案

"生死蜘蛛网"小组活动方案表

小组名称: 　　　　　　　　　　　　　　　　　　　　　　　　日期:

口号		组长	
第一个穿越人及穿越策略:			
最后一个穿越人及穿越策略:			
站位方法:			
安全保护措施:			

其他分工安排：
活动方法、步骤等：
其他策略：
问题、困难及其他：

7.任务实施

生死蜘蛛网项目正式开始前,所有队友击掌、拥抱,一起喊小组口号,相互加油鼓励,以组为单位开始生死蜘蛛网活动。

指导建议:①活动开始前,检查保护垫的安全,教师尽量站在人数少的蜘蛛网一侧,随时观察队员状态,提醒保护垫子跟随被运送队员移动;②学生必须摘除随身携带的硬质物品,如手表、眼镜、发卡、钥匙串等;③不安排身体不适的学生参加活动。

活动总结

1.交流与分享

教师可引导学生就如下问题展开讨论:

(1)当屡试屡败的时候,你们觉得难吗? 选择过要放弃吗? 又是什么让你们坚持下来继续挑战的?

(2)当你被人抬起后是什么感觉? 害怕吗? 又是什么使你相信队友的?

(3)当剩下最后一个同学的时候你们想过放弃他吗? 又是怎么解决这个问题的? 有没

有哪位同学不愿意为最后一个人付出自己的努力?

(4)整个过程中大家是如何配置资源的? 是队长说了算,还是听群众的意见? 队长的价值如何体现?

(5)活动前后心理上有哪些变化? 活动结束后又有哪些体会与感悟?

2.评价与反思

"生死蜘蛛网"个人总结与反思

姓名: 　　　　　　　　　　　　　　　　　　　　　　　　　日期:

我的表现:
我学到了:
当面对这张网时,你的第一感觉是什么? 觉得自己的团队能成功吗?
团队精神是如何在此项目中体现的?

评价表

评价项目	评价等级		
	一级(3分)	二级(2分)	三级(1分)
合作	活动过程中小组成员能够积极与组员合作,具有较强的责任感,敢于挑战困难	活动过程中小组成员能够体现团队合作,有责任意识,不惧困难	活动过程中小组成员不能相互配合,没有责任意识,不敢直面困难
实践	能够运用有效的方法、策略,严格遵守动作规范和安全注意事项,快速完成任务	能够运用方法完成任务,但速度比较慢,能遵守动作规范和安全注意事项	学生没有运用方法和策略,能遵守动作规范,完成任务耗时过多
交流	能有条理地说明活动方案及完成情况,并举例说明遇到的问题及解决办法,能准确表达体会与感悟	能说明活动方案及完成情况,能回答老师、同学的提问,能表达体会与感悟	能说明活动完成情况,能回答老师、同学的提问,但表达体会与感悟叙述不太清晰

"生死蜘蛛网"学习单

[活动目标]

懂得合理分工与资源配置的重要性,学会运用科学决策、有效组织、严谨细致的思维方式思考及解决问题,能够与小组成员共同面对困难,战胜困难,顺利完成团队任务。

[活动方案]

"生死蜘蛛网"小组活动方案表

小组名称：　　　　　　　　　　　　　　　　　　　　　　　日期：

口号		组长	
第一个穿越人及穿越策略：			
最后一个穿越人及穿越策略：			
站位方法：			
安全保护措施：			
其他分工安排：			
活动方法、步骤等：			
其他策略：			
问题、困难及其他：			

[评价反思]

"生死蜘蛛网"个人总结与反思

姓名：   日期：

我的表现：
我学到了：
当面对这张网时,你的第一感觉是什么? 觉得自己的团队能成功吗?
团队精神是如何在此项目中体现的?

评价表

小组成员：   总分：

评价项目	评价等级		
	一级(3分)	二级(2分)	三级(1分)
合作	活动过程中小组成员能够积极与组员合作,具有较强的责任感,敢于挑战困难	活动过程中小组成员能够体现团队合作,有责任意识,不惧困难	活动过程中小组成员不能相互配合,没有责任意识,不敢直面困难
实践	能够运用有效的方法、策略,严格遵守动作规范和安全注意事项,快速完成任务	能够运用方法完成任务,但速度比较慢,能遵守动作规范和安全注意事项	学生没有运用方法和策略,能遵守动作规范,完成任务耗时过多
交流	能有条理地说明活动方案及完成情况,并举例说明遇到的问题及解决办法,能准确表达体会与感悟	能说明活动方案及完成情况,能回答老师、同学的提问,能表达体会与感悟	能说明活动完成情况,能回答老师、同学的提问,但表达体会与感悟叙述不太清晰

飞夺泸定桥

适用年级：初中　　建议时间：60分钟

▐ 活动目标

观看红军飞夺泸定桥视频，感受红军飞夺泸定桥的革命精神；经历飞夺泸定桥活动，增强平衡感，培养不怕困难、不畏艰险的精神，增强克服恐惧的勇气；提高自我挑战、自我突破的精神和能力，开发个人潜能，培养团体协作精神。

▐ 活动准备

材料：导入视频或图片、保护绳、笔、纸及活动所需其他材料。
场地：基地素质拓展场。

▐ 活动实施

1.情境导入

教师播放视频《经典战役之飞夺泸定桥》，讲述泸定桥背后的历史背景，引导学生叙述飞夺泸定桥的故事以及从中感受到的革命精神，引入课程主题。

2.知识预备

教师引导学生在场地自主探究或出示图片，引导学生总结泸定桥特点并予以总结，为活动开展奠定基础。

3.布置任务

任务:飞夺泸定桥。

要求:①小组合作完成任务;②必须严格按动作规范开展活动。

4.活动规范讲解

学生依次上桥,沿着桥上的木板向对岸走,在这个过程中,不得越过没有木板的空白区域。

指导建议:①保护一定要用静力绳,学生一定要戴手套,不允许抓保护绳和铁锁;②叮嘱学生如果中途失误,一定要向一边倒,不要骑在桥缆上,不要抓桥缆;③学生走完后一定要按照教师要求规范下桥。

5.制订方案

以小组为单位,根据活动任务与要求制订小组活动方案。

"飞夺泸定桥"小组活动方案表

小组名称:　　　　　　　　　　　　　　　　　　　　　日期:

口号		组长	
安全保护措施:			
飞夺泸定桥的革命精神:			
思考、感悟、体会:			
问题、困难及其他:			

6.任务实施

（1）鼓励。教师鼓励所有学生参加挑战,确认不适应参加活动的学生的身体状况。首先教学生安全带、头盔、八字环、主锁和手套的使用方法和检查方法。提醒学生相互帮助,确保护具穿戴安全。

（2）平地练习。所有学生练习在直线上走小碎步,为飞夺泸定桥奠定平衡基础。

（3）任务准备。挑战学生摘下身上不安全的物品,穿好安全装备,接受队友队训鼓励。

（4）任务挑战。学生依次上桥,沿桥走到另一端,然后下桥或走回来再下桥。在桥面上两手扶两边的缆绳,双手不允许拽拉保护绳。

指导建议：①教师需观察学生的反应,必要时利用心理学对学生进行辅导,给予合理的提示,不要将女学生全部留在最后。②合理使用不同风格语言指导学生,保持学生挑战的积极性。观察每一位学生的表现并简单记录,以便总结点评。必须保证学生安全,当明显不适合继续时,不要强求。

活动总结

1.展示与交流

教师从飞夺泸定桥成功的因素、个人与团队、平衡与发展等方面引导学生交流讨论。

指导建议：教师可引导学生就如下问题交流讨论：为什么有些学生能顺利通过泸定桥,有的学生却在半途剧烈摇晃？成功飞夺泸定桥的要素有哪些？需要什么样的身体素质？需要什么样的精神？对自己无法控制的局面,靠理智及对同伴的信任战胜了恐惧,你是否切身感到"充分信任、相互依赖"的力量？这与飞夺泸定桥中的革命精神有什么相同之处？

2.评价与反思

学生以小组为单位,按照评价表进行自评。

评价表

小组成员：　　　　　　　　　　　　　　　　　　　　　　　　　总分：

评价项目	评价等级		
	一级（3分）	二级（2分）	三级（1分）
知识	能自主叙述出飞夺泸定桥的历史故事及革命精神	在教师的补充下,能叙述出飞夺泸定桥的历史故事及革命精神	未能叙述出飞夺泸定桥的历史故事及革命精神
合作	活动过程中小组成员能够积极与组员合作,具有较强的责任感,敢于挑战困难	活动过程中能够体现团队合作,有责任意识,不惧困难	活动过程中,小组成员不能够相互配合,没有责任意识,不敢直面困难
交流	能有条理地说明活动方案及完成情况,并举例说明遇到的问题及解决办法,能准确表达体会与感悟	能说明活动方案及完成情况,能回答老师、同学的提问,能表达体会与感悟	能说明活动完成情况,能回答老师、同学的提问,但表达体会与感悟叙述不太清晰

◢ 知识链接

1.飞夺泸定桥

面对国民党军队的紧追不舍,1935年5月26日上午,毛泽东、周恩来、朱德、王稼祥、林彪、聂荣臻、罗荣桓、罗瑞卿当即作出了夺取泸定桥的决定。

部署是由刘伯承、聂荣臻率领红一军团一师和陈赓、宋任穷领导的干部团为右路军,由中央纵队及一、三、五、九军团为左路军夹河而上攻取泸定桥。左路军由王开湘、杨成武率领的红二师四团为前锋攻击前进。5月28日,接令后红四团昼夜兼行240里山路,并于29日晨在泸定桥西岸与敌军交火。

当时的泸定桥已被敌人拆去了约80米的桥板,涂上了机油,以机枪、炮兵各一连于东桥头高地组成密集火力,严密封锁泸定桥桥面。中午,红二师四团在沙坝天主教堂内召开全团干部会议,进行战斗动员,组织了由连长廖大珠、指导员王海云率领的22名夺桥突击队。下午四点,22名红军身挂冲锋枪,背插马刀,腰缠十来颗手榴弹,冒着枪林弹雨,爬着光溜溜的索链向东桥头猛扑。3名战士在王友才的率领下,紧跟其后,背着枪,一手抱木板,一手抓铁链,边前进边铺桥板。

当红军突击队爬到桥中间时,敌人在东桥头放起大火,以烈火阻击红军夺桥。红军战士与敌人展开白刃战,飞夺泸定桥。此时政委杨成武率领队伍冲过东桥头,打退了敌人的反扑,占领了泸定城,迅速扑灭了桥头大火。整个战斗仅用了两小时便惊险地夺取了泸定桥。泸定桥因此成为中国共产党长征时期的重要里程碑。

2.泸定桥特点

泸定桥坐落于泸定县城大渡河上,为全国重点文物保护单位。该桥始建于康熙四十四年(1705年),建成于康熙四十五年(1706年)。桥长103米,宽3米,13根铁链固定在两岸桥台落井里,9根做底链,4根分两侧作扶手,共有12 164个铁环相扣,全桥总重40余吨。两岸桥墩为木结构古建筑,风貌独特,为我国国内独有。自清以来,此桥为四川入藏的重要通道和军事要津。1935年5月29日,中国工农红军长征途经此处强渡大渡河后飞夺泸定桥,使该桥闻名中外。

"飞夺泸定桥"学习单

[活动目标]

观看红军飞夺泸定桥视频,感受红军飞夺泸定桥的革命精神;经历飞夺泸定桥活动,增强平衡感,培养不怕困难、不畏艰险的精神,增强克服恐惧的勇气;提高自我挑战、自我突破的精神和能力,开发个人潜能,培养团体协作精神。

[活动方案]

"飞夺泸定桥"小组活动方案表

小组名称：   日期：

口号		组长	
安全保护措施：			
飞夺泸定桥的革命精神：			
思考、感悟、体会：			
问题、困难及其他：			

[评价反思]

评价表

小组成员：   总分：

评价项目	评价等级		
	一级（3分）	二级（2分）	三级（1分）
知识	能自主叙述出飞夺泸定桥的历史故事及革命精神	在教师的补充下，能叙述出飞夺泸定桥的历史故事及革命精神	未能叙述出飞夺泸定桥的历史故事及革命精神
合作	活动过程中小组成员能够积极与组员合作，具有较强的责任感，敢于挑战困难	活动过程中能够体现团队合作，有责任意识，不惧困难	活动过程中，小组成员不能够相互配合，没有责任意识，不敢直面困难
交流	能有条理地说明活动方案及完成情况，并举例说明遇到的问题及解决办法，能准确表达体会与感悟	能说明活动方案及完成情况，能回答老师、同学的提问，能表达体会与感悟	能说明活动完成情况，能回答老师、同学的提问，但表达体会与感悟叙述不太清晰

真人 CS

适用年级：初中　　建议时间：180 分钟

▶ 活动目标

了解有关枪械、队列、军事行动等基本知识；学会简单枪械、指挥手示和口令的使用，掌握枪械瞄准方法和基本战术运用；在真人 CS 活动过程中，理解"变化、不确定、规则、竞争和决策"的意义，强化集体观念和团队责任意识。

▶ 活动准备

材料：激光枪、电子帽、电子背夹、充电电池、真人 CS 场地效果图、音响、地图、沙盘、整理箱、笔、纸、导入视频或图片及活动所需其他材料。

场地：真人 CS 场地。

▶ 活动实施

1.情境导入

观察先前同学参加真人 CS 活动的视频或图片，了解真人 CS 项目器材及训练模式，在团队活动中，要有集体观念和团队责任意识。

2.任务要求

任务：①丛林对攻；②VIP 护送。

要求：①在规定时间内，分小队合作完成任务；②各小队根据侦察兵侦察到的信息，针对任务充分交流、讨论制订小组活动方案；③必须严格遵守活动规则，安全规范地开展活动。

（1）丛林对攻。在游戏开始前一队进入丛林进行防守，另一队在游戏开始后进入丛林进行搜索并消灭丛林中的敌军。胜利条件是一方被全部消灭或到达游戏规定时间时存活人数多的一方胜，获胜的一方获得阵地。

（2）VIP 护送。由 3 名领队协同完成，具体内容如下：首先将游戏双方分为搜索与营救两方，营救方先选出 3 名队员组成一个小队由一名领队带入丛林，3 名队员中必须有一名为VIP，当他们进入丛林隐藏好后游戏即开始。搜索队所有队员由一名领队带领从起始点出发进行搜索，搜索队出发 3 分钟后营救队由另一名领队带领出发。营救队的目的是找到那 3

名队员中的 VIP,并把 VIP 带回起始点即可获胜。而搜索队的目的是找到并消灭营救方的 VIP,只要 VIP 死亡搜索方即可获胜。

A.VIP 必须在营救队队员的带领下才可突围,不得自行突围。

B.VIP 同样具有战斗力。

C.搜索队不可以在起始点附近设伏。

3.讨论问题

参考《孙子兵法》《三十六计》《我是特种兵》《亮剑》等中的战略战术;学生可在沙盘上绘制作战部署图,便于模拟真实作战情境。

整个任务包含哪些子任务? 具体工作是哪些?

讨论活动策略,明白注意事项。

进攻、防守配置阵地如何布置,需绘出草图。

确定行动口号,分工安排。

4.制订方案

"真人 CS"小组活动方案表

小组名称:　　　　　　　　　　　　　　　　　　　　日期:

口号		队长		耗时	
分工	姓名	职责			
指挥					
侦察					
突击					
掩护					
后备					
其他					

续表

	进攻、防守配置阵地草图(可在沙盘上绘制):
战术部署	具体策略:

5.任务实施

(1)正式展开活动前,做几分钟的身体锻炼,活动颈、肩、臂、腰、腕和踝各部位。

(2)教练或教师示范介绍真人 CS 对抗基本知识和注意事项,如执枪方法(提枪、端枪、出枪、卧倒、起立),瞄准、射击、打靶等枪械操作;瞄准、打靶、对抗等注意事项。

①小队队形与小队战术。班是现今各国军队中最小的单位,而班战斗队形编组的目的是要发挥最大火力攻击敌人;同时,确保我方有最强大的防御力,战斗队形正确与否将直接关系到战斗的胜败。

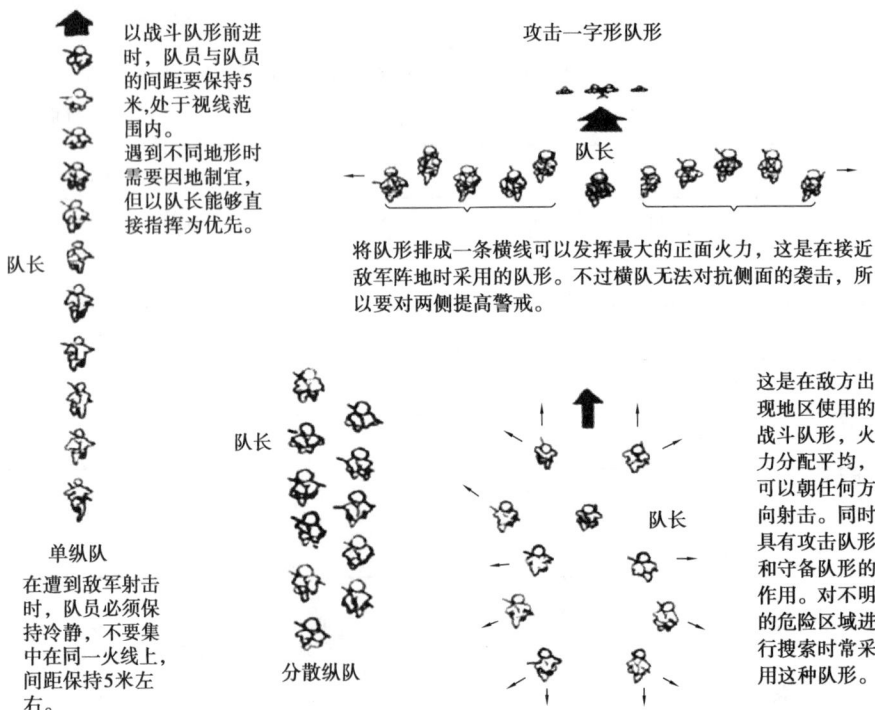

以战斗队形前进时,队员与队员的间距要保持5米,处于视线范围内。
遇到不同地形时需要因地制宜,但以队长能够直接指挥为优先。

队长

单纵队

在遭到敌军射击时,队员必须保持冷静,不要集中在同一火线上,间距保持5米左右。

攻击一字形队形

队长

将队形排成一条横线可以发挥最大的正面火力,这是在接近敌军阵地时采用的队形。不过横队无法对抗侧面的袭击,所以要对两侧提高警戒。

队长

分散纵队

队长

这是在敌方出现地区使用的战斗队形,火力分配平均,可以朝任何方向射击。同时具有攻击队形和守备队形的作用。对不明的危险区域进行搜索时常采用这种队形。

单纵队

此队形沿着灌木行进时非常方便，可以在丛林小径中移动。优点是可以最大限度发挥横向火力；缺点是无法对抗正面袭击。

纵队

此队形是沿小路行进时使用的队形，和单纵队一样容易防御。优点是夜间行进时不易走散，且防御力强；缺点是易遭围歼。

箭形队

此队形主要用于野外移动时，优点是利于向两侧发挥火力。

菱形队

此队形主要用于平坦地区行进时。优点是容易防御，可朝四面八方警戒，便于向任何方向发动攻击；缺点是因为队形太密有被全歼的危险。

横队

此队形主要用于向敌人发动攻击时。

矛形队

此队形主要用于当确定敌军方位时，攻击前进使用的队形。优点是利于发挥正面火力；缺点是防御力较差，对侧面攻击的反应能力也比较弱。

②队长可使用下列三种方式对小队保持指挥控制：

A.听觉控制（可使用口头命令或无线电命令的位置）；

B.视觉控制（可使用手势命令的位置）；

C.间接控制（可透过队副下达命令的位置）。

③活动规则：

A.对战中不允许有任何能够伤害他人的动作；

B.对战中不允许用手或任何物品遮挡感应探头；

C.对战中不允许投掷任何物体；

D.比赛开始前不允许开枪射击；

你　我　来

听到　看见　那里

收到　上！　转角处

队长集合　齐步走　加速行动　列队　卧倒

集合　注意　前进　跟我来　停止前进　保持原地　慢慢前进　调头（向右转）

卧倒　跑步前进　靠近　不清楚　准备好　开火　停火　取消原命令

发现敌人　安全　上刺刀　横列散开队形　菱形队　纵队　单纵队　箭形队

E.必须在预先指定场地范围内进行比赛；

F.如果比赛过程中裁判发出暂停口令,所有人必须停止射击并停留在自己的位置上；

G.每一个人的生命值是有限的,生命值耗尽后必须将头盔摘下并高声喊叫"我已出局",然后回到起点。

（3）真人 CS 活动正式开始时,所有队友击掌、拥抱,一起喊小组口号,相互加油鼓励。

指导建议：①强调真人 CS 枪械的正确使用,在学生熟悉对抗基本知识和注意事项的前提下,指导学生体验执枪、瞄准、射击、打靶。密切注意活动秩序,制止危险操作动作。②确保每一位学生都明白活动规则和操作规范,领会活动安全注意事项,要求学生不穿戴、不携带妨碍演练活动的衣物,爱惜手中的器材,注意手中的枪械不要伤到自己和他人。学生在户外树林中活动要注意人身安全,活动开始前请检查鞋带是否已经系紧,避免奔跑过程中绊倒,不安排身体不适的学生参加活动。

◆ 活动总结

1.展示与交流

各组围绕以下问题展开交流:

(1)小队获胜的关键是什么? 本组做了哪些作战部署? 运用了哪些战术?

(2)当一个人一直往前冲,很快被消灭掉的感受是怎样的? 当被自己队友误杀时是什么感受?

(3)活动前后心理上有哪些变化? 活动结束后又有哪些体会?

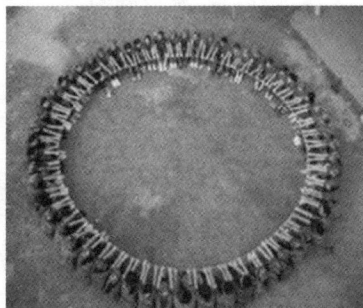

2.评价与反思

学生以小组为单位,按照评价表对其他小组进行评价。

评价表

小组成员: 　　　　　　　　　　　　　　　　　　　　总分:

评价项目	评价等级		
	一级(3分)	二级(2分)	三级(1分)
合作	表现出极强的集体观念和团队责任意识	表现出集体观念和团队责任意识	活动过程中有散漫现象
实践	依据战情,恰当运用至少4种战略战术,在规定时间内快速获取胜利	能够运用2~3种战略战术,基本能够完成项目任务	仅能够运用1种方法和策略,未能完成任务
交流	能积极分享本组战略战术和活动体会	能分享本组战略战术和活动体会	能分享本组战略战术

"真人 CS" 学习单

[活动目标]

了解有关枪械、队列、军事行动等基本知识;学会简单枪械、指挥手示和口令的使用,掌握枪械瞄准方法和基本战术运用;在真人 CS 活动过程中,理解"变化、不确定、规则、竞争和决策"的意义,强化集体观念和团队责任意识。

[活动方案]

"真人 CS"小组活动方案表

小组名称：　　　　　　　　　　　　　　　　　　　　　　　　日期：

口号		队长		耗时	
分工	姓名		职责		
指挥					
侦察					
突击					
掩护					
后备					
其他					
战术部署	进攻、防守配置阵地草图(可在沙盘上绘制)： 具体策略：				

[评价反思]

"真人 CS"个人总结与反思

姓名：　　　　　　　　　　　　　　　　　　　　　　　　　日期：

我的表现：
我对"变化、不确定、规则、竞争和决策"的理解：
我的体会：

评价表

小组成员：   总分：

评价项目	评价等级		
	一级（3分）	二级（2分）	三级（1分）
合作	表现出极强的集体观念和团队责任意识	表现出集体观念和团队责任意识	活动过程中有散漫现象
实践	依据战情，恰当运用至少4种战略战术，在规定时间内快速获取胜利	能够运用2~3种战略战术，基本能够完成项目任务	仅能够运用1种方法和策略，未能完成任务
交流	能积极分享本组战略战术和活动体会	能分享本组战略战术和活动体会	能分享本组战略战术

信任背摔

适用年级：初中   建议时间：120 分钟

活动目标

借助集体的力量，共同迎接挑战，培养互助精神和责任意识，培养勇于面对困难、敢于挑战的心理品质，理解相信别人便是相信自己的道理。建立起彼此间的信任关系，克服恐惧感，锻炼心理素质。

活动准备

材料：背摔台（高 1.4 米左右）、保护垫、捆手带（约 1 米长、5 厘米宽）、整理箱、笔、纸、导入视频或图片及活动所需其他材料。

场地：基地素质拓展场。

活动实施

1.情境导入

观察活动图片和视频，说说图片和视频中的同学在做什么？他们是怎么做到的？当你背摔下去时，你能相信同学们能接住你、保护你吗？你还愿意参加此活动吗？

2.活动规则

（1）背摔者动作规范。立正姿势站好，做胸前抱手动作，背向大家，双脚并拢，脚后跟探出背摔台 3~5 厘米，腿打直，腰、背挺直，肘部夹紧，倒下时以肩部的运行为导向。

背摔队员站在背摔台上时不要转头向后看，身体尽量保持笔直倒下，不要向后蹿跃和垂直向下跳跃；控制双腿不要打开和上扬。

正确姿势 错误姿势

（2）保护队员动作规范。分两排侧向背摔台面对面站立，同出右腿和左腿，站弓步，脚的内侧相对，膝盖内侧相靠；双腿用力，腰背挺直，背部略向后倾；双臂向前平举，双手掌心朝上

（下），手背贴在对面队友的肩膀上，胳膊肘弯曲，注意放手臂的时候不能两臂同放内侧或同放外侧，要一内一外交叉来放。保护队员安全将背摔队员接住后，沿脚、小腿、大腿的顺序，先将其下半身放下，再扶着腰、背、头，使其平稳站立起来；在背摔队员没有站稳前严禁脱手。

正确姿势　　　　　　　　　　　错误姿势

3.布置任务

任务：信任背摔。

要求：①小组合作完成任务；②背摔者、保护队员必须严格按动作规范开展活动。

4.平地试摔练习

（1）平地试摔。学生至少分成两队平行站立,两队前后间的距离为一步。教师向学生讲解并演示平地试摔的规则与动作要领。前面队员向后倒下,后面队员用双掌平推接住前面队员的后背,依次类推,角色互换,轮流倒、接。

（2）平地试摔后讨论交流。教师引导每个队员分别说出自己倒下去的感受和接别人的感受。比如:"在没有人接的情况下你会向后倒下吗?""为什么你敢倒下去?""你相信后面接住你的人吗?""你为什么要双手认真接住?""如果不那么做后果会怎样?""如果他人不认真地接住你,反过来,你会认真接往他吗?""这是一种什么精神?"

（3）队形演练。教师提醒学生重温背摔者、保护队员动作规范,以组为单位,每组至少分成5组保护,从背摔台开始依次是一、二、三、四、五组,第一组和第五组接背摔队员的头和脚,可以由女同学来承担,第二、三、四组接背摔队员的上半身和臀部,必须由身强力壮的男同学来承担,其余的同学按照保护人员动作要领做保护的姿势,推住保护组人员,尤其是第二、三、四组的保护组人员。

指导建议:①教师请一名队员与自己做动作演示,确保每个人都明白动作要领,要求每位队员必须严肃认真听讲解。提醒学生,在倒下前,前面队员要大声问后面队员:"准备好了吗?"后面队员回答:"准备好了。"前面队员数"1、2、3"后倒下,后面队员接住。②在教师的引导或提问下,让学生说出切身的感受,从感受中领会相互信任的精神,为理解背摔活动规则和减轻在背摔台上的恐惧感做好铺垫。③身高、体型相近的队员结成一组,要求组与组之间不要留空隙,第一组成员注意头不要撞到背摔台上;头向后仰,眼睛注意看上面队员倒下来的方向;队长站在第五组队员外侧,监督保护组的动作是否到位并掌控倒下队友的站立位置,使其倒下时刚好落在保护组中央的位置。教师在旁协助指导,确保队员安全。

5.讨论问题

体验了平地试摔,小组总结经验,讨论活动策略。

> 背摔者、保护队员动作要规范。

> 背摔者与保护者在指令衔接上得约定好。

> 每排人的个子高度接近些,显得平整些。

> 小组行动口号、组长和发言代表要确定好。

指导建议:①教师重点讲解背摔队员的动作要领和保护队员的动作要领,这是保证活动安全的重中之重。为消除学生的恐惧感,建议先做平地试摔,正式活动前再让心理素质好的同学作一次示范。②教师要确保每一位学生都明白活动规则和了解应该注意的事项,提醒学生背摔活动前将身上的坚硬物品取出。

6.制订方案

以小组为单位,根据活动任务与要求制订小组活动方案。

"信任背摔"小组活动方案表

小组名称: 　　　　　　　　　　　　　　　　　　　　　　　　　　　日期:

口号		组长	
活动策略:			
安全保护措施:			
分工安排:			
活动步骤等:			
思考、感悟、体会:			
问题、困难及其他:			

7.任务实施

背摔队员上台前所有队友一起将手搭在其手上,给其力量,并一起喊小组口号,鼓励加油。在保护队员队形排好后,教师提醒各小组要派人检测自己小组"人床"的承接力,确保其坚实有力方可活动。

方法、步骤参考:

背摔者抱手动作:平举双臂,掌心向下,体前交叉,掌心相对,拇指向下,十指交叉握紧,向下、向内、向上翻转至胸前,手腕根部贴紧前胸,两臂肘弯处向里收紧,微低头,拳头与下颚保持5厘米左右距离,防止倒下时戳到下颚。

背摔队员准备倒下时大声问:"准备好了吗?"保护队员齐声回答:"准备好了!"背摔队员倒计时喊"1、2、3"后倒下。

同学们以小组为单位,每个队员依次到高度为1.4米的背摔台上进行背摔活动。

指导建议:①最好用捆手带绑住背摔队员的手,以免背摔过程中伤到保护队员。②保护队员接住背摔队员后严禁将其向上抛起以示庆祝,以免受伤。③摆好队形后对背摔队员和保护队员进行压力测试。检查每一个队员动作是否规范,并对其进行肌肉测试,肌肉测试标准为双臂略微弯曲,保持紧张。

活动总结

1.展示与交流

教师可引导学生就如下问题交流讨论:

(1)为什么有的队员倒下时身体是笔直的,而有的队员是弯曲的?

(2)为什么保护队员在接有的背摔队员时会感觉手臂特别疼,而接有的队员则不会?

(3)为什么保护队员必须要按正确要领站队形? 如果不按规范要求结果会怎样? 你能从力学角度来解释这种队形的作用吗?

(4)对自己无法控制的局面,靠理智及对同伴的信任战胜了恐惧,你是否切身感到"充分信任、相互依赖"的力量?

2.评价与反思

学生以小组为单位,按照评价表对其他小组进行评价。

小组成员：   总分：

评价项目	评价等级		
	一级（3分）	二级（2分）	三级（1分）
合作	活动过程中小组成员能够积极与组员合作，具有较强的责任感，敢于挑战困难	活动过程中小组成员能够体现团队合作，有责任意识，不惧困难	活动过程中小组成员不能相互配合，没有责任意识，不敢直面困难
实践	能够运用有效的方法、策略，严格遵守动作规范，快速完成任务，通过此活动，同学们建立起彼此间的信任关系，克服恐惧感，锻炼了心理素质	能够运用方法完成任务，但速度比较慢，能遵守动作规范，通过此活动，同学们建立起彼此间的信任关系，克服恐惧感，锻炼了心理素质	学生没有运用方法和策略，未能遵守动作规范，未能顺利完成任务
交流	能有条理地说明活动方案及完成情况，并举例说明遇到的问题及解决办法，能准确表达体会与感悟	能说明活动方案及完成情况，能回答老师、同学的提问，能表达体会与感悟	能说明活动完成情况，能回答老师、同学的提问，但表达体会与感悟叙述不太清晰

"信任背摔"学习单

[活动目标]

借助集体的力量，共同迎接挑战，培养互助精神和责任意识，培养勇于面对困难、敢于挑战的心理品质，理解相信别人便是相信自己的道理。建立起彼此间的信任关系，克服恐惧感，锻炼心理素质。

[活动方案]

"信任背摔"小组活动方案表

小组名称：   日期：

口号		组长	
活动策略：			
安全保护措施：			

分工安排：
活动步骤等：
思考、感悟、体会：
问题、困难及其他：

[评价反思]

评价表

小组成员：　　　　　　　　　　　　　　　　　　　　　　　　总分：

评价项目	评价等级		
	一级（3分）	二级（2分）	三级（1分）
合作	活动过程中小组成员能够积极与组员合作，具有较强的责任感，敢于挑战困难	活动过程中小组成员能够体现团队合作，有责任意识，不惧困难	活动过程中小组成员不能相互配合，没有责任意识，不敢直面困难
实践	能够运用有效的方法、策略，严格遵守动作规范，快速完成任务，通过此活动，同学们建立起彼此间的信任关系，克服恐惧感，锻炼了心理素质	能够运用方法完成任务，但速度比较慢，能遵守动作规范，通过此活动，同学们建立起彼此间的信任关系，克服恐惧感，锻炼了心理素质	学生没有运用方法和策略，未能遵守动作规范，未能顺利完成任务
交流	能有条理地说明活动方案及完成情况，并举例说明遇到的问题及解决办法，能准确表达体会与感悟	能说明活动方案及完成情况，能回答老师、同学的提问，能表达体会与感悟	能说明活动完成情况，能回答老师、同学的提问，但表达体会与感悟叙述不太清晰

走近心理学之管理情绪

适用年级：初中　　建议时间：150 分钟

活动目标

了解情绪的简单分类、情绪表达的基本知识，知道情绪管理的基本方法，用绘画展示情绪，通过具体情绪事例分析，知道寻求管理情绪的有效办法并与大家分享。

活动准备

材料：自备数码相机、纸、笔、导入视频或图片及活动所需其他材料。

场地：心理活动室。

活动实施

1.情境导入

学生参观宣泄靶子，回想是否见过这种靶子，近距离观察并试用宣泄靶子，从材质、用途等方面描述宣泄靶子的特点。

学生把宣泄靶子当作自己最讨厌的人去狠狠地打，描述自己打完以后的感受。面对年龄增长，伴随着身体的变化，个体的心理和情绪也在发生变化，学习怎样管理自己的情绪是非常有必要的。

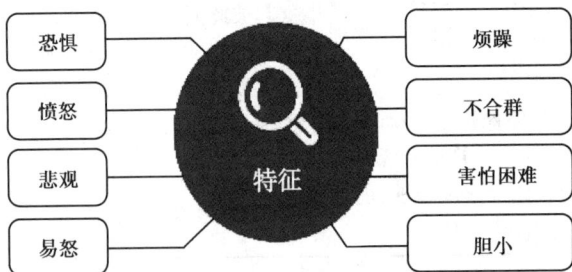

2.探究体验

教师结合图片、视频,介绍情绪的简单分类、情绪表达的基本知识。讲解情绪管理的基本方法与注意事项等。

(1)情绪的简单分类。

情绪的种类
情绪是指你内心的感受,每个人都有情绪,情绪有很多种类

高兴
是指一个人觉得快乐时的感受。当你考试取得好成绩时会高兴,当你的团队在比赛中获胜时也会高兴。

愤怒
是一种被激怒的感受,它是一种十分强烈的情绪。假设你的小弟弟弄坏了你的一个玩具,你会有什么感受?或许你会感到愤怒。

恐惧
是指一个人面对危险时的感受。人们会对其他人感到恐惧。例如,你可能对陌生人感到恐惧。人们也会对某些事物感到恐惧。例如,你的弟弟或妹妹可能对雷雨天感到恐惧,你的朋友可能对在全班同学面前朗读课文感到恐惧。

悲伤
是指一个人伤心和不开心时的感受。当你的好朋友搬家离开你时,你会感到悲伤;当事情不像想象的那样顺利时你会悲伤。

悲痛
是指人在经历巨大失去后的不舒服感受,如当你喜欢的一个人或宠物死后你会感到悲痛。

关怀
是指对某人友好。当你喜欢某人或某事时,就会有这种情绪。当你看到亲戚时就会有这种感受。当朋友对你关怀时,你也会对他关怀。除此之外,你还会高兴。

害羞
是一种令人不舒服的情绪,是一种面对他人时不舒服的感受。如房间里都是陌生人的时候你或许会感到害羞。有些人与认识的人在一起,也会感到害羞。

无聊
是一种焦躁不安、不知道做什么的状态。

抑郁
是一种长时间的悲伤、不快或沮丧的感觉。

你的感受是在不断变化的。当你打算去参加朋友的宴会时,你或许会很激动,在宴会那天你或许会很高兴;而当你得知朋友因病取消宴会时,你或许会感到沮丧。情绪就是你的内心感受。了解你的感受以及你为什么会有那样的感受,意味着你向心理和情绪健康迈进了一大步。有让你感觉愉快的情绪,如足球得分时,你会感到高兴,同时也有让你感到不舒服的或者厌烦的情绪,如家里失去了一只宠物时,你会感到悲伤。

（2）情绪的表达。

情绪表达
情绪需通过言语和行为才能表达，健康地表达情绪能保护你的心理情绪和生理健康

健康方式表达情绪

1.接受自己的情绪感受。

2.识别自己的情绪和情绪反应的原因。

3.冷静，当情绪太强烈时，不要采取任何行动。

4.将自己的情绪感受告诉他人，如"我很生气"或"我感到受到了伤害"等，防止你做出强烈的情绪反应而对他人造成伤害。

5.如果感觉情绪失控，请尽快离开人群。

6.如果你有情绪方面的问题，可以和信任的成年人进行沟通。

恐惧
将你的恐惧告诉父母或监护人，或其他成年人，与信任的人交谈时你会很诚实。成年人能帮助你克服你的恐惧。

关怀
如你想关怀某人就告知他。如写一张纸条，送一张卡片或送一幅画。

悲伤或悲痛
悲伤时，就哭出来。告知成年人你感受的痛苦。他们可能会建议你写日记，这样就可以把你的感受写下来。

高兴
当你高兴时就表达出来。你可以微笑，可以大笑，这让你充满活力，不要隐藏自己的感受。你的高兴和快乐能感染别人，让别人也开心。

在某些时候，情绪突然从一个极端迅速转向另一个极端。在巨大的情绪压力下，你可能会口不择言，说一些让自己后悔莫及的话。压抑是不健康的情绪表达方式，压抑愤怒情绪使你回避当前问题而无助问题的解决。情绪失控、不假思索就做出某种情绪性反应也是一种不健康的情绪表达方式。如不加控制地爆发愤怒情绪可能会伤害人与人之间的感情，对你的生理健康也有害处。

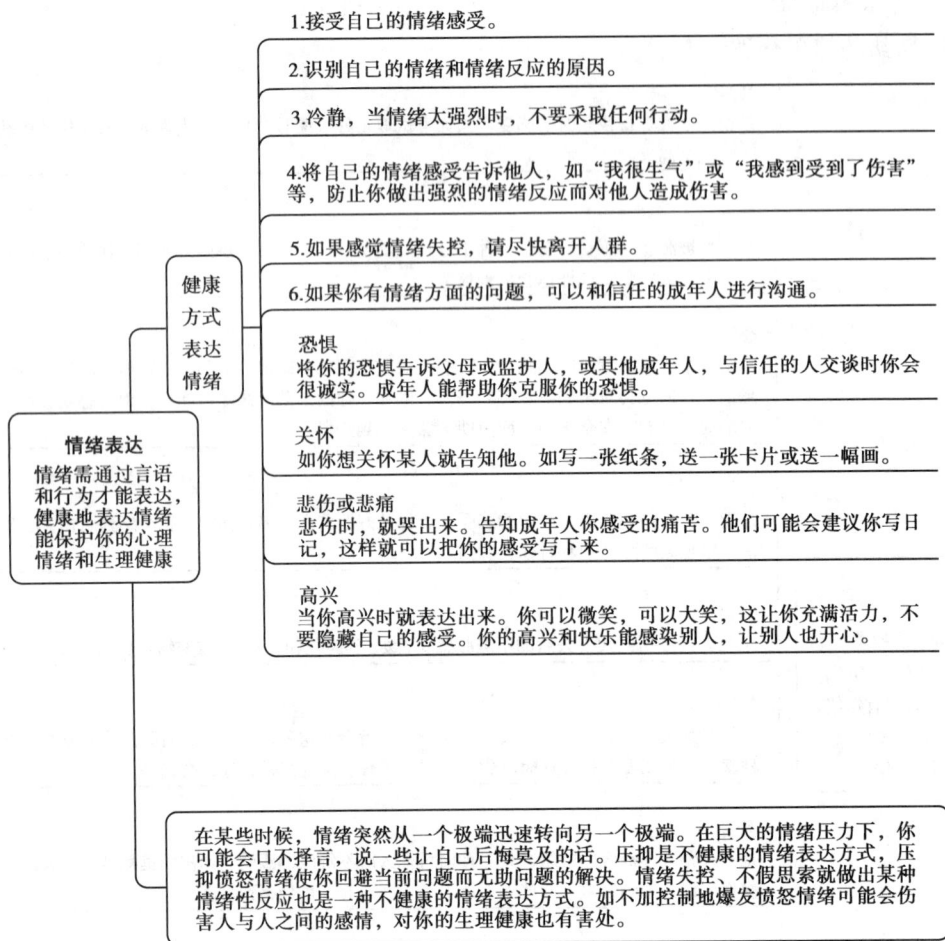

（3）情绪的管理。教师引导学生探索情绪管理的方法：你都出现过哪些情绪？愤怒、悲伤、快乐、失落？出现这些情绪的时候你是怎么处理的？还有其他的处理方式吗？你更喜欢怎样的情绪管理办法？讨论结束后,列出下表帮助学生厘清思路。

抑郁是一种长时间的悲伤、不快或沮丧的感觉，年轻人短时间内体验到抑郁情绪是正常的。

抑郁情绪的信号　失眠、乏力、憔悴、孤僻、悲伤、缺乏激情
频繁哭泣、没有胃口、精神恍惚、躁动愤怒

如果你长时间存在上述感觉，就需要及时告诉父母或负责任的成年人，他们会倾听你的心声，帮你找到合适的治疗方法。你自己也要行动起来，例如，在笔记本上列出自己的优点，经常看一看，了解自己在哪些方面做得很好。另外，你还要进行积极的锻炼并保持充足的睡眠，这些都可以帮助你克服抑郁情绪。

如果抑郁持续两周或两周以上，就需要请医生进行诊断了。

当一个人感到抑郁情绪时，他的大脑里会发生一系列的生理变化。例如，大脑中有一种叫作神经递质的化学物质，负责在两个神经细胞间传递信息，它们可以控制人的情绪。那些经常感到抑郁的人，他们的大脑中就会缺少某种神经递质，须通过吃药才能对此加以纠正。

离开那个使你愤怒的情境，使自己平静下来。在与那个使你愤怒的人说话前，留出时间让自己平静下来。

在说语或做事前，数十个数，让你有时间考虑想说、想做什么。

告诉那个人你为什么愤怒，他或许没留意你的感受。

让身体活动起来，减少压力和紧张。

向成年人寻求帮助，他们或许会有你想不到的解决方式。

管理情绪
有情绪是正常现象，重要的是你怎么做，健康方式管理情绪可以保护你的健康。下面3个问题可以帮助你管理情绪：
①我的感受是什么？
②为何有这种感受？
③我如何用健康的方式表达感受？

抑郁

愤怒

当情绪低落时，即使你保持积极的态度，要重新振作起来也需要一定时间，在那时对你来说，重要的是建立自己的支持网，让你的支持网帮助你。你的支持网是关心你的一群人，由家庭成员和好朋友构成。当你情绪低落时，你可以向他们求助，他们能理解你的想法和感受。当然，要你振作起来并成为另一个人的支持网成员，这需要一定的时间。你的朋友需要你的支持，你应该去关心他；你的朋友需要倾诉，你就学会倾听。一个人即使处于困境中，也不应该做出如吸烟、喝酒等危险行为。这些危险行为不但不会使困境得到改善，而且会让困境变得更糟糕，所以你应该向你的支持网寻求帮助。

教师结合心理咨询室器材设备智能呐喊音乐宣泄仪，以呐喊宣泄为例，引导学生感受情绪宣泄的心理过程变化。学生可自荐参加，感受情绪的宣泄过程与变化，和同学交流分享智能呐喊音乐宣泄仪的作用与对你的帮助，探讨呐喊宣泄的效果与原理。

3.任务要求

任务：管理情绪探究。

要求：①在规定时间内，小组合作完成以下任务；②要求小组制订活动方案，并派代表叙述和展示探究结果。

（1）测谎：画一张人体图，在上面标出测谎仪检测的身体各部位的功能。为此，你需要了

解当情绪发生剧烈变化时,身体会发生哪些变化。

(2)感受彩虹图:画一幅图画来表达愤怒、高兴、喜爱或害怕的情绪并向全班同学展示你的图画。

(3)应对无聊:无聊是一种焦躁不安、不知道做什么的状态。给出一种应对无聊的方法。

4.讨论问题

(1)当情绪发生剧烈变化时,如何用语言描述身体会出现的变化。

(2)人的情绪用绘画的什么元素可准确表达? 形状? 颜色? 同学们能猜出你所要表达的情绪吗?

(3)当你感到无聊时,有一种好奇心驱使自己去做点什么,从而驱散无聊情绪?

5.制订方案

"走近心理学之管理情绪"小组活动方案表

小组名称：　　　　　　　　　　　　　　　　　　　　　　　　　　　　　日期：

任务：
所需材料、工具：
活动策略(分工安排、开展活动的方法、步骤及注意事项等)：
当情绪发生剧烈变化时,身体发生的变化(人体图、部位及说明)：
愤怒、高兴、喜爱或害怕情绪的画：
应对无聊的方法：

思考、体会:	
其他:	

6.任务实施

(1)测谎:当一个人情绪激动时,他会心跳加速、肌肉收缩、呼吸频率加快。测谎仪可以鉴别出这些变化,它甚至能够记录人体最细微的变化,如呼吸、心率或肌肉的紧张程度等。这些变化反映出一个人感受到了压力或正在撒谎。

(2)感受彩虹图:你所画的图画的主题形象和颜色可用来代表情绪。

(3)应对无聊:心理和情绪健康的另一个重要组成部分是拥有健康的心理。如果你经常使用健康的方法,你就会拥有健康的心理。可通过应对无聊来保持心理健康。

画一副拳击手套,并用亮片、贴纸、图片进行装饰,然后把手套贴在鞋盒上,并在鞋盒上写上标题——我的应对无聊箱。剪15张小纸条,在每张小纸条上写上感到无聊时能做的事情。把其中5张小纸条与同学交换,然后把所有的小纸条放进鞋盒里。当你下次感到无聊时,你会怎么做?

活动总结

1.展示与交流

各小组按抽签顺序,各派一名代表出示小组所作的图文,分别解释怎样的变化反映出一个人感受到了压力或正在撒谎;怎样的主题形象及颜色反映了哪种情绪;应对无聊的方法是如何起作用的。讲述开展活动的具体情况,分享活动感受。

2.评价与反思

学生以小组为单位,按照评价表对其他小组进行评价。

评价表

小组成员:　　　　　　　　　　　　　　　　　　　　　　　　　　　　总分:

评价项目	评价等级		
	一级(3分)	二级(2分)	三级(1分)
合作	能充分讨论,合理分工,通力合作	有讨论,有分工,有合作	鲜有讨论、分工、合作
实践	能按计划开展活动,测谎现象描述准确,感受彩虹图情绪表达生动,应对无聊方法简单实用	能按计划开展活动,测谎现象描述正确,感受彩虹图情绪表达无误,应对无聊方法可行	未能按计划开展活动,测谎现象描述存在错误,感受彩虹图情绪表达有误,应对无聊方法不实用
交流	能清晰、有条理地说明完成任务的情况	能清楚地说明完成任务的情况	叙述无条理,不清晰

拓展

学生尝试调整态度:先用简笔画一个人,代表自己,然后再围绕头部标上3个"+"和3个"-"。"+"代表你有积极态度的事情,"-"代表你有消极态度的事情。在每个标记旁边写上这些事情。例如,在"+"旁边写上"我的功课",代表你对功课有积极的态度。接下来,找出如何将"-"标记变为"+"标记的方法。

知识链接

1.表现良好性格的行为方式

诚信:总是把我要去哪里的真实情况告诉父母

尊重:借别人东西前征得对方同意

责任感:按时交作业

公民意识:帮助社区做一些事情

公正:让朋友们玩我的玩具

关心:帮助儿童和老人做一些事情

2.身体对压力做出的反应

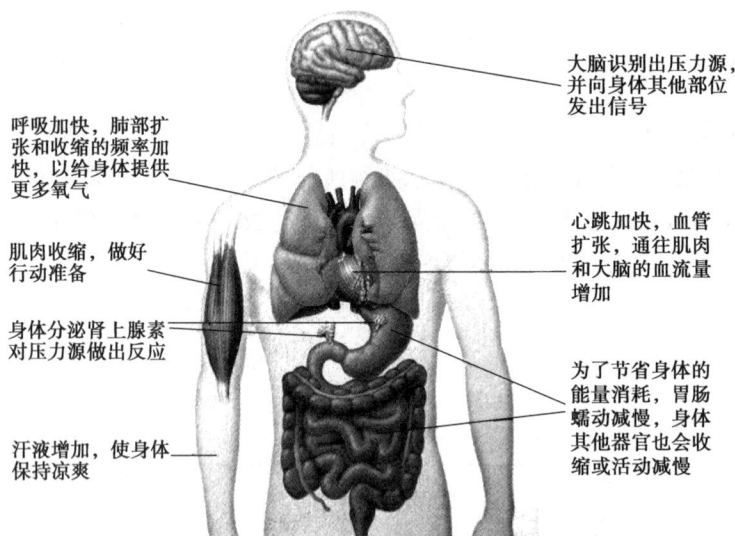

身体是怎么对压力做出反应的

"走近心理学之管理情绪"学习单

[活动目标]

了解情绪的简单分类、情绪表达的基本知识,知道情绪管理的基本方法,用绘画展示情绪,通过具体情绪事例分析,知道寻求管理情绪的有效办法并与大家分享。

[活动方案]

"走近心理学之管理情绪"小组活动方案表

小组名称：   日期：

任务：
所需材料、工具：
活动策略(分工安排、开展活动的方法、步骤及注意事项等)：
当情绪发生剧烈变化时,身体发生的变化(人体图、部位及说明)：
愤怒、高兴、喜爱或害怕情绪的画：
应对无聊的方法：
思考、体会：
其他：

[评价反思]

评价表

小组成员：   总分：

评价项目	评价等级		
	一级(3分)	二级(2分)	三级(1分)
合作	能充分讨论,合理分工,通力合作	有讨论,有分工,有合作	鲜有讨论、分工、合作
实践	能按计划开展活动,测谎现象描述准确,感受彩虹图情绪表达生动,应对无聊方法简单实用	能按计划开展活动,测谎现象描述正确,感受彩虹图情绪表达无误,应对无聊方法可行	未能按计划开展活动,测谎现象描述存在错误,感受彩虹图情绪表达有误,应对无聊方法不实用
交流	能清晰、有条理地说明完成任务的情况	能清楚地说明完成任务的情况	叙述无条理,不清晰

自制简易火灾逃生绳

适用年级：初中　　建议时间：120 分钟

活动目标

　　了解逃生绳的制作方法，能够动手制作简易火灾逃生绳；知道火灾中的逃生工具，熟悉逃生绳的使用方法，初步掌握在火灾时的逃生避险技能，防患于未然；培养合作意识和谦让精神。

活动准备

　　材料：学习单、评价表、教学课件、50 厘米×150 厘米布条（每组 3 条）、水桶、消防警报器、工具钳、剪刀、喊话器、分组号码牌、导入图片、视频及活动所需其他材料。

　　场地：消防逃生馆。

活动实施

1.情境导入

　　教师播放消防灾难情境影片，学生讨论火灾中透视出的现象，思考火灾中应该如何逃生。观察展板及周边环境，思考火灾发生时周边环境中的哪些物品可以用于逃生，常见的逃生工具有哪些。

尼龙绳梯

带环橡胶尼龙绳梯

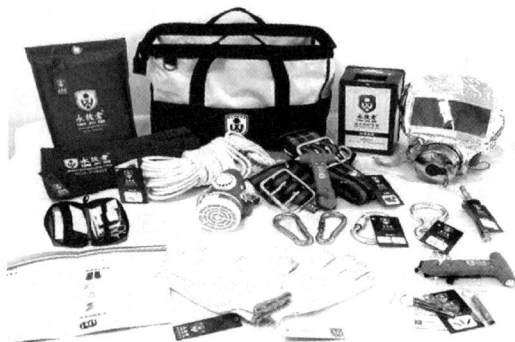

钢丝绳梯

全封闭绳梯

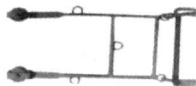

滑动绳梯

带环尼龙绳梯

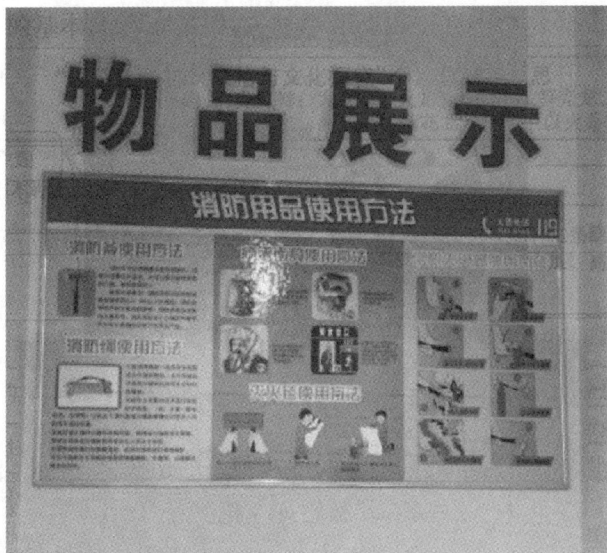

2.观察总结

教师出示制作好的逃生绳,让学生总结这种绳可以逃生的原因。

3.布置任务

任务:自制简易火灾逃生绳。

要求:①小组合作,利用所给材料,30分钟内制作简易逃生绳;②能使用制作的逃生绳进行模拟逃生,逃生过程中逃生绳不散落。

4.制订方案

在动手前,对项目任务进行充分的讨论分析,了解简易逃生绳的制作方法和使用方法,填写小组活动方案表。

"自制简易火灾逃生绳"小组活动方案表

小组名称: 日期:

活动任务:
所需材料:
作品简介(名称、功能、特点等):
活动策略(分工安排、制作方法、步骤等):
问题和困难:

5.任务实施

(1)小组内部根据教师所给材料、方法进行火灾逃生绳制作。

（2）学生在教师检查合格后进行现场模拟逃生,在场馆内套上逃生绳并说明使用方法（如有条件可在室外利用逃生体验架,每小组合理安排人员,按照先后顺序利用逃生绳从逃生墙上安全逃生）。

指导建议:①教师提醒学生注意活动过程中的秩序,可引导学生探究,鼓励学生提出问题并解决问题。②教师登上逃生体验架拆除空中安全保护装置。③学生完全分解逃生绳,巩固逃生绳制作方法,同时做到材料重复利用,保护环境。④教师回收活动器材以便活动循环利用。

活动总结

1.展示与交流

小组展示本组制作的简易逃生绳,分享活动过程中的一些感受,例如:怎样制作逃生绳? 逃生时应该注意哪些事项? 逃生前后有什么心理变化?

2.评价与反思

学生以小组为单位,按照评价表对其他小组进行评价。

评价表

小组成员: 总分:

评价项目	评价等级		
	一级（3分）	二级（2分）	三级（1分）
实践	能按照方案熟练制作逃生绳,在体验中顺利逃生	制作逃生绳的过程中遇到一些小问题,但顺利通过逃生体验	未能完成逃生绳制作,且逃生体验中困难重重
说明	能在模拟或体验环节中准确、流畅地说出逃生绳的使用方法	能在模拟或体验环节中较准确、较流畅地说出逃生绳的使用方法	未能在模拟或体验环节中说出逃生绳的使用方法

知识链接

1.逃生绳制作方法

（1）交:手法采用十字交叉法,5~6 名考生为一组,利用 50 厘米×150 厘米布条采用单结、十字交叉打结法打结连接;层数不小于 4 层;要在间距 30~50 厘米处打结;自制简易火灾逃生绳4~5 米。

（2）留:交叉后多留 10~15 厘米安全距离。

（3）紧:连接后的绳子进行安全检查,死结一定要固定、拉紧,确保安全逃生。

（4）湿:打湿逃生绳。危机情况没有水时,可利用尿液、啤酒、饮料、老酒、醋、酱油、洗洁精等液体,但绝不能用高度白酒、油来打湿逃生绳。

（5）找:学会选择合适的固定点和固定方式来固定绳子,如水管、窗架、门框等固定点,危机时可推倒重物压在桌子和椅子上,把逃生绳固定在桌子和椅子的脚上。

2.逃生绳使用方法

（1）抓:双手抓在绳结的上方,防止双手下滑。

（2）拉：拉近绳子，贴于身前，节约体力。

（3）夹：利用双脚的足弓部位夹紧另一个结点。

（4）降：下降的时候，先松开一只手抓在下方结点，另一只手下滑至该节点上方；然后双脚松开，下滑至下一个节点夹紧。

"自制简易火灾逃生绳"学习单

[活动目标]

了解逃生绳的制作方法，能够动手制作简易火灾逃生绳；知道火灾中的逃生工具，熟悉逃生绳的使用方法，初步掌握在火灾时的逃生避险技能，防患于未然；培养合作意识和谦让精神。

[活动方案]

"自制简易火灾逃生绳"小组活动方案表

小组名称：　　　　　　　　　　　　　　　　　　　　　　　　　　日期：

活动任务：
所需材料：
作品简介（名称、功能、特点等）：
活动策略（分工安排、制作方法、步骤等）：
问题和困难：

[评价反思]

评价表

小组成员：　　　　　　　　　　　　　　　　　　　　　　　　　总分：

评价项目	评价等级		
	一级（3分）	二级（2分）	三级（1分）
实践	能按照方案熟练制作逃生绳，在体验中顺利逃生	制作逃生绳的过程中遇到一些小问题，但顺利通过逃生体验	未能完成逃生绳制作，且逃生体验中困难重重
说明	能在模拟或体验环节中准确、流畅地说出逃生绳的使用方法	能在模拟或体验环节中较准确、较流畅地说出逃生绳的使用方法	未能在模拟或体验环节中说出逃生绳的使用方法

有轨电车

适用年级：初中　　建议时间：90 分钟

活动目标

　　增强手臂与腿部力量,锻炼身体的协调与平衡能力;认识到提前演练对于实际生活、工作的重要价值,明白行动前的讨论和计划对于事情成败的重要作用,培养处理事情的良好计划性和条理性;体会个人行为对团队的影响,培养团队成员团结一致的精神和协同解决困难的能力。

活动准备

　　材料:有轨电车木鞋、口哨及活动所需其他材料。
　　场地:素质拓展场地。

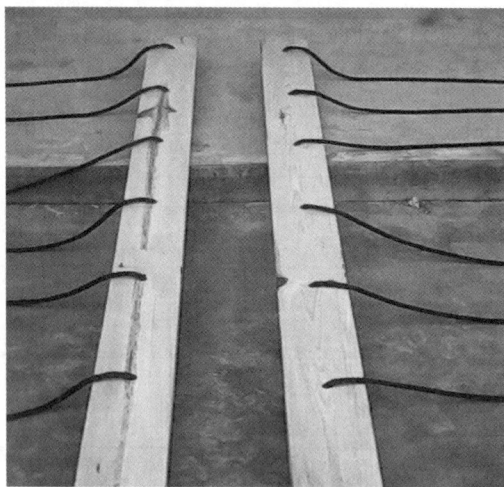

活动实施

1.情境导入

　　学生观看图片,初步了解有轨电车户外拓展活动,思考有轨电车户外拓展活动的操作要点,教师向学生介绍有轨电车拓展活动的具体概念及常见活动规则。如在户外上课时不便呈现图片,可让学生现场直接观察有轨电车木鞋,猜想这个木鞋该如何使用;教师介绍有轨电车概念时可让学生依次站在木鞋上摆好动作,思考有轨电车的操作要点。

　　指导建议:有轨电车是一项以团队挑战为主的地面拓展项目,挑战队员的协调一致、团结协作的能力,提高队员的团队意识。用两块木板(如长 3.6 米,宽 0.15 米)模拟一双鞋子,十几个人同时站在上面,双脚分别踩在两个木板上,双手拉住提拉绳,统一口令,步调一致,在规定的时间内走完一段指定的路程。常见活动规则如下(规则可以不断丰富与发展,此处仅作参考):①电车上队员两两背对背站立,在规定时间内从起点前进到终点。②电车上的所有队员在不发出任何声音的情况下,在规定时间内从起点前进到终点。③电车上队员在完成行进任务的同时,一起整齐高喊口号5遍,唱队歌2遍,或在行进时回答其他人提出的问题。

2.知识预备

学生观看两段视频,寻找操作要点,观察细节,总结有轨电车转弯的方式与技巧;找到视频中出现的几处失误,思考为什么会出现这种失误,怎样避免类似情况的发生。如在户外上课时不便呈现视频,可通过让部分学生现场操作有轨电车的方式来代替视频播放。

指导建议:①教师需对学生的观察和思考予以即时性反馈,让学生知道自己的理解是否正确,若有偏差可及时纠正;同时,对学生没有注意到的操作技巧和安全知识需进行补充讲解。②讲解要突出重点、语意清晰精炼、反馈及时,重点部分由身体语言或语调强调,确保学生清楚讲解内容。③注意手、脚的保护,不要把绳子缠绕在手上和脚上,以免皮肤被绳子勒破或自己被绊倒。④活动中要保持步调一致,遇到情况要及时调整,如果调整不及时出现摔倒的情况,手要扔掉绳子,同时大声告诉队友停止前进。⑤第一名队员在失去重心时一定要扔掉手中的绳子;后边的队员失去重心时,要及时把手中的绳子向外侧扔开,同时人向板的外侧跳开,不要把脚踩在两块木板中间,不要推前面的队员。⑥有人失去平衡或者倒地时,其他学生不要剧烈提放电车,倒地学生不要用手扶电车。⑦如果有指挥,最好是参加者指挥,不要在不默契的时候由旁观人员指挥;一定要注意发令人的指令,统一行动。⑧本活动的危险性不高,但仍要当心被木板压伤脚。⑨地面平整为宜,在特别光滑和有障碍物的地面行进时,要十分小心。⑩在操作过程中,如果苛求速度过快而忽视队员的统一协调性差异,使得队员行进节奏不一致,反而会拖慢队伍速度,造成安全事故。

3.提前演练

学生以小组为单位,合作完成下列体验。

(1)第一轮:小组有轨电车直线前进5米,喊指令统一步伐。

(2)第二轮:小组有轨电车直线前进5米,无指令。

指导建议：①教师可在小组自主探究过程中仔细观察学生操作，注意学生的站立姿势和提绳子的方法，对操作不当的行为及时予以纠正。②教师站位要在学员的侧前方 1.5 米处，以做好安全防护工作，随时准备在学生失重时过去托扶。③及时筛除有严重外伤史或不适合做剧烈运动的学生。

4.任务要求

任务：小组有轨电车从起点（木鞋前端在起点线后）出发，前进 10 米，转弯，绕过障碍物，原路返回到终点（以木鞋后端过线为完成）。

要求：①小组有口号与队名；②在规定时间内完成；③全员参与；④前进途中电车上队员身体的任何部位若接触地面则小组需回到起点重新开始；⑤在任务开始或结束，活动受挫或成功等多个关键节点相互鼓励喊队名和口号。

指导建议：①教师在布置任务时应不断强调安全问题和团队协作的重要性，提醒学生注意拐弯处要防止侧滑；②在活动进行中，如果学生尝试多次仍受挫，情绪消极，应予以积极的引导；③注意观察每个学生，尤其是表现比较突出的学生的表现，并做好相应记录。

5.讨论问题

小组合作，围绕活动中的关键问题展开小组讨论。

操作有轨电车时需要注意哪些细节？

哪种口号更适合我们的团队成员？是否有成员左右不分？

队员前后位置如何安排和分配？体重和身高是否成为分配标准？

还可能出现哪些突发状况，该如何解决？

6.任务实施

活动开始前,小组成员大声喊出队名与口号,相互击掌拥抱、加油打气。按照轨道上绳的数量,分配小组成员前后位置,听到发令后开始前进。

活动总结

1.展示与交流

(1)学生讨论分享:围绕活动任务的完成,分享团队内部沟通合作的过程以及自己对团队合作的认识,总结经验与教训;谈谈自身对平衡力与协调力的感受以及提前演练环节对于后期任务完成的重要性,通过有轨电车拓展活动,自己产生了哪些新的变化与新观念、新思想。

(2)教师回顾:围绕活动全程,对所有学生齐心协力完成任务给予充分肯定和鼓励。对活动中存在的问题进行回顾,尤其是那些起关键作用的组员,如在排头和排尾的学生,引导学生对该位置的重要性进行讨论。任务的完成需要团队所有人共同协商,团队目标的实现需要团队中每个人发挥作用,引导学生讨论在沟通不畅时怎样完成团队的协调和决策,明确团队合作中沟通与合作的重要性。针对实际发生的一些挫折,引导学生寻找症结所在,强调每一个位置的重要性。经验是在不断的失败和尝试中总结出来的,积极尝试对完成任务十分重要。

2.评价与反思

"有轨电车"个人总结与反思

姓名: 日期:

评价自己身体的协调性与平衡力:
提前演练对小组是否有帮助,为什么?

续表

我在团队中的角色与表现：
我还有哪些方面可以做得更好？
有轨电车活动带给我的感受和思考：

评价表

小组成员：   总分：

评价项目	评价等级		
	一级(3分)	二级(2分)	三级(1分)
团队	小组有队名和口号；在任务全程的开始、结束、受挫、成功等多个关键节点能使用队名和口号相互鼓励，使仅用队名和口号超过3次	小组有队名和口号；在任务全程的重要节点偶尔使用队名和口号相互鼓励，使用队名和口号2~3次	小组有队名和口号；在任务全程没有使用队名和口号相互鼓励，或仅使用队名和口号1次
实践	在规定时间内完成任务；电车行进流畅有序，无明显停滞和其他意外状况	在规定时间内完成任务；但中途有1~2处停滞调整	在规定时间内未能完成任务，但坚持到底，最终到达终点
交流	能围绕身体的协调与平衡力、提前演练的重要性、团队合作三方面进行感受交流与分享	能围绕身体的协调与平衡力、提前演练的重要性、团队合作三方面中的某两方面进行感受交流与分享	能围绕身体的协调与平衡力、提前演练的重要性、团队合作三方面中的某一方面进行感受交流与分享

"有轨电车"学习单

[活动目标]

增强手臂与腿部力量，锻炼身体的协调与平衡能力；认识到提前演练对于实际生活、工作的重要价值，明白行动前的讨论和计划对于事情成败的重要作用，培养处理事情的良好计划性和条理性；体会个人行为对团队的影响，培养团队成员团结一致的精神和协同解决困难的能力。

"有轨电车"个人总结与反思

姓名：   日期：

评价自己身体的协调性与平衡力：
提前演练对小组是否有帮助,为什么？
我在团队中的角色与表现：
我还有哪些方面可以做得更好？
有轨电车活动带给我的感受和思考：

评价表

小组成员：   总分：

评价项目	评价等级		
	一级（3分）	二级（2分）	三级（1分）
团队	小组有队名和口号；在任务全程的开始、结束、受挫、成功等多个关键节点能使用队名和口号相互鼓励,使用队名和口号超过3次	小组有队名和口号；在任务全程的重要节点偶尔使用队名和口号相互鼓励,使用队名和口号2~3次	小组有队名和口号；在任务全程没有使用队名和口号相互鼓励,或仅使用队名和口号1次
实践	在规定时间内完成任务；电车行进流畅有序,无明显停滞和其他意外状况	在规定时间内完成任务；但中途有1~2处停滞调整	在规定时间内未能完成任务,但坚持到底,最终到达终点
交流	能围绕身体的协调与平衡力、提前演练的重要性、团队合作三方面进行感受交流与分享	能围绕身体的协调与平衡力、提前演练的重要性、团队合作三方面中的某两方面进行感受交流与分享	能围绕身体的协调与平衡力、提前演练的重要性、团队合作三方面中的某一方面进行感受交流与分享

水到渠成

适用年级：初中　　建议时间：60分钟

活动目标

学生通过本次实践课掌握如何使用PVC管将球顺利运到桶里；培养学生团队合作的意识，并提高团队的效率；通过相互配合快速增进同学之间的信任感与合作感。

活动准备

材料：两组PVC管、两个乒乓球、两个水桶。

场地：教室。

活动实施

1.情境导入

水到渠成，意指水流到之处便有渠道，比喻有条件之后，事情自然会成功，即功到自然成。语出苏轼《与章子厚书》："恐年载间，遂有饥寒之忧，不能不少念。然俗所谓水到渠成，至时亦必自有处置。"邹韬奋《杂感·能与为》："昔人所谓'水到渠成'，所谓'左右逢源'，都是有了充分准备以后的亲切写真。"

苏轼被贬官到黄州的一段时期，不但在精神上感到十分寂寞，在生活上也是穷困潦倒、捉襟见肘。当时，朝廷给他的薪金已经用完了，苏家人口又不少，他只得想方设法节约开支。他规定每日的开支不得超过一百五十钱，每月初一，他会拿出四千五百钱，分为三十份，装在小袋里，挂在屋梁上。每天早晨，他用一根平时取画、挂画的长叉从梁上挑下一袋，然后就把长叉收藏好。当天用不完的钱，则用大竹筒另外收藏，作为招待客人之用。当大袋子里攒了不少钱时，就再做别的安排。就这样，苏轼和家人度过了人生中最为惨淡的四年。

苏轼在给好友秦观写信时，曾说："平时过日子，一点一点地节省，等积多时再做安排，自然会水到渠成，没必要做预先的计划。"在如此落魄之际，苏轼仍然能够做到泰然自若，实在非常人所及。这正是：唯大英雄能本色，是真名士自风流。

2.任务要求

介绍游戏规则：

（1）把所有同学分为两个小组，各选出一名小组长，将不同颜色的PVC管发给大家。组长安排并组织同学们在规定的时间内完成任务。

（2）不能用手直接碰球,只能手拿 PVC 管。

（3）起点和终点的距离为 20 米,在运动过程中 PVC 管不能悬空,球不能掉落,如果出现两种情况必须回到原点。

（4）终点的桶绝不能随意移动,规定的时间内哪个队的进球数最多即可获胜。

3.讨论问题

小组讨论和演练 10 分钟：

（1）组长和组员讨论后有序安排。

（2）观察部分学生的表现并做好记录。

（3）观察学生的情绪变化和各小组的组织情况。

4.制订方案

全体同学回到座位（再次总结和讨论）：

（1）各小组组长提出发现的问题并自行解决。

（2）最后讨论 5 分钟,重新制订计划,尽量提高团队效率。

"水到渠成"小组活动方案表

小组名称：   日期：

小组成员		组长	
任务：			
活动方法、步骤与注意事项：			
分工安排：			
本组作品图稿、主题及创意说明：			
本组创作成品成型的效果（描述）：			

5.任务实施

(1)各小组按照比赛前讨论的队形站好。

(2)口令发出,教师同时将球放入 PVC 管。

(3)教师在旁观察是否有犯规行为,做好时间记录。

◢ 活动总结

1.展示与交流

各小组组员进行总结和交流,总结自己的不足之处,分享团队的决胜秘诀。

2.评价与反思

"水到渠成"个人总结与反思

姓名:　　　　　　　　　　　　　　　　　　　　　　　　　　　　　　日期:

我的表现:
对此我的理解:
应注意的事项(要点):

评价表

小组成员:　　　　　　　　　　　　　　　　　　　　　　　　　　　　总分:

评价项目	评价等级		
	一级(3分)	二级(2分)	三级(1分)
合作	能充分讨论,能合理分工,能通力合作	有讨论,有分工,有合作	鲜有讨论、分工、合作
实践	在规定时间内完成任务;球顺利到达桶里且运行顺畅	在规定时间内完成任务;球到达桶里但球运行不顺畅	在规定时间内未能完成任务,最终未到达终点
交流	能清晰、有条理地说明完成任务的情况	能清楚地说明完成任务的情况	叙述无条理,不清晰

"水到渠成"学习单

[活动目标]

  学生通过本次实践课掌握如何使用 PVC 管将球顺利运到桶里;培养学生团队合作的意识,并提高团队的效率;通过相互配合快速增进同学之间的信任感与合作感。

[活动方案]

"水到渠成"小组活动方案表

小组名称: 日期:

小组成员		组长	
任务:			
活动方法、步骤与注意事项:			
分工安排:			
本组作品图稿、主题及创意说明:			
本组创作成品成型的效果(描述):			

[评价反思]

"水到渠成"个人总结与反思

姓名: 日期:

我的表现:
对此我的理解:
应注意的事项(要点):

评价表

小组成员：　　　　　　　　　　　　　　　　　　　　　　　　　总分：

评价项目	评价等级		
	一级(3分)	二级(2分)	三级(1分)
合作	能充分讨论,能合理分工,能通力合作	有讨论,有分工,有合作	鲜有讨论、分工、合作
实践	在规定时间内完成任务;球顺利到达桶里且运行顺畅	在规定时间内完成任务;球到达桶里但球运行不顺畅	在规定时间内未能完成任务,最终未到达终点
交流	能清晰、有条理地说明完成任务的情况	能清楚地说明完成任务的情况	叙述无条理,不清晰

压力管理

适用年级：初中　　建议时间：60分钟

▶ 活动目标

认识心理压力，识别心理压力过大的表现；通过体验心理设备，学会放松心情；掌握压力管理的几种方法；培养运用压力管理的方法帮助别人的意识。

▶ 活动准备

材料：学习单、评价表、教学课件、智能身心舒缓减压平台、智能呐喊音乐宣泄仪、心理宣泄墙、心理宣泄假人、音乐按摩椅及活动所需其他材料。

场地：心理活动馆。

▶ 活动实施

1.情境导入

我们常听到一个词语"压力山大"，那么究竟什么是心理压力呢？心理压力过大的表现有哪些？

指导建议：①教师提问，要求学生分小组讨论5分钟，并派成员回答讨论结果；②由教师总结什么是心理压力，压力过大的表现有哪些。

2.心理设备体验

心理活动馆里有很多减轻压力的设备，接下来，教师将组织学生一一体验这些设备，请学生认真感受，并思考这些设备的作用。

指导建议：教师组织学生分别体验心理设备。

智能身心舒缓减压平台

心理宣泄墙

智能呐喊音乐宣泄仪

心理宣泄假人

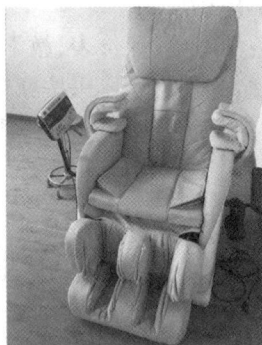
音乐按摩椅

3.布置任务

刚才我们体验了这么多心理设备,同学们都有哪些感受?学到了哪些减轻压力的方法?生活中,还有哪些好的方法可以减轻我们的心理压力?请大家分组讨论以上三个问题,并向全班同学展示讨论结果。

要求:①讨论时间为10分钟,展示时间为4分钟;②清楚描述自己刚才的感受;③总结刚才学到的放松减压的方法;④思考其他减压方法。

指导建议:教师引导学生将心理设备体验和生活经历相结合,帮助学生搜索记忆,拓展思维,发挥创造力和想象力,运用头脑风暴法列举出尽可能多的压力情况,并总结归纳减轻压力的方法。

4.制订方案

"压力管理"小组活动方案表

小组名称:　　　　　　　　　　　　　　　　　　　　　　　　　　　　日期:

我们的体验:
学习到的减压方法:
生活中遇到的其他问题和减压方法:

我们这样分工:
我们遇到了这些困难:
我们的想法和感悟:

5.执行任务

小组成员分工合作,并填写学习单。

(1)回忆体验感受,总结归纳减压方法。

(2)思维拓展,思考更多的心理压力应对方法。

指导建议:教师巡视,对有困难的小组可以进行一些指导。

◤ 活动总结

1.展示与交流

(1)学生以小组为单位,展示讨论的结果。

(2)教师引导学生思考每组的总结内容是否恰当,能够用在什么时候。

(3)各小组根据评价表进行投票,只能投本组以外的作品。根据投票结果选出优胜小组。

指导建议:①教师需根据学生所了解到的相关知识加以引导、补充和修正,指导学生对生活问题进行思考。②通过引导和提升本课内容,增强学生的毅力,培养学生的耐性及团队精神。

2.评价与反思

学生以小组为单位,按照评价表对其他小组进行评价。

评价表

小组成员: 总分:

评价项目	评价等级		
	一级(3分)	二级(2分)	三级(1分)
心理设备体验	体验丰富、表述清晰、内容合理	能初步说出感受和想法	没有感受和想法,或者想法不合理
本堂课学到的减压方法	能准确归纳出在体验中学到的几种减压方法,并运用于实际	表述出了体验中的几种减轻心理压力的方法	方法总结不清楚,内容不到位
其他减压方法	能够举一反三,创造性地列举出三个及以上的其他减压方法	能想到两个其他的减压方法	总结出一个减压方法

指导建议: 在评价环节中,教师应事先让学生了解评价标准,要求学生熟悉这些评价表格的内容,对评价标准中的能力培养目标或要求做到心中有数。

▶ 拓展

教师结合任务目标及学生表现对活动做出小结,强调适度的压力和紧张状态是正常现象,只有压力过大的时候需要进行压力管理,介绍压力管理的几种方式。鼓励学生运用所学的方法帮助他人。

▶ 知识链接

1.心理压力过大的具体表现

心理压力是当人们去适应由周围环境引起的刺激时,人们的身体或精神上的生理反应,它可能对人们心理和生理健康状况产生积极或消极的影响。当压力过大时,人们会有以下表现:

生理反应:心悸、胸疼、头疼、掌心冰冷或出汗、消化系统问题(胃部不适、腹泻)、恶心或呕吐、皮肤问题(荨麻疹、疱疹)及免疫力降低。

情绪反应:易怒、急躁、忧虑、紧张、冷漠、焦虑不安、恐惧、崩溃等。

行为反应:反应迟钝、失眠、嗜吃或厌食、拖延、过度吸烟或饮酒、滥用药物等。

精神反应:注意力难以集中,表达能力、记忆力、判断力下降,消极,优柔寡断等。

2.压力管理方法

进行压力管理可以分为宣泄、放松训练、咨询3种方式。

宣泄是一种对压力的释放方式。可采取各种办法,如在没人的地方大叫,或做剧烈运动、唱歌等。有研究表明,体育运动、家务劳动等对减轻压力是非常有益的。

放松训练可以通过渐进性肌肉放松的方式,进行心理和生理的暗示,达到放松身体,缓解紧张、焦虑、失眠等压力过大的反应。

咨询即向专业心理人员或亲朋好友倾诉自己心中的郁闷紧张情绪。不论被倾诉对象能否为自己排忧解难,倾诉本身就是一种很好的调整压力的方法。

"压力管理"学习单

[活动目标]

认识心理压力,识别心理压力过大的表现;通过体验心理设备,学会放松心情;掌握压力管理的几种方法;培养运用压力管理的方法帮助别人的意识。

[活动方案]

刚才我们体验了这么多心理设备,同学们都有哪些感受?学到了哪些减轻压力的方法?生活中,还有哪些好的方法可以减轻我们的心理压力?请大家分组讨论以上三个问题,并向全班同学展示讨论结果。

"压力管理"小组活动方案表

小组名称：   日期：

我们的体验：
学习到的减压方法：
生活中遇到的其他问题和减压方法：
我们这样分工：
我们遇到了这些困难：
我们的想法和感悟：

[评价反思]

评价表

小组成员：   总分：

评价项目	评价等级		
	一级（3分）	二级（2分）	三级（1分）
心理设备体验	体验丰富、表述清晰、内容合理	能初步说出感受和想法	没有感受和想法，或者想法不合理
本堂课学到的减压方法	能准确归纳出在体验中学到的几种减压方法，并运用于实际	表述出了体验中的几种减轻心理压力的方法	方法总结不清楚，内容不到位
其他减压方法	能够举一反三，创造性地列举出三个及以上的其他减压方法	能想到两个其他的减压方法	总结出一个减压方法

肩扛导弹

适用年级：初中　　建议时间：60 分钟

▌ 活动目标

探究肩扛导弹的结构和特点，懂得新式武器在现代战争中的作用，增强国防意识和爱国思想；培养热爱尖端科学的兴趣，增强维护世界和平的意识。

▌ 活动准备

材料：纸、笔、导入图片、视频及活动所需其他材料。

场地：肩扛导弹馆。

▌ 活动实施

1.情境导入

教师播放建军 90 周年阅兵式上导弹部队录像片段，学生说说自己对导弹以及新式武器的认识与了解，分享自己了解的武器名称以及作用，教师重点介绍肩扛导弹。

2.知识预备

（1）单兵肩扛式防空导弹的优点。单兵肩扛式防空导弹也称便携式防空导弹，是防空导弹系列中体积最小、质量最轻、射程最近、射高最小的轻型防空武器，具有以下优点：

> **价格低廉**
>
> · 美国雷锡恩公司副总裁迈克尔·布恩称，普通的肩扛式防空导弹在黑市上用 5 000 美元就可以买到。低廉的价格使许多发展中国家甚至组织都买得起，而它可以用来攻击价值几百万甚至数千万美元的飞机

（2）单兵肩扛式防空导弹的结构。

"毒刺"和"萨姆"肩扛式导弹都分成两部分：瞄准器和发射管，瞄准器只有旅行用的铝水壶大小，发射管有两三米长，组装时把瞄准器卡在管子上即可。使用时，发射者头上通常戴一个耳机，用导弹的导引头对准目标，耳机里会发出"嘟、嘟"的声音，当出现"嘟"的长声时，表明目标已经锁定，直接击发即可。

3.布置任务

任务:体验肩扛导弹的发射。

要求:严格遵守教师的指令,模拟肩扛导弹的发射,填写活动方案表。

4.制订方案

"肩扛导弹"小组活动方案表

小组名称: 日期:

项目任务:
有关肩扛导弹的疑问:
操作步骤:
操作注意事项:

肩扛导弹成绩表

序号	姓名	成绩	名次

心得与体会:

5.任务实施

学生以小组为单位,根据教师的指导操作仪器,填写活动方案表。

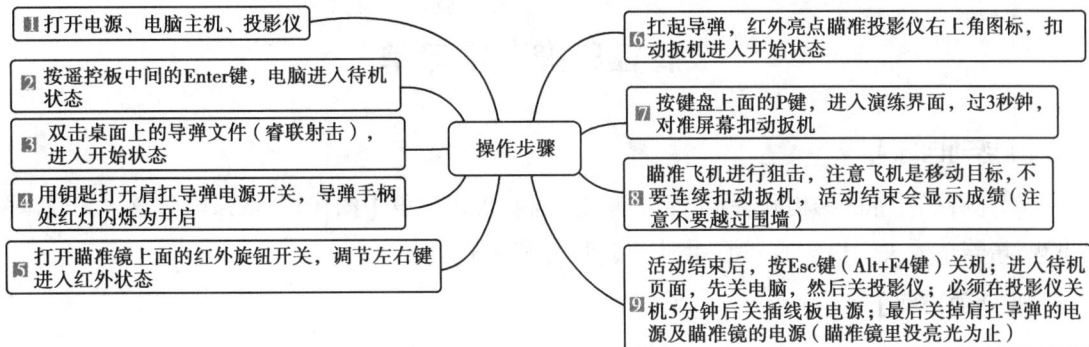

```
                                          ┌─ ⑥ 扛起导弹，红外亮点瞄准投影仪右上角图标，扣
① 打开电源、电脑主机、投影仪 ─┐          │     动扳机进入开始状态
                              │          │
② 按遥控板中间的Enter键，电脑进入待机 ┤   ├─ ⑦ 按键盘上面的P键，进入演练界面，过3秒钟，
   状态                        │          │     对准屏幕扣动扳机
                              │          │
③ 双击桌面上的导弹文件（睿联射击），┤ 操作步骤 ├─ ⑧ 瞄准飞机进行狙击，注意飞机是移动目标，不
   进入开始状态                 │          │     要连续扣动扳机，活动结束会显示成绩（注
                              │          │     意不要越过围墙）
④ 用钥匙打开肩扛导弹电源开关，导弹手柄 ┤   │
   处红灯闪烁为开启             │          ├─ ⑨ 活动结束后，按Esc键（Alt+F4键）关机；进入待机
                              │                页面，先关电脑，然后关投影仪；必须在投影仪关
⑤ 打开瞄准镜上面的红外旋钮开关，调节左右键 ┘      机5分钟后关插线板电源；最后关掉肩扛导弹的电
   进入红外状态                                  源及瞄准镜的电源（瞄准镜里没亮光为止）
```

◤ 活动总结

1.展示与交流

根据射击结果,总结成功与失败的经验和教训,分享活动感受,说出自己对新式武器的发展、武器的合理使用以及国防发展等的观点和看法,了解"强我国防,珍爱和平"永远是每一个爱和平的中国人的心声。

2.评价与反思

学生以小组为单位,按照评价表对其他小组进行评价。

评价表

小组成员：   总分：

评价项目	评价等级		
	一级（3分）	二级（2分）	三级（1分）
射击	能够严格遵守教师的指令，完成肩扛导弹的模拟发射，且射击成绩进入前三名，完成活动方案表的填写	能够遵守教师的指令，完成肩扛导弹的模拟发射，且射击成绩居中，完成大部分活动方案表的填写	未能遵守教师的指令，完成肩扛导弹的模拟发射，且射击成绩垫底，未完成活动方案表的填写

评价项目	评价等级		
	一级(3分)	二级(2分)	三级(1分)
表达	能够有条理、有逻辑地说出自己对新式武器的发展、武器的合理使用以及国防发展等的观点和看法	能够说出自己对新式武器的发展、武器的合理使用以及国防发展等的观点和看法	无法准确表达自己对新式武器的发展、武器的合理使用以及国防发展等的观点和看法,表达没有条理

"肩扛导弹"学习单

[活动目标]

探究肩扛导弹的结构和特点,懂得新式武器在现代战争中的作用,增强国防意识和爱国思想;培养热爱尖端科学的兴趣,增强维护世界和平的意识。

[活动方案]

"肩扛导弹"小组活动方案表

小组名称: 日期:

项目任务:
有关肩扛导弹的疑问:
操作步骤:
操作注意事项:

肩扛导弹成绩表			
序号	姓名	成绩	名次

心得与体会：

[评价反思]

评价表

小组成员：   总分：

评价项目	评价等级		
	一级(3分)	二级(2分)	三级(1分)
射击	能够严格遵守教师的指令，完成肩扛导弹的模拟发射，且射击成绩进入前三名，完成活动方案表的填写	能够遵守教师的指令，完成肩扛导弹的模拟发射，且射击成绩居中，完成大部分活动方案表的填写	未能遵守教师的指令，完成肩扛导弹的模拟发射，且射击成绩垫底，未完成活动方案表的填写
表达	能够有条理、有逻辑地说出自己对新式武器的发展、武器的合理使用以及国防发展等的观点和看法	能够说出自己对新式武器的发展、武器的合理使用以及国防发展等的观点和看法	无法准确表达自己对新式武器的发展、武器的合理使用以及国防发展等的观点和看法，表达没有条理

情绪管理

适用年级：初中　　建议时间：120 分钟

◤ 活动目标

通过小组讨论和学习，认识情绪是什么，了解情绪的种类；通过排练和表演情景剧，学会识别自己和他人的情绪；初步了解情绪管理的几种方法。

◤ 活动准备

材料：学习单、评价表、教学课件及活动所需其他材料。

场地：心理活动馆。

◤ 活动实施

1.情境导入

情绪是什么？在生活中你遇到的情绪有哪些？

指导建议：①教师提问，要求学生分小组讨论 5 分钟，并派成员回答讨论结果；②由教师总结：情绪是对一系列主观认知经验的通称，是多种感觉、思想和行为综合产生的心理和生理状态。人类的 4 种基本情绪为喜、怒、哀、惧，即喜悦、愤怒、悲伤、恐惧，情绪种类有几百种，如嫉妒、惭愧、羞耻、自豪等，情绪并没有好坏之分。

2.布置任务：情绪小剧场

在我们的生活中，我们会遇到各种生活事件，从中经历丰富的情绪体验，面对不同的情绪，我们也有不同的应对方式，请每一组同学任选一个生活事件，自编一个情绪情景剧，并向全班同学展示。

要求：①排练时间为 20 分钟，表演时间为 5 分钟；②可以表演一种或多种情绪的现象和反应；③每一个成员都要有任务和台词；④思考小组所表达的情绪应该怎么应对和处理，并在情景剧里展现管理情绪的方法。

指导建议：教师举例说明生活中的情绪事件，向同学展现事件中人物的情绪表现，以及正确的应对方式。

3.制订方案

"情绪管理"小组活动方案表

小组名称：	日期：
我们表演的情绪：	
管理情绪的方法：	

我们的剧本：
我们这样分工：
我们遇到的困难：
在表演中,我们学到了：

4.执行任务

小组成员分工合作,并填写学习单。

(1)设计剧本:小组合作,讨论情景剧主题,并写好剧本和台词。

(2)确定分工:确认每一个成员的角色以及表演内容。

(3)排练剧本:分组排练情景剧。

指导建议:教师巡视指导,对于有困难的小组可以进行一些指导。

▌活动总结

1.展示与交流

(1)学生以小组为单位,展示每组排练的情景剧。

(2)教师引导学生思考:情景剧所展示的情绪是什么? 剧中的应对和处理方式有哪些? 剧中表现的处理方式是否合理? 如果是你自己,会怎么办?

(3)各小组根据评价表进行投票,只能投本组以外的作品。根据投票结果选出优胜小组。

指导建议:①教师需根据学生所了解到的相关知识,加以引导、补充和修正,指导学生对生活问题进行思考。②通过引导和提升本课内容,增强学生的毅力、耐心及团队精神。

2.评价与反思

学生以小组为单位,按照评价表对其他小组进行评价。

评价表

小组成员：   总分：

评价项目	评价等级		
	一级（3分）	二级（2分）	三级（1分）
情绪表达	情景剧表现情绪主题到位，内容丰富	初步展示了情绪表现	情绪表达不丰富
表演能力	小组成员分工明确，剧本结构合理，表达能力好，展示效果佳	能表现出剧本内容，小组成员表演能力较好	表演能力不太好，内容表述不清
情绪应对方式	情绪应对方式表演清晰，方法合理	情绪应对方式表演较清晰，方法比较合理	没有表演应对和处理方式

指导建议：在评价环节中，教师应事先让学生了解评价标准，要求学生熟悉这些评价表格的内容，对评价标准中的能力培养目标或要求做到心中有数。

拓展

教师结合任务目标及学生表现对活动做出小结，介绍情绪管理的几种方式，并强调各种情绪反应是正常现象，如果出现情绪失控现象，可以寻求教师和心理教师的帮助。

知识链接

1.认识情绪和情绪管理

情绪是对一系列主观认知经验的通称，是多种感觉、思想和行为综合产生的心理和生理状态。情绪管理是指通过研究个体和群体对自身情绪和他人情绪的认识、协调、引导、互动和控制，充分挖掘和培植个体和群体的情绪智商，培养驾驭情绪的能力，从而确保个体和群体保持良好的情绪状态，并由此产生良好的管理效果。情绪管理的能力即情绪智力，简称情商，包括以下5种能力：情绪的自我觉察能力、情绪的自我调控能力、情绪的自我激励能力、对他人情绪的识别能力、处理人际关系的能力。

2.情绪管理方法

（1）心理暗示法：个人通过语言、形象、想象等方式，对自身施加影响的心理过程。例如，如果默念"喜笑颜开""兴高采烈"之类的语句，那么他的心里也会产生一种乐滋滋的体验。

（2）注意力转移法：把注意力从引起不良情绪反应的刺激情境，转移到其他事物上或从事其他活动的自我调节方法。当出现情绪不佳的情况时，要把注意力转移到使自己感兴趣的事上去，如外出散步、看电影、看电视、读书、打球、下棋等，有助于使情绪平静下来。

（3）适度宣泄法：过分压抑只会使情绪困扰加重，而适度宣泄则可以把不良情绪释放出来，从而使紧张情绪得以缓解、轻松。适度宣泄法通常采用倾诉、体育锻炼、听音乐等方式。

（4）自我安慰法：当一个人遭遇不幸或挫折时，为了避免精神上的痛苦或不安，可以找出一种合乎内心需要的理由来说明或辩解。例如，当人们遇到情绪问题时，经常用"胜败乃兵家常事""塞翁失马，焉知非福""坏事变好事"等词语来进行自我安慰。

(5)交往调节法:某些不良情绪常常是由人际关系矛盾和人际交往障碍引起的,因此,在情绪不稳定时,找人谈一谈具有缓和、抚慰、稳定情绪的作用。

(6)情绪升华法:升华是改变不为社会所接受的动机和欲望,而使之符合社会规范和时代要求。如某同学因遇到家庭的变故而痛苦万分,但他没有因此而消沉,而是把注意力转移到学习中,立志做生活的强者,证明自己的能力。

"情绪管理"学习单

[活动目标]

通过小组讨论和学习,认识情绪是什么,了解情绪的种类;通过排练和表演情景剧,学会识别自己和他人的情绪;初步了解情绪管理的几种方法。

[活动方案]

"情绪管理"小组活动方案表

小组名称: 　　　　　　　　　　　　　　　　　　　　　　　　　日期:

我们表演的情绪:
管理情绪的方法:
我们的剧本:
我们这样分工:
我们遇到的困难:
在表演中,我们学到了:

［评价反思］

评价表

小组成员：   总分：

评价项目	评价等级		
	一级(3分)	二级(2分)	三级(1分)
情绪表达	情景剧表现情绪主题到位，内容丰富	初步展示了情绪表现	情绪表达不丰富
表演能力	小组成员分工明确，剧本结构合理，表达能力好，展示效果佳	能表现出剧本内容，小组成员表演能力较好	表演能力不太好，内容表述不清
情绪应对方式	情绪应对方式表演清晰，方法合理	情绪应对方式表演较清晰，方法比较合理	没有表演应对和处理方式

文化

WENHUA

探究铜梁龙文化

适用年级：初中　　建议时间：120分钟

◈ 活动目标

　　归纳总结铜梁龙的特征，探究铜梁龙的制作工艺、铜梁龙舞民俗活动等，了解龙文化在铜梁文化以及中华民族文化中的寓意与地位；运用美术绘画的技能，绘制铜梁龙舞民俗文化图片，提升对家乡文化的热爱与自豪之情。

◈ 活动准备

　　材料：书籍、电脑、照相机、绘画工具材料、记事本、笔、辅助教学视频或图片及活动所需其他材料。

　　场地：教室。

◈ 活动实施

1.情境导入

　　如今的铜梁城区，大到文化广场、标志建筑，小到城市路标、路灯，都有龙元素的深刻植入。以龙文化作为重要考量，城市建筑形态、功能、天际线、色彩设计都经过了深思熟虑。

　　参加过奥运会开幕式、国庆庆典、海外表演，被列入首批国家级非物质文化遗产的重庆铜梁龙舞在海内外舞台大放异彩，铜梁龙成了铜梁人、重庆人甚至国人的骄傲。教师播放铜梁龙舞视频，学生结合自身的生活实际，分享自己对铜梁龙舞的了解与认识。

2.布置任务

　　任务：探究铜梁龙文化。

　　要求：在规定时间内，用绘画的形式表现自己对铜梁龙文化的了解，再现铜梁龙舞的神韵。

3.知识探究

　　通过网络、书籍，结合教师介绍，了解铜梁龙的基本种类、特征、制作工序，以及铜梁龙舞民俗活动等。

（1）铜梁龙制品的基本种类。

铜梁龙制品的基本种类

龙灯舞：大蠕龙、火龙、稻草龙、笋壳龙、黄荆龙、板凳龙、正龙、小彩龙、竹梆龙、荷花龙等，其中以火龙和大蠕龙最为闻名

彩灯舞：鱼跃龙门、泥鳅吃汤圆、三条鲹、十八学士、亮狮、开山虎、蚌壳精、犀牛望月、猪啃南瓜、高台龙狮舞、雁塔题名、南瓜棚等

大蠕龙

（2）铜梁龙的特征。铜梁龙的特征可归纳为大、长、活三个字。"大"不仅指体形，而且指造型夸张，美工上集国画、素描、剪纸、刺绣等技巧于一体，并参考戏剧脸谱的描绘手法，彩笔走脊、描箸，着重突出龙的气质，使其神采丰腴、气势磅礴。龙身长一般在24节左右，比例适中，舞动灵活。"活"是说龙舞操作中引入机械原理，研制出手摇、发条、电动等各种方式，使龙腾跃翻卷更加灵动潇洒，活灵活现。

（3）铜梁龙的制作工序。

①选材：主要材料是竹篾，需要从山上采伐竹子、剖篾、晾干备用；其次要备好裱糊用的绵纸或纺织品、彩绘用的颜料以及装饰用的鳞片等

②设计：简单的或者熟悉的造型一般都潜藏在艺人的脑海中，而复杂的造型则需设计出图纸，然后照图施工

③造型：即制作骨架。通常用晾干的竹篾即可，大型的作品则需要用到铅丝、角钢等，以增加其稳固性。构成骨架的各部分用纸捻、棉带等连接、固定。骨架是分部分扎制的，比如一条龙就分龙头、龙身和龙尾三个部分。骨架扎好后，有的还要在骨架内装上灯泡、电动机以及音乐芯片等，这样的龙灯有声、有光、可动，使其观赏性大大增强

④裱糊：在20世纪中叶以前，铜梁龙灯大多使用绵纸，只有极少数高档品用绸料。近些年来全部改为纺织布料。经过胶矾处理后的布料通过巧妙裁剪，就可以裱糊到骨架上，龙灯的雏形也就一目了然了

铜梁龙的制作工艺

⑤彩绘：千百年来，铜梁龙灯的彩绘都是使用民间染料，现在也开始使用其他现代绘画颜料，但总体倾向于纯色，使其民间特色更为浓烈。先是用中国画的白描手法勾勒出圆润、刚劲、有韵味的墨线；再打出底色后，按先淡后浓的顺序填色，最后可以用白粉提出边线

⑥安装：将裱糊好的各部件用棉带连接成一个整体（有的大型灯组还需要焊机焊接）。供玩舞的龙灯道具还要装上竹棍作把手，便于玩舞者掌握

⑦装饰：将备好的牙齿、龙须、鳞片、飞鬃、脊毛、腹鳍依次装点上去。繁复的装饰，各种风韵情致与久远的庄严稳重统一在一起，风姿卓然，气势恢宏

（4）铜梁龙舞民俗活动。

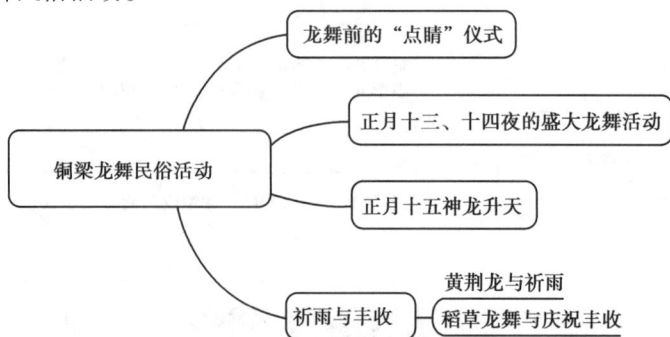

4.欣赏图片

教师出示画作《铜梁龙献舞天安门》图片，学生欣赏，感受画作如何生动再现铜梁龙文化经典，让世人从美术角度领略铜梁龙灯风采的艺术造诣。学生结合铜梁龙舞的特点，从色彩、人物造型等角度对画作进行赏析。

铜梁龙献舞天安门

指导建议：①教师引导学生对图片从整体与细节进行把控，鼓励学生说出自身感受；②教师也可引导学生对画作进行分析解读：画作色彩鲜艳绚丽，人物造型夸张充满精气神，画面生动形象，充满浓郁的时代气息和强烈的地域特色。

5.制订方案

"探究铜梁龙文化"小组活动方案表

小组名称： 日期：

小组成员		组长	
所需工具材料：			
绘画主题：			
主题分析与解读：			
问题与困难：			

6.任务实施

(1)确定主题。小组根据探究所得知识、铜梁龙舞的图片以及视频,选取精彩部分,确定主题内容。

(2)绘画创作。学生根据活动方案表,对铜梁龙舞进行绘画创作。

活动总结

1.展示与交流

分别展示本组的作品,阐述作品如何体现铜梁龙舞的特点,分享创作过程遇到的问题与困难,其他同学对展示作品进行评价。

2.评价与反思

学生以小组为单位,按照评价表对其他小组进行评价。

评价表

小组成员: 总分:

评价项目	评价等级		
	一级(3分)	二级(2分)	三级(1分)
实践	能够结合小组对铜梁龙文化的探究所学,创作出非常切合主题的作品,顺利完成任务	能够根据探究过程中查找的图片完成画作,完成任务	未能根据探究结果完成画作
交流	能对创作作品的主题与思路以及铜梁龙的特点等进行准确、明晰的阐述	能对创作作品的主题与思路以及铜梁龙的特点等进行明晰的阐述	对创作作品的主题与思路以及铜梁龙的特点等叙述含糊不清

"探究铜梁龙文化"学习单

[活动目标]

归纳总结铜梁龙的特征,探究铜梁龙的制作工艺、铜梁龙舞民俗活动等,了解龙文化在铜梁文化以及中华民族文化中的寓意与地位；运用美术绘画的技能,绘制铜梁龙舞民俗文化图片,提升对家乡文化的热爱与自豪之情。

[活动方案]

"探究铜梁龙文化"小组活动方案表

小组名称： 日期：

小组成员		组长	
所需工具材料：			
绘画主题：			
主题分析与解读：			
问题与困难：			

[评价反思]

"探究铜梁龙文化"个人总结与反思

姓名： 日期：

我对铜梁龙文化的认识：
我的活动感受：

评价表

小组成员： 总分：

评价项目	评价等级		
	一级(3分)	二级(2分)	三级(1分)
实践	能够结合小组对铜梁龙文化的探究所学,创作出非常切合主题的作品,顺利完成任务	能够根据探究过程中查找的图片完成画作,完成任务	未能根据探究结果完成画作
交流	能对创作作品的主题与思路以及铜梁龙的特点等进行准确、明晰的阐述	能对创作作品的主题与思路以及铜梁龙的特点等进行明晰的阐述	对创作作品的主题与思路以及铜梁龙的特点等叙述含糊不清

安居古镇小导游

适用年级：初中　　建议时间：120分钟

活动目标

通过查阅安居古镇景区游览手册、上网收集信息的方式，了解安居古镇自然风光、旅游景点、旅游线路等，能够制订出游计划，做好出游攻略；学写导游词，进行初步的导游职业体验；强化对当地人文历史的理解，形成对家乡的热爱之情。

活动准备

材料：景区旅游手册、导游旗（每组一面，不同颜色）、哨子、记事本、矿泉水、食物、相机、纸、笔及活动所需其他材料。

场地：主题活动室及安居古镇。

活动实施

1.情境导入

教师分享安居古镇景区的美景图片或自己到景区旅游的图片，讲解有趣见闻。旅游时，我们常常赞叹导游流畅的导游词和贴心的服务，你是否愿意在安居古镇景区体验导游职业呢？

2.任务要求

任务：安居古镇导游体验。

要求：①小组合作完成景区一个景点的导游任务；②自主设计导游词，并规划此景点的导游路线。

3.讨论问题

做导游可不是一件容易的事，在一个景点做导游，需要为游客提供哪些服务，做哪些准备工作呢？围绕项目任务，提出你的问题，回顾旅游的经历，和同学们一起商量对策。

4.制订方案

"安居古镇小导游"小组活动方案表

小组名称：   日期：

小组成员		组长	
所需物品：			
负责导游景点名称：			
拟定导游词：			
活动策略(分工、具体活动步骤等)：			
感想、建议：			

5.任务实施

(1)以小组为单位,规划出游计划和攻略,收集图书资料和网络资源,编写导游词。

(2)当游客来到本组负责的导游景点,负责导游解说的同学依据导游词给予解说,本组同学注意及时补充讲解。

(3)在本小组对景点导游解说完后,请陪同的专业导游补充或更正。

(4)本组同学注意记录更正的内容,并及时填写到小组活动方案中。

```
                                        问候、欢迎语
                                        介绍自己或旅行社
                                        介绍司机和车型、车牌
                              开头语     介绍旅游时间、地点和行程安排
                                        交代游览注意事项
                     习惯用语            表达对游客的希望
                                        总结旅游情况
                              告别语     感谢游客配合、希望提出意见
           导游词    概况介绍
                    简单介绍景点的地理位置、历史、现状和发展前景等
                    重点讲解
                    对旅游线路上的重点景观从景点成因、历史传说、文化背景、
                    审美功能等方面进行详细的讲解，使旅游者对旅游目的地有一
                    个全面、正确的了解，同时提醒旅游者注意自己携带的东西，
                    保管好自己随身的物品，这是导游词最重要的组成部分
```

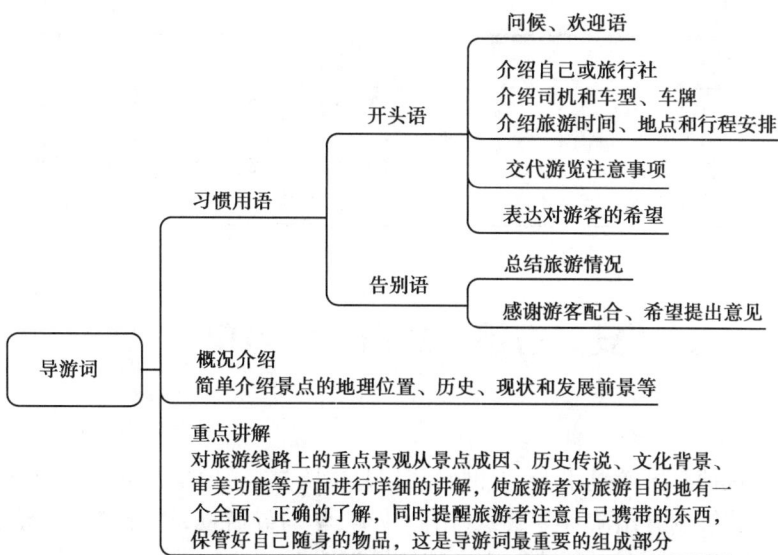

指导建议：①教师事先联络景区负责人，确定游览路线和时间。②邀请专业导游陪同指导，预备景区游览手册等资料供学生参考。③准备好往返交通工具，确保学生在明确活动规则的前提下，带领学生前往目的地开展活动。④教师需要介绍景区观光景点，讲解写景点解说词要注意的事项，提醒学生爱护动植物，注意环境卫生，安全有序地开展活动。⑤学生在活动过程中必须听从教师安排，在规定时间和指定区域内活动，不得擅自离队。

活动总结

1.展示与交流

各小组展示导游活动，比较各组导游词及导游活动有什么不同。交流导游过程中遇到的具体问题以及解决问题的办法，分享体验活动体会。

2.评价与反思

学生以小组为单位，按照评价表对其他小组进行评价。

评价表

小组成员：   总分：

评价项目	评价等级		
	一级（3分）	二级（2分）	三级（1分）
合作	能讨论制订详细的活动方案，共同参与写导游词，积极协助本组导游解说工作	能讨论制订活动方案，积极参与写导游词，能协助本组导游解说工作	未能讨论制订活动方案，未能及时协助本组导游解说工作
实践	能按计划开展活动，能够收集、汇总、整理信息，形成高质量的导游词，导游活动开展顺利，能记录、叙述所有景点的观光印象，顺利完成任务	能按计划开展活动，能够收集、汇总、整理信息，形成导游词，导游活动开展顺利，能记录、叙述所有景点的观光印象，完成任务	未能制订合理计划，能够收集、汇总信息，但形成的导游词内容不全面，未能完成全部任务

评价项目	评价等级		
	一级(3分)	二级(2分)	三级(1分)
交流	汇报材料准备充分,叙述有条理,积极分享活动体会	能准备汇报材料,叙述清晰并能分享活动体会	未能准备汇报材料,汇报叙述含糊不清

"安居古镇小导游"学习单

[活动目标]

通过查阅安居古镇景区游览手册、上网收集信息的方式,了解安居古镇自然风光、旅游景点、旅游线路等,能够制订出游计划,做好出游攻略;学写导游词,进行初步的导游职业体验;强化对当地人文历史的理解,形成对家乡的热爱之情。

[活动方案]

"安居古镇小导游"小组活动方案表

小组名称: 　　　　　　　　　　　　　　　　　　　　　　　　　　日期:

小组成员		组长	
所需物品:			
负责导游景点名称:			
拟定导游词:			
活动策略(分工、具体活动步骤等):			
感想、建议:			

[评价反思]

"安居古镇小导游"个人总结与反思

姓名：　　　　　　　　　　　　　　　　　　　　　　　　　　　　　日期：

我认为写导游词最难的是：
我认为当好导游需要具有以下素质：

评价表

小组成员：　　　　　　　　　　　　　　　　　　　　　　　　　　总分：

评价项目	评价等级		
	一级(3分)	二级(2分)	三级(1分)
合作	能讨论制订详细的活动方案,共同参与写导游词,积极协助本组导游解说工作	能讨论制订活动方案,积极参与写导游词,能协助本组导游解说工作	未能讨论制订活动方案,未能及时协助本组导游解说工作
实践	能按计划开展活动,能够收集、汇总、整理信息,形成高质量的导游词,导游活动开展顺利,能记录、叙述所有景点的观光印象,顺利完成任务	能按计划开展活动,能够收集、汇总、整理信息,形成导游词,导游活动开展顺利,能记录、叙述所有景点的观光印象,完成任务	未能制订合理计划,能够收集、汇总信息,但形成的导游词内容不全面,未能完成全部任务
交流	汇报材料准备充分,叙述有条理,积极分享活动体会	能准备汇报材料,叙述清晰并能分享活动体会	未能准备汇报材料,汇报叙述含糊不清

铜梁自然风光摄影

适用年级：初中　　建议时间：150分钟

活动目标

运用美术学科构图的知识与技能，学习风光摄影的基本技巧，学会使用必要的滤镜，掌握必要的图片处理技能；围绕铜梁风景区，进行有主题的拍摄，表达对景区独特自然风光的理解，培养热爱家乡的情怀。

活动准备

材料：自备数码相机、纸、笔、导入视频或图片及活动所需其他材料。

场地：铜梁某风景区。

活动实施

1.情境导入

铜梁山川秀美，自古有"铜梁八景"和市级风景名胜区巴岳山、玄天湖、温泉旅游度假区等旅游资源。如何宣传景区瑰丽神奇的景色，吸引更多的游人呢？让我们尝试用镜头记录铜梁的景色。

2.布置任务

任务：举办铜梁自然风光摄影展。

要求：①以小组为单位，进行有主题的摄影；②围绕主题选择照片，制作不少于20张照片、图文并茂的电子相册。

3.讨论问题

和同学们讨论，自然风景拍摄与用镜头记录日常生活有什么不同？如果要确定拍摄主题，需要了解风景区才能确定拍摄的内容。后期的图片处理与制作用什么软件完成呢？

4.制订方案

"铜梁自然风光摄影"小组活动方案表

小组名称： 日期：

地点			组长	
任务：				
主题、构思：				
活动策略(分工,如何运用突出主题的摄影技巧、步骤等)：				
后期图片处理与电子相册制作：				
电子相册发布的链接：				
体会和感想：				

5.任务实施

（1）收集信息，确定主题。收集铜梁景区的相关信息，借鉴电子相册中的优秀作品，和小组同学共同确定主题构思以及表现主题的拍摄内容清单。根据不同季节和设备情况，可以选择不同的主题，如植物、动物、游人等。

（2）学习风光摄影的基本方法。根据主题需要，和小组伙伴自主学习风光摄影中相机和镜头的选择，取景与构图的方法，不同季节气候条件下光线、景深、曝光的控制等，并做初步尝试，确保在实景拍摄中能运用这些方法。

（3）实景拍摄。进入铜梁风景区，按主题计划进行实景拍摄，注意人身与设备的安全，离开前小组集中汇总拍摄情况，确定是否需要补拍。

（4）图片处理，制作相册。采集照片，根据主题进行图片比对、筛选，对选中的图片利用图片处理软件进行后期的加工处理。配上音乐，制作成图文并茂的电子相册，在基地摄影平台上发布。

指导建议：①教师可根据与基地的距离、季节等因素选择合适的景区，事先联络景区，准备好往返交通工具，确保学生在明确活动规则的前提下，带领学生前往目的地开展活动。②不必一一讲解摄影方法和技巧，可为学生提供多样化的学习渠道，如关于风光摄影的微课、相关的书籍，前期学生的摄影作品也是重要的参考，学生也可自主通过网络学习摄影技巧。③后期图片处理和制作电子相册所应用的软件，教师不必强行统一，可由学生根据喜好自主选择，需要为学生提供相关的编辑设备和制作环境。

◤ 活动总结

1.展示与交流

欣赏同学们发布在基地摄影平台上的电子相册，分析照片内容是否能突出拍摄主题。交流在照片拍摄、后期处理和电子相册制作中遇到的问题和做法，选择照片参加基地影展。

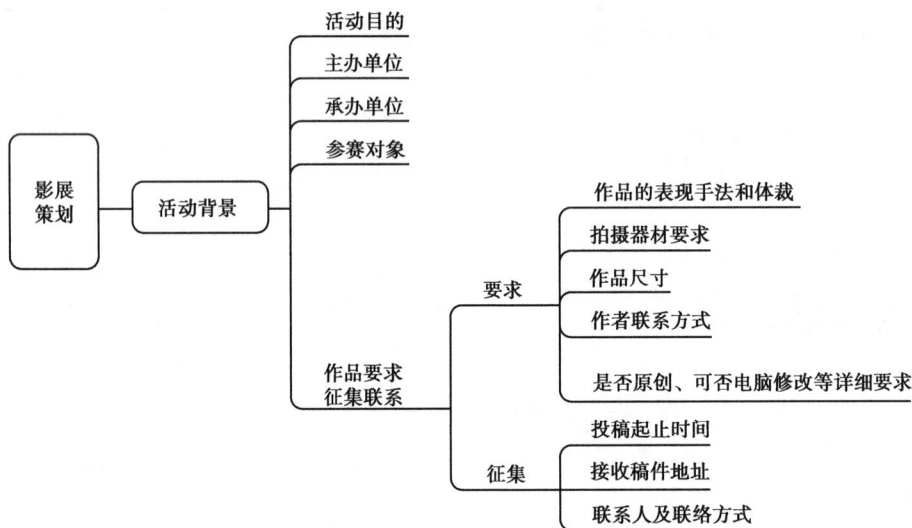

影展策划 → 活动背景 → 活动目的 / 主办单位 / 承办单位 / 参赛对象

作品要求征集联系 → 要求 → 作品的表现手法和体裁 / 拍摄器材要求 / 作品尺寸 / 作者联系方式 / 是否原创、可否电脑修改等详细要求

征集 → 投稿起止时间 / 接收稿件地址 / 联系人及联络方式

2.评价与反思

学生以小组为单位，按照评价表对其他小组进行评价。

评价表

小组成员： 　　　　　　　　　　　　　　　　　　　　　　　　　　总分：

评价项目	评价等级		
	一级（3分）	二级（2分）	三级（1分）
合作	能积极讨论确定拍摄主题与构思，小组成员既有分工又有合作	能讨论确定拍摄主题与构思，有分工，能协作	未能确定统一的主题，小组成员无合作态度
实践	能按小组确定的计划，运用所学拍摄技巧，拍出非常切合主题的作品，顺利完成任务	能按小组确定的计划，用到所学拍摄技巧，拍出切合主题的作品，完成任务	未能制订好小组计划，拍摄的作品未能完全表现主题
交流	能对本组的拍摄主题、构思及运用技巧等进行准确、明晰的阐述	能对本组的拍摄主题、构思及运用技巧等进行明晰的阐述	对本组的拍摄主题、构思及运用技巧等叙述含糊不清

"铜梁自然风光摄影"学习单

［活动目标］

运用美术学科构图的知识与技能，学习风光摄影的基本技巧，学会使用必要的滤镜，掌握必要的图片处理技能；围绕铜梁风景区，进行有主题的拍摄，表达对景区独特自然风光的理解，培养热爱家乡的情怀。

［活动方案］

"铜梁自然风光摄影"小组活动方案表

小组名称： 　　　　　　　　　　　　　　　　　　　　　　　　　日期：

地点		组长	
任务：			
主题、构思：			
活动策略（分工，如何运用突出主题的摄影技巧、步骤等）：			
后期图片处理与电子相册制作：			

续表

电子相册发布的链接：
体会和感想：

[评价反思]

"铜梁自然风光摄影"个人总结与反思

姓名：　　　　　　　　　　　　　　　　　　　　　　　　　　　　日期：

我的表现：
我学到如下运用突出主题的拍摄技巧：
我还希望了解：

评价表

小组成员：　　　　　　　　　　　　　　　　　　　　　　　　总分：

评价项目	评价等级		
	一级（3分）	二级（2分）	三级（1分）
合作	能积极讨论确定拍摄主题与构思，小组成员既有分工又有合作	能讨论确定拍摄主题与构思，有分工，能协作	未能确定统一的主题，小组成员无合作态度
实践	能按小组确定的计划，运用所学拍摄技巧，拍出非常切合主题的作品，顺利完成任务	能按小组确定的计划，用到所学拍摄技巧，拍出切合主题的作品，完成任务	未能制订好小组计划，拍摄的作品未能完全表现主题
交流	能对本组的拍摄主题、构思及运用技巧等进行准确、明晰的阐述	能对本组的拍摄主题、构思及运用技巧等进行明晰的阐述	对本组的拍摄主题、构思及运用技巧等叙述含糊不清

巴蜀文化大家谈

适用年级：初中　　建议时间：120 分钟

◢ 活动目标

　　了解什么是巴蜀文化,巴蜀文化的渊源以及巴蜀文化的特点;小组合作进行巴蜀文化主题演讲比赛;联系实际,分享巴蜀文化精粹,感受巴蜀文化的魅力。

◢ 活动准备

　　材料:记事本、电脑、投影设备、笔、纸、导入视频或图片及活动所需其他材料。
　　场地:旅游资源区。

◢ 活动实施

　　1.情境导入

　　教师播放视频《变脸》,吸引学生注意力,追问学生知道巴蜀文化的变脸吗? 对巴蜀文化了解多少? 讨论什么是巴蜀文化? 巴蜀文化的渊源及特点有哪些? 你愿意用演讲的方式与大家分享吗?

　　指导建议:教师引导学生查找资料,上网搜索更多关于巴蜀文化的相关知识。为活跃气氛,教师可安排几分钟的小游戏活动。

　　2.布置任务

　　任务:巴蜀文化大家谈。

　　要求:①小组合作,确定一个巴蜀文化主题;②各小组派 1~2 名同学进行演讲;③每位演讲者用时不超过 5 分钟,内容要求全面、有感染力、富有正面启迪意义。

　　3.收集资料

　　学生以小组为单位,围绕本组的巴蜀文化主题进行资料收集和分类整理,并充分讨论协商活动开展的方法策略与注意事项。

4.制订方案

"巴蜀文化大家谈"小组活动方案表

小组名称： 日期：

演讲人		演讲时长	
任务：			
演讲的巴蜀文化主题及内容要点：			
活动策略(分工安排,演讲技巧,活动方法、步骤等)：			
收集信息资料记录：			

5.任务实施

(1)小组收集并整理演讲的基本知识及注意事项资料。

(2)讨论读书的目的,准备演讲稿。小组内部进行演讲排练。

(3)按抽签顺序,小组负责演讲的同学依次发表演讲。

(4)演讲参考：

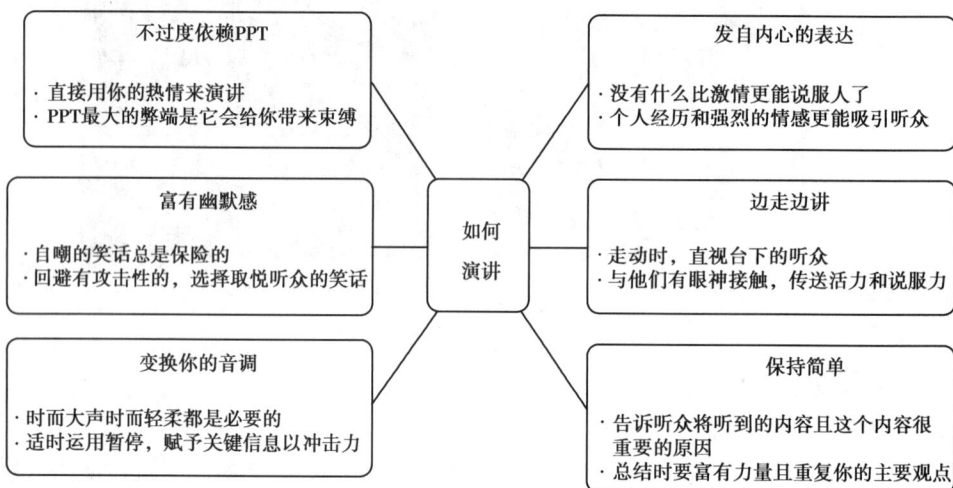

活动总结

1.展示与交流

围绕巴蜀文化主题与影响、演讲比赛给人的启示、如何使演讲更生动等,小组派代表发言,介绍此次巴蜀文化演讲经验与心得体会。

2.评价与反思

"巴蜀文化大家谈"个人总结与反思

姓名：　　　　　　　　　　　　　　　　　　　　　　　　日期：

我的表现：
对巴蜀文化传承的建议：
巴蜀文化的特点：

评价表

小组成员：　　　　　　　　　　　　　　　　　　　　　总分：

评价项目	评价等级		
	一级(3分)	二级(2分)	三级(1分)
合作	以不同方式收集巴蜀文化资料,讨论制订演讲内容,积极配合小组演讲代表做好演讲	有分工安排,能围绕巴蜀文化主题分头收集信息,具有团队合作意识	无合理活动计划,演讲内容准备不充分,无良好的合作氛围
实践	能按计划开展活动,恰当运用演讲方法,演讲内容全面、富有感染力、具有正面启发意义,顺利完成任务	能按计划开展活动,运用演讲方法,演讲内容全面,具有正面启发意义,完成演讲任务	未能按计划开展活动,参加演讲但准备不充分,演讲效果一般
交流	有条理地说明任务完成情况,能积极交流使演讲更生动的经验,善于表达感悟与体会	能明晰地说明任务完成情况,能认真表达感悟与体会	能说明活动完成情况,未能分享活动体会

"巴蜀文化大家谈"学习单

[活动目标]

了解什么是巴蜀文化,巴蜀文化的渊源以及巴蜀文化的特点;小组合作进行巴蜀文化主题演讲比赛;联系实际,分享巴蜀文化精粹,感受巴蜀文化的魅力。

[活动方案]

"巴蜀文化大家谈"小组活动方案表

小组名称：　　　　　　　　　　　　　　　　　　　　　　　日期：

演讲人		演讲时长	
任务：			
演讲的巴蜀文化主题及内容要点：			
活动策略(分工安排,演讲技巧,活动方法、步骤等)：			
收集信息资料记录：			

[评价反思]

"巴蜀文化大家谈"个人总结与反思

姓名：　　　　　　　　　　　　　　　　　　　　　　　　　日期：

我的表现：
对巴蜀文化传承的建议：
巴蜀文化的特点：

评价表

小组成员： 　　　　　　　　　　　　　　　　　　　　　　　总分：

评价项目	评价等级		
	一级(3分)	二级(2分)	三级(1分)
合作	以不同方式收集巴蜀文化资料,讨论制订演讲内容,积极配合小组演讲代表做好演讲	有分工安排,能围绕巴蜀文化主题分头收集信息,具有团队合作意识	无合理活动计划,演讲内容准备不充分,无良好的合作氛围
实践	能按计划开展活动,恰当运用演讲方法,演讲内容全面、富有感染力、具有正面启发意义,顺利完成任务	能按计划开展活动,运用演讲方法,演讲内容全面,具有正面启发意义,完成演讲任务	未能按计划开展活动,参加演讲但准备不充分,演讲效果一般
交流	有条理地说明任务完成情况,能积极交流使演讲更生动的经验,善于表达感悟与体会	能明晰地说明任务完成情况,能认真表达感悟与体会	能说明活动完成情况,未能分享活动体会

铜梁博物馆宣传册设计与制作

适用年级：初中　　建议时间：90分钟

活动目标

　　了解铜梁博物馆的建筑特色，熟悉博物馆内展厅内容；自主探究宣传册设计和制作的基本步骤，动手设计制作铜梁博物馆宣传册，提高设计能力；体验铜梁的历史文明，感受铜梁文化。

活动准备

　　材料：图片、书籍、电脑(联网)、A3 白纸和彩卡纸、绘画笔、剪刀、胶水、记事本、笔及活动所需其他材料。

　　场地：教室。

活动实施

　　1.情境导入

　　教师出示有关铜梁博物馆的图片，提问学生有没有去过这个地方，引导学生指出铜梁博物馆并描述其建筑特色。

指导建议：教师可根据铜梁传统建筑特色及铜梁著名的传统民间艺术(铜梁龙灯)进行引导。

2.知识预备

教师出示博物馆内四大展厅的主要内容，引导学生思考在铜梁文化中这些内容各具有怎样的特色，反映了怎样的中国历史文明、人文及民俗风情。

(1)铜梁文化：该展厅有两万年前的旧时器时代的文物，包括动植物化石和远古先民捕获猎物的石器制品。另外还有商代青铜方鼎、战国圆鼎、巴矛和宋代熏炉，特别是宋代熏炉小巧精致，文饰华丽，堪称稀世珍品，极具观赏价值。

(2)明代石刻仪仗俑：石刻仪仗俑出土于明朝兵部尚书张佳胤父母墓，造型别致，玲珑精巧，栩栩如生，是文物中的精品。

（3）中华第一匾廊：该厅展出清代乾隆至民国年间的木匾 100 余件。这些木匾书法艺术古朴精湛，其文字内容是近代以来川渝政治、经济、文化和社会生活的真实记录。

（4）龙灯厅：该厅展示了铜梁特色文化的丰采，在这里可以欣赏龙灯制品，品味龙的传说，寻觅龙文化发展的轨迹，还可以领略国庆 50 周年庆典腾舞天安门广场的铜梁龙的勃勃英姿。

3.布置任务

任务：设计并制作铜梁博物馆的宣传册。

要求：①小组合作自主探究设计、制作宣传册的一般步骤、设计要素及注意事项；②内容应以铜梁博物馆宣传为主且内容充实；③宣传册样式尽量创新，可折叠、剪裁、粘贴等；④宣传册有封面、封底。

4.自主探究

小组查阅书籍、电脑查找有关设计制作宣传册的一般步骤，宣传册设计要素、结构及撰稿等注意事项，讨论并总结（以下内容仅供参考）。

```
制作宣传册
    │
    ▼
┌─────────┐   • 要有创品牌的意识，宣传永远不是好就是坏，没有中间评价
│ 前期分析 │   • 要设计出个性，勿成仿品，有效的宣传册是特征的集中体现
└─────────┘   • 要有长远的眼光，否则今天的创意容易被明天的潮水所淹没
    │          • 要确定主色调，宣传册主要是用色，最好有企业专用色
    ▼
┌─────────┐   • 若内容多且需要制作成册，那就用图配文，多点文字介绍理念
│ 内容编辑 │   • 若是几页的小册子，就采用多图少文字，附上照片的简介就行
└─────────┘   • 封面设计制作大方美观，并使用一些独特工艺以突出企业形象
    │          • 彰显文化与实力，如企业文化、历史、宗旨、荣誉、规划等
    │          • 内页不要太多，5~8页最好，文字不宜多，最好加图片辅以说明
    │          • 增加信息量，如建议到大的网站或电视媒体浏览本企业信息
    │          • 语言简单明了，多用节奏有力的短句、关键词，但忌浮夸
    ▼
┌─────────┐   • 宣传准确真实，附带实景、实样，更具有直观的宣传效果
│ 设计排版 │   • 介绍仔细翔实，提供多类型、不同角度的场景实品、数据图表
└─────────┘   • 设计排版工具（如Photoshop、Indesign、Pagemaker等）选CMYK模式
    │
    ▼
┌─────────┐   • 印刷精美别致，充分利用现代先进的印刷技术所印制的影像逼真、色
│ 印刷制作 │     彩鲜明的产品和劳务形象来吸引消费者，同时兼顾物美价廉
└─────────┘
```

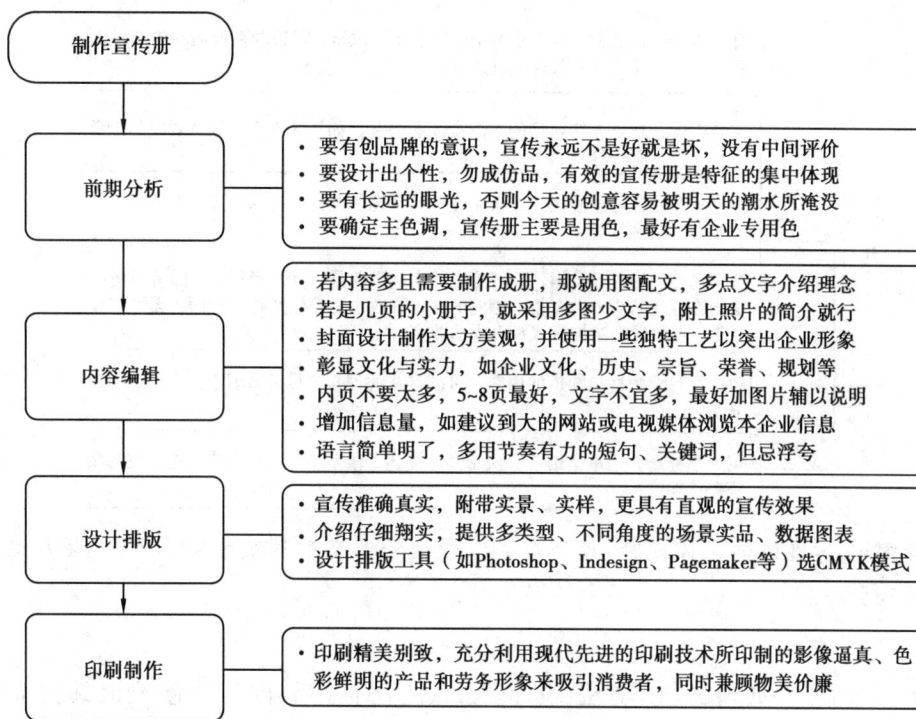

图形：是用形象和色彩来直观地传播信息、观念及交流思想的视觉语言，它排除各种语言障碍，便于人们交流与沟通，是通用的视觉符号
注意：吸引读者眼球，传达中心思想

色彩：是宣传册设计中重要的组成部分，它制造气氛、烘托主题，强化版面的视觉冲击力，直接引起人们的注意与情感上的反应；还可以更为深入地揭示主题与形象的个性特点，强化感知力度，给人留下深刻印象
注意：用色需从整体出发，考虑色彩的明度、色相、纯度等的调和关系，运用产品的象征色及色彩的联想、色彩规律，可增强商品的传递效果；不同商品常以与其感觉相吻合的色彩来表现色彩的共性与个性

宣传册一 设计要素

编排：宣传册的形式、开本变化较多，设计时应根据不同的情况区别对待，页码较少、面积较小的宣传册，在设计时应使版面特征醒目；色彩及形象要明确突出；版面设计要素中，主要文字可适当大一些。页码较多的宣传册，由于要表现的内容较多，为了实现统一、整体的感觉，在编排上要注意网格结构的运用，要强调节奏的变化关系，保留一定的空白
注意：为避免设计时只注意单页效果而不能把握总体的情况，可采用以下方法来控制整体效果：确定创作思路，根据预算情况确定开本及页数，将图文内容按比例缩小排列在一起，以便比较、调整；找出整册中共性的因素，设定某种标准或共用形象，将这些主要因素安排好后再设计其他因素；在整册中抓住几个关键点，以点带面来控制整体布局，做到统一中有变化，变化中求统一，以达到和谐、完美的视觉效果

文字：强调可读性（不盲目追求效果），不同的字体变化和大小及面积的变化又会带来不同的视觉感受。文字的编排设计是增强视觉效果、使版面个性化的重要手段。在改变字体形状、结构，运用特技或选书法体、手写体时，更要注意其识别性
注意：强调满足诉求的目的，严肃端庄、活泼轻松、高雅古典、新奇现代等形式，要从主题内容出发，选择在形态上或象征意义上与传达内容相吻合的字体，做到和谐统一。标题或提示性的文字可适当地变化，但内文字体要风格统一

简介部分：介绍旅游地或旅游企业的性质、风格、政策与商业活动等，不提及产品或服务的具体内容

宣传册二

内容结构

主要内容：重点介绍典型的旅游产品和服务，如景区景点、旅游线路和旅游商品等

收尾部分：描述旅游区或旅游企业的区位图、预订条件以及其他额外信息等内容

对于宣传册的内容结构，如一些人认为旅游业是一种时尚行业，随着时尚的变化旅游产品要发生变化，相应的宣传资料也要发生变化。然而，无论怎么变化，宣传册的结构模式没有大的改变

撰稿

要撰写目标顾客想知道的内容、可能喜欢的词句，尽量做到重点突出、主次分明

用大字标题，用承诺语言，使用具体描述，段落精练，忌浮夸，充分发挥撰稿提示功能

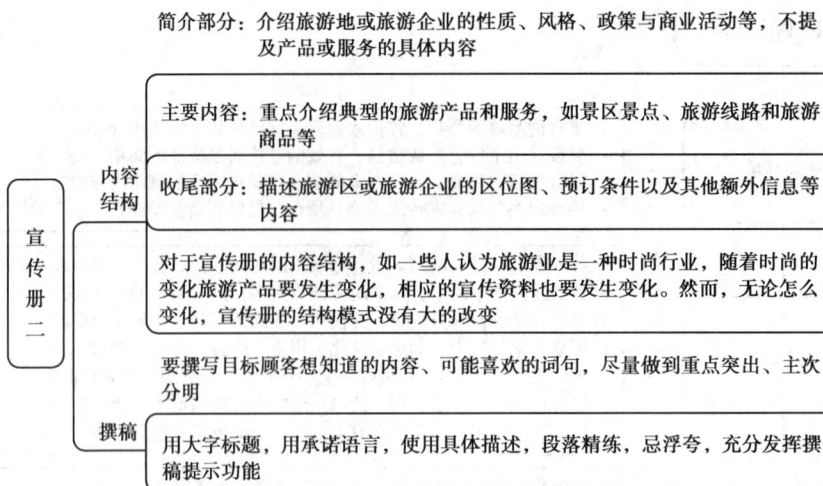

指导建议：学生在自主探究时，教师应关注学生的探究过程及方法，对探究困难的小组予以帮助和引导。

5.制订方案

小组探究了解宣传册的制作方法、设计要素及注意事项后，内部讨论、交流，提出问题和困难，商量如何加以解决并确定小组活动方案，制订小组活动方案表。

指导建议：学生在讨论制订方案时，教师需巡视查看，对设计困难的小组予以适当引导。

"铜梁博物馆宣传册设计与制作"小组活动方案表

小组名称：　　　　　　　　　　　　　　　　　　　　　　　　　　　　　日期：

任务		组长	
所需工具材料：			
铜梁博物馆建筑特色：			
铜梁博物馆四大展厅主要内容：			
分工安排(素材收集、图文设计、样式剪裁、汇报等)：			

设计制作宣传册一般步骤探究结果：
宣传册设计要素、结构及撰稿等应注意事项：
宣传册设计样稿及说明：

6.任务实施

（1）素材收集。小组根据四大展厅的内容,利用书籍、网络、采访等方式收集有关铜梁博物馆的概况、四大展厅的亮点文物、博物馆特色等内容。

（2）文稿撰写。小组分类整理收集内容,并进行文稿的撰写。

（3）手册设计。根据撰写的文稿内容及突出重点,小组设计手册样式,样式新颖。

（4）手册制作。小组按照设计思路进行手册的制作、文稿的誊写及图案的绘画。

（5）定稿呈现。小组对制作的宣传手册进行最后的检查、补充及润色。

指导建议:教师在学生操作过程中进行巡视,提醒学生注意安全及卫生,引导学生解决在操作过程中遇到的困难并总结经验。

活动总结

1.展示与交流

学生以小组为单位,展示本组制作的宣传册,介绍作品特点,并分享设计理念和心得体会。

指导建议:学生在教师的引导下,就活动中的一些现象进行讨论:你觉得哪个小组的宣传册制作创意比较吸引你？为什么？你受到了什么启发？你们小组在活动过程中遇到了什么困难,你们是如何解决的？你觉得其他小组哪些地方做得比较好？

2.评价与反思

学生以小组为单位,按照评价表对其他小组进行评价。

小组成员：　　　　　　　　　　　　　　　　　　　　　　　　　　　　　　总分：

评价项目	评价等级		
	一级(3分)	二级(2分)	三级(1分)
探究	能自主探究出合理的设计制作宣传册的一般步骤和宣传册设计要素、结构及撰稿等应注意事项	在教师的引导下，能探究出较合理的设计制作宣传册的一般步骤和宣传册设计要素、结构及撰稿等注意事项	未能自主探究出合理的设计制作宣传册的一般步骤和宣传册设计要素及注意事项
内容	宣传册内容充实，达到一页A3纸的量，以宣传铜梁博物馆为主，含有铜梁博物馆的概况及展厅亮点	宣传册内容较充实，超过半页A3纸的量，以宣传铜梁博物馆为主，含有铜梁博物馆的概况及展厅亮点	宣传册内容不充实，未达到半页A3纸的量，以宣传铜梁博物馆为主，没有其他详细内容
创意	宣传册样式新颖，运用了折叠、剪裁、粘贴中的全部方法，且小组的设计理念与铜梁博物馆相关	宣传册样式较新颖，运用了折叠、剪裁、粘贴中的1~2种方法，且小组的设计理念与铜梁博物馆相关	宣传册样式呆板，没有运用折叠、剪裁、粘贴的方法，且小组的设计理念与铜梁博物馆无较大关联

"铜梁博物馆宣传册设计与制作"学习单

［活动目标］

　　了解铜梁博物馆的建筑特色，熟悉博物馆内展厅内容；自主探究宣传册设计和制作的基本步骤，动手设计制作铜梁博物馆宣传册，提高设计能力；体验铜梁的历史文明，感受铜梁文化。

　　［活动方案］

"铜梁博物馆宣传册设计与制作"小组活动方案表

小组名称：　　　　　　　　　　　　　　　　　　　　　　　　　　　　　　日期：

任务		组长	
所需工具材料：			
铜梁博物馆建筑特色：			

铜梁博物馆四大展厅主要内容：
分工安排(素材收集、图文设计、样式剪裁、汇报等)：
设计制作宣传册一般步骤探究结果：
宣传册设计要素、结构及撰稿等应注意事项：
宣传册设计样稿及说明：

[评价反思]

评价表

小组成员：　　　　　　　　　　　　　　　　　　　　　　　　　　总分：

评价项目	评价等级		
	一级(3分)	二级(2分)	三级(1分)
探究	能自主探究出合理的设计制作宣传册的一般步骤和宣传册设计要素、结构及撰稿等注意事项	在教师的引导下，能探究出较合理的设计制作宣传册的一般步骤和宣传册设计要素、结构及撰稿等注意事项	未能自主探究出合理的设计制作宣传册的一般步骤和宣传册设计要素及注意事项
内容	宣传册内容充实，达到一页A3纸的量，以宣传铜梁博物馆为主，含有铜梁博物馆的概况及展厅亮点	宣传册内容较充实，超过半页A3纸的量，以宣传铜梁博物馆为主，含有铜梁博物馆的概况及展厅亮点	宣传册内容不充实，未达到半页A3纸的量，以宣传铜梁博物馆为主，没有其他详细内容
创意	宣传册样式新颖，运用了折叠、剪裁、粘贴中的全部方法，且小组的设计理念与铜梁博物馆相关	宣传册样式较新颖，运用了折叠、剪裁、粘贴中的1~2种方法，且小组的设计理念与铜梁博物馆相关	宣传册样式呆板，没有运用折叠、剪裁、粘贴的方法，且小组的设计理念与铜梁博物馆无较大关联

铜梁传统建筑风格与文化探究

适用年级：初中   建议时间：90分钟

◤ 活动目标

了解铜梁的传统建筑风格，自主探究和体验铜梁的建筑文化，加深对铜梁传统建筑文化的认识；策划和举办铜梁建筑趣味知识竞赛，提升活动策划能力，增强保护和传承铜梁建筑风格与文化的意识。

◤ 活动准备

材料：图片、书籍、电脑（联网）、A4白纸、笔记本、笔及活动所需其他材料。
场地：教室。

◤ 活动实施

1.情境导入

教师出示有关不同建筑风格的图片，让学生竞猜这是什么建筑，它的风格或显著特征是什么。提问学生能不能举出类似建筑风格的建筑物，引导学生了解不同建筑的风格及特点。

巴黎圣母院（哥特式风格）

圆明园（巴洛克风格）

万神庙（古罗马风格）

圣索菲亚大教堂（拜占庭风格）

指导建议：教师可根据不同风格的建筑图片讲解不同建筑风格的显著特征及文化，并让学生列举其他建筑。

2.传统建筑知识的探究

教师与学生共同探讨铜梁当地具有代表性的传统建筑,了解与当地传统建筑相关的知识,探究铜梁传统建筑的风格与文化。

铜梁天后宫

铜梁武庙

铜梁玉皇楼

铜梁禹王庙

指导建议:①教师引导学生查阅资料,结合自己的生活经验和所见所闻,组织语言解释相关知识;②学生不了解的内容,教师可通过层层提问的方式,引导学生探讨和了解有关建筑的知识。

"铜梁传统建筑风格与文化探究"相关知识记录表

姓名: 　　　　　　　　　　　　　　　　　　　　　　日期:

常见建筑风格:	
不同建筑风格的代表性建筑:	
不同建筑风格的特点:	
建筑相关知识	飞檐:
	斗拱:
	马头墙:
	飞扶壁:

续表

我的困惑：
对铜梁建筑最关注的是：

3.布置任务

任务：铜梁建筑风格与文化趣味知识竞赛。

要求：①以小组为单位合作自主设计趣味知识竞赛的环节、题目、规则、奖项及注意事项；②知识竞赛内容应以铜梁建筑风格、文化为主，可适当融入古今中外其他的建筑风格与文化知识；③要有具体的知识竞赛活动方案表；④设计好后在小组内演示，注意掌控时间。

4.制订方案

小组探究设计趣味知识竞赛的环节、题目、规则、奖项。内部讨论、交流，提出问题和困难，拿出具体的活动方案表。

指导建议：学生在讨论制订方案时，教师需巡视查看，对设计困难的小组给予适当引导。

"铜梁传统建筑风格与文化探究"小组活动方案表

小组名称：　　　　　　　　　　　　　　　　　　　　　　日期：

任务		组长	
所需工具材料：			
活动策略(活动形式、环节、规则、奖项设置等)：			
知识竞赛题目：			
分工安排(活动主持、题目收集与设置、活动规则与奖项的设定、汇报等)：			
问题和困难：			
总结铜梁建筑的风格与文化：			

5.任务实施

（1）题目收集与设置。小组根据知识的探究，利用书籍、网络等途径收集有关铜梁建筑风格与文化的概况和相关知识，根据活动环节来设置题目。

（2）主持串词撰写。各小组选出活动主持人，主持人根据活动环节及设置的题目撰写串词。

（3）团队练习。以小组为单位，根据活动方案开始进行团队内的知识竞赛演练。

指导建议：教师在各组间巡视，指导各小组进行组内知识竞赛演练，引导学生解决在操作过程中遇到的困难，同时引导其总结经验，确保后面班集体趣味知识竞赛的顺利进行。

活动总结

1.展示与交流

学生以小组为单位，由本组主持人汇报本组的趣味知识竞赛的活动方案，并在全班内开展本组策划的趣味知识竞赛。

指导建议：①学生在教师引导下完成本组准备的趣味知识，并在全班展示（本组成员不参与竞答环节）。②对活动展示中出现的一些困难和问题进行讨论，并说说哪个组的展示好，为什么，以及你受到了什么启发。③最后一起总结出铜梁传统建筑的风格与文化。

2.评价与反思

学生以小组为单位，按照评价表对其他小组进行评价。

评价表

小组成员：　　　　　　　　　　　　　　　　　　　　　　　　　　　总分：

评价项目	评价等级		
	一级（3分）	二级（2分）	三级（1分）
探究	能自主探究出合理的趣味知识竞赛活动方案，活动形式新颖、环节、规则、题目、奖项设置合理	在教师的引导下，能探究出趣味知识竞赛活动方案，活动形式、环节、规则、题目、奖项设置完备	未能自主探究出趣味知识竞赛活动方案，活动形式、环节、规则、题目、奖项设置不够完备
合作	小组成员积极讨论、分工明确	小组个别成员讨论不够积极，但能完成分配的任务	小组大多数成员讨论不积极，未能完成分配的任务
创意	知识竞赛的环节、题目设置新颖、独特，体现趣味性；交流展示时能够调动其他组成员的积极性	知识竞赛的环节、题目设置较为新颖、独特；交流展示时能够调动部分其他组成员的积极性	知识竞赛的环节、题目设置不够新颖、独特，无趣味性；交流展示时无法调动其他组成员的积极性

"铜梁传统建筑风格与文化探究"学习单

[活动目标]

    了解铜梁的传统建筑风格,自主探究和体验铜梁的建筑文化,加深对铜梁传统建筑文化的认识;策划和举办铜梁建筑趣味知识竞赛,提升活动策划能力,增强保护和传承铜梁建筑风格与文化的意识。

[活动方案]

"铜梁传统建筑风格与文化探究"小组活动方案表

小组名称：   日期：

任务		组长	
所需工具材料：			
活动策略(活动形式、环节、规则、奖项设置等)：			
知识竞赛题目：			
分工安排(活动主持、题目收集与设置、活动规则与奖项的设定、汇报等)：			
问题和困难：			
总结铜梁建筑的风格与文化：			

[评价反思]

"铜梁传统建筑风格与文化探究"个人总结与反思

姓名： 日期：

我的表现：
我的不足：
对铜梁传统建筑风格的保护和传承的建议：
趣味知识竞赛中应注意：

评价表

小组成员： 总分：

评价项目	评价等级		
	一级(3分)	二级(2分)	三级(1分)
探究	能自主探究出合理的趣味知识竞赛活动方案,活动形式新颖,环节、规则、题目、奖项设置合理	在教师的引导下,能探究出趣味知识竞赛活动方案,活动形式、环节、规则、题目、奖项设置完备	未能自主探究出趣味知识竞赛活动方案,活动形式、环节、规则、题目、奖项设置不够完备
合作	小组成员积极讨论、分工明确	小组个别成员讨论不够积极,但能完成分配的任务	小组大多数成员讨论不积极,未能完成分配的任务
创意	知识竞赛的环节、题目设置新颖、独特,体现趣味性;交流展示时能够调动其他组成员的积极性	知识竞赛的环节、题目设置较为新颖、独特;交流展示时能够调动部分其他组成员的积极性	知识竞赛的环节、题目设置不够新颖、独特,无趣味性;交流展示时无法调动其他组成员的积极性

铜梁家常菜制作体验

适用年级：初中　　建议时间：120分钟

▰ 活动目标

　　学生能够说出铜梁家常菜的种类与名称,懂得烹饪的基本常识;熟悉"饮食指南 ABC"和"健康膳食金字塔",明白身体需要摄取的营养物质来自均衡饮食;掌握家常菜的基本制作过程,正确使用厨房的常用炊具,学会合理有效地分配时间,体验下厨的乐趣,养成健康饮食的习惯。

▰ 活动准备

　　材料:水、豆腐、南瓜、青椒、鲜肉、白菜、葱、姜、蒜、食盐、食用油、香油、红薯粉、酱油、锅、盘子、碗、筷子、砧板、菜刀、擀面杖、电磁炉、垃圾袋及活动所需其他材料。

　　场地:生活体验。

▰ 活动实施

1.情境导入

　　"民以食为天,食以安为先",这是千百年来老百姓用生命与健康代价换来的警世之语。回想一下,你昨天吃了哪些食物,你为什么会选择这些食物？说说哪些因素会影响你对食物的选择。引导学生归纳如下因素会影响人们对食物的选择,并指出:弄清楚对食物选择的影响因素,就可以判断这些影响因素是否健康。

　　(1)个人喜好。你会吃你喜欢吃的食物,避免吃不喜欢吃的食物,而且你的偏好会随时间的推移而发生改变。

　　(2)家庭和同伴。你的家庭会有饮食习惯,如你们或许会吃民族风味食物。民族风味食物是指有着特定文化背景的人们所吃的食物。你还会吃一些朋友推荐的食物。你的朋友会给你压力,让你吃和他们同样的食物。

　　(3)情绪。在生气、孤独、沮丧或疲惫的时候,有些人会没有食欲,而有些人会吃得更多。人们往往会选择那些带给自己美好回忆的食物。

　　(4)广告。例如食品和饮料制造商试图让人们买他们的产品,为此他们往往会花巨资做广告。但是广告通常不会告诉你,这种食物或饮料是否符合饮食指南。

　　(5)价格和可得性。许多食物和饮料在当季的时候更便宜。大众品牌的产品通常比名牌产品便宜。

　　(6)是否有益于健康。你会遵循饮食指南选择一些食物,这些食物是均衡饮食的一部分。

2.知识预备

　　(1)教师简单介绍"饮食指南 ABC"及"健康膳食金字塔"。

（2）参考"饮食指南 ABC"及"健康膳食金字塔"，和同学一起来策划制作一盘铜梁家常菜吧！

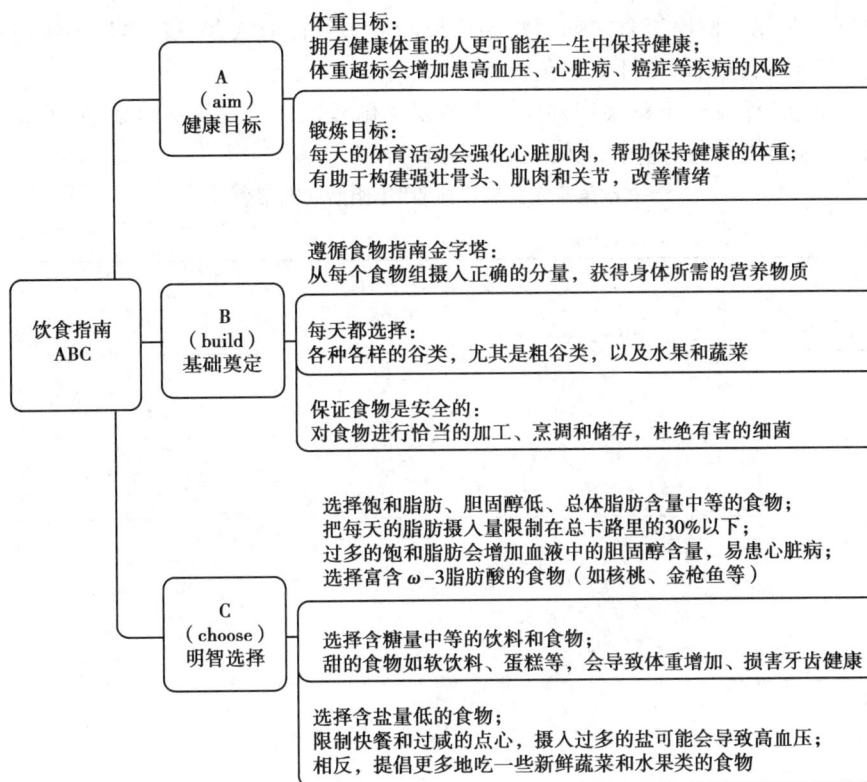

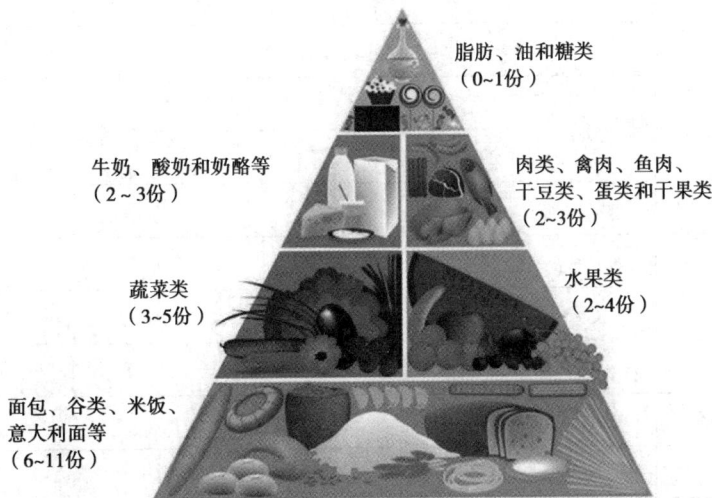

饮食指南 ABC
- A（aim）健康目标
  - 体重目标：
    拥有健康体重的人更可能在一生中保持健康；
    体重超标会增加患高血压、心脏病、癌症等疾病的风险
  - 锻炼目标：
    每天的体育活动会强化心脏肌肉，帮助保持健康的体重；
    有助于构建强壮骨头、肌肉和关节，改善情绪
- B（build）基础奠定
  - 遵循食物指南金字塔：
    从每个食物组摄入正确的分量，获得身体所需的营养物质
  - 每天都选择：
    各种各样的谷类，尤其是粗谷类，以及水果和蔬菜
  - 保证食物是安全的：
    对食物进行恰当的加工、烹调和储存，杜绝有害的细菌
- C（choose）明智选择
  - 选择饱和脂肪、胆固醇低、总体脂肪含量中等的食物；
    把每天的脂肪摄入量限制在总卡路里的30%以下；
    过多的饱和脂肪会增加血液中的胆固醇含量，易患心脏病；
    选择富含 ω–3脂肪酸的食物（如核桃、金枪鱼等）
  - 选择含糖量中等的饮料和食物；
    甜的食物如软饮料、蛋糕等，会导致体重增加、损害牙齿健康
  - 选择含盐量低的食物；
    限制快餐和过咸的点心，摄入过多的盐可能会导致高血压；
    相反，提倡更多地吃一些新鲜蔬菜和水果类的食物

脂肪、油和糖类
（0~1份）

牛奶、酸奶和奶酪等
（2～3份）

肉类、禽肉、鱼肉、
干豆类、蛋类和干果类
（2~3份）

蔬菜类
（3~5份）

水果类
（2~4份）

面包、谷类、米饭、
意大利面等
（6~11份）

健康膳食金字塔

3.布置任务

任务:小组合作,制作一盘铜梁家常菜。

要求:营养健康,味道鲜美,形状美观,节约食材。

4.制订方案

回想一下你每天的饮食,你的三餐遵循了"饮食指南 ABC"和"健康膳食金字塔"吗?铜梁有哪些家常菜属于健康美食?如何将拒绝技能应用到日常饮食中?学生小组讨论本组方案,进行分工合作,选出每个环节的负责人。

指导建议:让学生讨论铜梁有哪些家常菜以及制作过程中所涉及的任务,并将每项任务记录下来,以便后面的任务分配,并选出各小组的组长。

"铜梁家常菜制作体验"小组活动方案表

小组名称:　　　　　　　　　　　　　　　　　　　　　　　　　　　　　日期:

任务:	
要求:	
家常菜名称:	
制作步骤:	
小组人员分工	
任务与职责	负责人
挑选食材	
择菜	
清洗蔬菜	
清洗炊具	
烹饪	
安全卫生监督	
作品展示	

5.任务实施

根据任务分配,学生有序地领取工具、碗筷、食材,发挥创意,制作出营养、健康、美味的铜梁家常菜。

指导建议:①教师要始终强调刀具使用安全、饮食安全等问题,培养学生的卫生习惯,帮助学生及时解决活动过程中遇到的困难,防止意外事件发生。②教师也可在学生制作过程中放映相关的家常菜制作视频,以提示学生制作方法、制作步骤。③教师要注意学生的用火安全、食品卫生安全,以免引起火灾,防止烫伤。④要求学生按照先后顺序,统筹分配,合理有效地利用时间。

■ 活动总结

1.展示与交流

各组组长先品尝小组制作的铜梁家常菜,选出营养健康、味道鲜美、外形美观、数量较多的铜梁家常菜;然后,各小组派1~2名代表品尝,推选出最佳铜梁家常菜,指出每组铜梁家常菜的优缺点。

指导建议:品尝完铜梁家常菜后,注意清理场地,收拾餐具及其他物品,将垃圾分类收集、处理。

2.评价与反思

根据评价表对各小组展示结果进行评价。

评价表

小组成员:　　　　　　　　　　　　　　　　　　　　　　　　　　总分:

评价项目	评价等级		
	一级(3分)	二级(2分)	三级(1分)
规划	通过讨论,能有效规划设计任务方案、步骤、分工	规划方案中任务分配不够合理	方案规划较为混乱,分工不明确,步骤不明晰
合作	能与组内同学热烈讨论、分工明确	不愿与组内同学积极讨论,能完成分配的任务	未能与组内同学积极讨论,未能完成分配的任务
实践	能按照方案做出营养健康、味道鲜美、形状美观的铜梁家常菜	做出的铜梁家常菜外观奇怪,味道太咸或太淡	未能完成铜梁家常菜的制作

教师引导学生对活动过程进行回顾与反思,思考铜梁家常菜制作过程中出现了哪些失误? 哪些地方可以进行改进? 小组成员是否合理分配? 时间是否合理利用? 操作过程是否规范、安全?

"铜梁家常菜制作体验"学习单

[活动目标]

学生能够说出铜梁家常菜的种类与名称,懂得烹饪的基本常识;熟悉"饮食指南 ABC"和"健康膳食金字塔",明白身体需要摄取的营养物质来自均衡饮食;掌握家常菜的基本制作过程,正确使用厨房的常用炊具,学会合理有效地分配时间,体验下厨的乐趣,养成健康饮食的习惯。

[活动方案]

"铜梁家常菜制作体验"小组活动方案表

小组名称：　　　　　　　　　　　　　　　　　　　　　　　　日期：

任务：
要求：
家常菜名称：
制作步骤：

小组人员分工	
任务与职责	负责人
挑选食材	
择菜	
清洗蔬菜	
清洗炊具	
烹饪	
安全卫生监督	
作品展示	

[评价反思]

评价表

小组成员：　　　　　　　　　　　　　　　　　　　　　　　　总分：

评价项目	评价等级		
	一级(3分)	二级(2分)	三级(1分)
规划	通过讨论,能有效规划设计任务方案、步骤、分工	规划方案中任务分配不够合理	方案规划较为混乱,分工不明确,步骤不明晰
合作	能与组内同学热烈讨论、分工明确	不愿与组内同学积极讨论,能完成分配的任务	未能与组内同学积极讨论,未能完成分配的任务
实践	能按照方案做出营养健康、味道鲜美、形状美观的铜梁家常菜	做出的铜梁家常菜外观奇怪,味道太咸或太淡	未能完成铜梁家常菜的制作

大足石刻文化探究

适用年级：初中　　建议时间：90分钟

◤ 活动目标

　　了解大足石刻群的著名景点，探究大足石刻的历史文化、艺术价值和保护现状，加深对石刻文化的认识；掌握和利用演讲技巧进行大足石刻传说故事演讲，增强保护和传承大足石刻文化的意识。

◤ 活动准备

　　材料：图片、书籍、电脑（联网）、A4 白纸、笔记本、笔及活动所需其他材料。
　　场地：教室。

◤ 活动实施

　　1.情境导入

　　教师播放《大足石刻》视频宣传片，出示大足石刻著名的代表性石刻，引导学生认识和了解这些石刻的历史来源。

　　2.文化探究

　　教师与学生欣赏大足石刻的图片，共同探讨大足石刻的历史文化、艺术价值和保护现状。

千手观音

孔雀明王

三圣母龛

天尊巡游图

华严三圣像

日月观音

指导建议:教师引导学生查阅资料,结合自己所见所闻,欣赏以上图片时,引导学生探讨和了解有关大足石刻的知识,讨论并完成下表内容。

"大足石刻文化探究"相关知识记录表

概况	大足石刻位于重庆大足境内,是唐末宋初时期的宗教摩崖石刻,以佛教题材为主,儒、道教造像并陈,其中以宝顶山和北山摩崖石刻最为著名
著名景区	宝顶山石刻:始凿于南宋年间,包括以圣寿寺为中心的大佛湾、小佛湾造像。以大足大佛湾为主体,小佛湾次之,分布在东、南、北三面。以六道轮回、广大宝楼阁、华严三圣像、千手观音像等最为著名
	南山石刻:缘起于南宋时期,属道教造像,以道家作品为主是南山石刻的一大特点。明清两代稍有增补
	石篆山石刻:造像于北宋,为典型的释、道、儒"三教"合一造像区,在石窟中罕见。石篆山以老君洞为代表
	石门山石刻:造像于北宋,为佛教、道教合一造像区,尤以道教造像最具特色。佛教题材主要有药师佛龛、水月观音龛、释迦佛龛、十圣观音窟、孔雀明王经变窟、诃利帝母龛等
	北山石刻:造像始刻于唐末,至南宋结束,和宝顶山石刻同为大足石刻中最大的石刻。造像细腻精美,技艺娴熟巧妙。北山摩崖造像近万尊,主要是世俗为了祈福出资雕刻,造像题材51种,以佛教密宗为主
文化价值	大足石刻在布局上是艺术、宗教、科学、自然的巧妙结合,是中国石窟艺术群中不可多得的释、道、儒"三教"造像的珍品,是中国晚期石窟造像艺术的典范。与敦煌莫高窟、云冈石窟、龙门石窟、麦积山石窟等中国四大石窟齐名,体现了古代劳动人民的卓越才能和艺术创造力。1999年12月1日正式列入世界文化遗产
保护现状	①修复工作:因环境干湿交替和酸雨作用,大足石刻如千手观音造像表面出现大面积的剥落、空鼓、龟裂等现象。国家从2008年起陆续组织修复工作。②佛头遭盗割,法律守护:20世纪90年代起,大足石刻佛头遭盗割,后陆续出台管理办法进行保护。2017年3月30日,《重庆市大足石刻保护条例》审议通过,对大足石刻开展地方立法进行法律守护

3.布置任务

任务:大足石刻传说故事演讲。

要求:①以小组为单位合作收集、讲述有关大足石刻的传说故事;②传说故事应注意围绕大足石刻进行,应有具体的故事情节;③要注意演讲的技巧和注意事项;④要有详细的故事会活动方案表;⑤设计好后各成员在小组内讲演自己收集到的传说故事,注意掌控时间。

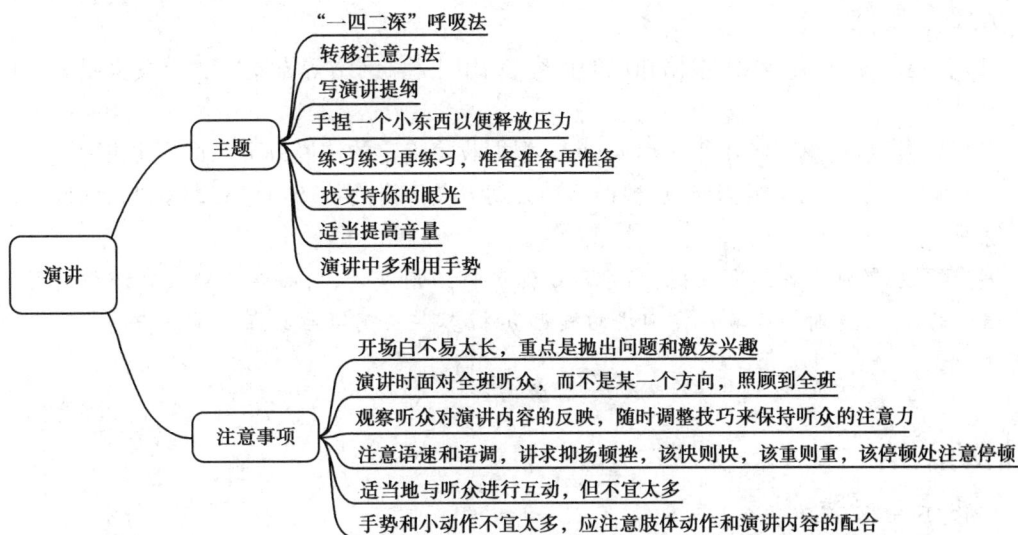

```
                    "一四二深"呼吸法
                    转移注意力法
                    写演讲提纲
              主题  手捏一个小东西以便释放压力
                    练习练习再练习，准备准备再准备
                    找支持你的眼光
                    适当提高音量
  演讲                演讲中多利用手势

                    开场白不易太长，重点是抛出问题和激发兴趣
                    演讲时面对全班听众，而不是某一个方向，照顾到全班
              注意事项 观察听众对演讲内容的反映，随时调整技巧来保持听众的注意力
                    注意语速和语调，讲求抑扬顿挫，该快则快，该重则重，该停顿处注意停顿
                    适当地与听众进行互动，但不宜太多
                    手势和小动作不宜太多，应注意肢体动作和演讲内容的配合
```

4.制订方案

小组收集演讲的内容,内部讨论、交流,提出问题和困难,拿出具体的活动方案表。

指导建议:教师在各组间巡视,对学生遇到的问题和困难进行指导,也可以向对大足石刻传说故事比较陌生的小组提供几个传说故事进行参考,如数珠手观音石像传说、大足石刻送子娘娘传说、九涅槃升天传说等。

"大足石刻文化探究"小组活动方案表

小组名称：　　　　　　　　　　　　　　　　　　　　　　　　　日期：

任务		组长		演讲人	
演讲的传说故事：					
故事情节：					
活动策略(分工安排、传说故事收集、演讲提纲的拟写、演讲人等)：					
对大足石刻现状保护的思考、体会：					

5.任务实施

(1)收集传说故事。小组根据知识的探究,利用书籍、网络等方式收集有关大足石刻的传说故事。

(2)拟写演讲提纲。各小组选出演讲人,根据收集确定的传说故事来拟写演讲提纲。

(3)团队练习。以小组为单位,根据活动方案以及演讲的技巧与注意事项进行团队内的演讲练习。

指导建议:教师在各组间巡视,指导各小组进行组内演讲,引导学生解决在演讲练习过程中遇到的困难,同时引导其注意演讲的技巧与注意事项,确保后面在班集体中演讲的顺利进行。

活动总结

1.展示与交流

学生以小组为单位,由本组演讲人汇报本组的传说故事演讲活动方案,并在全班内演讲本组确定的传说故事。

指导建议:学生在教师的引导下,完成本组确定的传说故事并在全班进行演讲。对整个演讲活动出现的一些困难和问题进行讨论,并说说哪个组的演讲好?为什么?你受到了什么启发?最后一起总结出保护与传承大足石刻文化的方法。

2.评价与反思

学生以小组为单位,按照评价表对其他小组进行评价。

评价表

小组成员: 总分:

评价项目	评价等级		
	一级(3分)	二级(2分)	三级(1分)
内容	有合理的传说故事演讲活动方案,确定的传说故事情节完整,与大足石刻文化相吻合	有传说故事演讲活动方案,确定的传说故事情节较为清晰完整	传说故事演讲活动方案不够完善,确定的传说情节混乱,与大足石刻文化不相吻合
合作	小组成员积极讨论、分工明确	小组个别成员讨论不够积极,但能完成分配的任务	小组大多数成员讨论不积极,未能完成分配的任务
演讲	演讲时抑扬顿挫,音量适中,很好地运用到演讲技巧;演讲时能够保持其他组员的注意力	演讲时声音洪亮,能在规定时间内完成演讲;演讲时,大部分其他组员能够保持注意力	演讲时声音不够洪亮,在规定时间内没有完成演讲;演讲时,其他组员无法保持注意力

"大足石刻文化探究" 学习单

[活动目标]

    了解大足石刻群的著名景点,探究大足石刻的历史文化、艺术价值和保护现状,加深对石刻文化的认识;掌握和利用演讲技巧进行大足石刻传说故事演讲,增强保护和传承大足石刻文化的意识。

[活动方案]

"大足石刻文化探究"小组活动方案表

小组名称: 日期:

任务		组长		演讲人	
演讲的传说故事:					
故事情节:					
活动策略(分工安排、传说故事收集、演讲提纲的拟写、演讲人等):					
对大足石刻现状保护的思考、体会:					

[评价反思]

"大足石刻文化探究"个人总结与反思

姓名: 日期:

我的表现:	
我认为演讲最好的传说故事是:	
我的不足:	
我的感受:	

评价表

小组成员：   总分：

评价项目	评价等级		
	一级(3分)	二级(2分)	三级(1分)
内容	有合理的传说故事演讲活动方案,确定的传说故事情节完整,与大足石刻文化相吻合	有传说故事演讲活动方案,确定的传说故事情节较为清晰完整	传说故事演讲活动方案不够完善,确定的传说故事情节混乱,与大足石刻文化不相吻合
合作	小组成员积极讨论、分工明确	小组个别成员讨论不够积极,但能完成分配的任务	小组大多数成员讨论不积极,未能完成分配的任务
演讲	演讲时抑扬顿挫,音量适中,很好地运用到演讲技巧;演讲时能够保持其他组员的注意力	演讲时声音洪亮,能在规定时间内完成演讲;演讲时,大部分其他组员能够保持注意力	演讲时声音不够洪亮,在规定时间内没有完成演讲;演讲时,其他组员无法保持注意力

铜梁龙舞大赛

适用年级：初中   建议时间：90 分钟

◤ 活动目标

对铜梁龙舞的种类、艺术特色、历史由来以及发展现状等有基本的了解；能够学会其中的一支舞蹈，并进行舞蹈比赛；加深对家乡的优秀民间传统文化的认识，感受民俗风情。

◤ 活动准备

材料：白纸、笔、计时器、龙灯、彩灯、民俗服饰、民俗音乐及活动所需其他材料。
场地：室外。

◤ 活动实施

1.情境导入

铜梁龙舞是流传于重庆铜梁的一种中国传统民俗文化活动，倾听教师讲解铜梁龙舞的历史由来与发展现状，观看教师播放的铜梁龙舞视频。教师引导学生观察其中的舞姿动作，相互讨论舞蹈特点和表达的思想感情。

指导建议：表演时，舞龙者跟着龙珠做各种动作，或腾跃，或滚动，或盘起，或穿插，不断地展示扭、挥、仰、跪、跳、摇等多种姿势。教师可以带领同学们一起对舞蹈动作、姿势以及表达的民俗文化进行分析，为同学们接下来的任务做准备。

2.知识预备

龙舞俗称"耍龙""耍龙灯"或"舞龙灯"，包括龙灯舞和彩灯舞两大系列，工艺为扎、裱、绘、粘、装五大工序，即竹编造型、纸绸裱糊、落墨彩绘、粘贴修饰和总装。

（1）认识铜梁龙灯舞。铜梁龙灯舞的主要品种有火龙、正龙、小彩龙、大蠕龙、板凳龙、稻草龙、荷花龙、竹梆龙、笋壳龙、黄荆龙等。

（2）认识铜梁彩灯舞。铜梁彩灯舞的主要品种有鱼跃龙门、泥鳅吃汤圆、三条鲚、十八学士、猪啃南瓜、亮狮、开山虎、犀牛望月、蚌壳精、南瓜棚、雁塔题名、高台龙狮舞等。

3.布置任务

任务：铜梁龙舞比赛。
要求：学生以小组为单位，学习一支铜梁龙舞，进行表演比赛，表情、动作到位，舞姿优美。

4.制订方案

（1）查找资料。学生针对教师布置的任务，小组合作查询书籍，上网搜索资料信息，了解铜梁龙舞的社会背景与历史因素、传承与发展、种类、艺术特色等，对于不懂的地方，大胆提出问题并进行充分讨论，协商解决办法。

（2）计划。学生依据收集的资料，可参照下表进行任务安排。

"铜梁龙舞大赛"小组活动方案表

小组名称：　　　　　　　　　　　　　　　　　　　　　　　　　　日期：

小组成员	
所需工具与材料	
演绎舞蹈名称	《龙女选婿》《孙悟空斗龙王》《梁祝版龙舞》……
表演形式	每一种不同的"套路"，都能舞出一段与众不同的龙的故事……
选舞理由	

小组分工

项目	注意事项	负责人

指导建议：方案的讨论包括舞蹈的选择、表演的形式、人员的分工以及排练的时间与准备等。表演的形式可以多种多样，以创造更丰富的舞台感染力。

5.任务实施

（1）团队练习。学生以小组为单位，依据活动方案，排练铜梁龙舞基本动作。

①握把：双脚并拢，左手叉腰，右手虎口向上握住龙把上部2/3处，自然置于体侧。

②举把：下肢不动，右手直接将龙把向上举起，同时左手胸前平屈，握住把端。左手下滑握住龙把下部2/3处。

③滑把：握龙把底端的手握紧不动，握龙把上端的手根据舞龙动作要求作上下滑动。

④换把：握龙把上端的手下滑至底端后迅速握住，原来握龙把底端的手上滑至适当的位置。同时，龙把由身体一侧变换至身体另一侧。

⑤原地"8"字舞龙：双脚开立，与肩同宽。龙把从身体一侧由上向下动作，至身体正前方最低点向后一侧由下向上动作，至身体另一侧最高点后重复前一个动作，即成一个"8"字形舞龙动作。

⑥单侧"8"字舞龙:基本动作同原地"8"字舞龙,只是龙身在人体一侧实现上下"8"字形运动轨迹。

(2)表演

排练时间结束,各小组依次轮流上台,表演本组舞蹈。其他小组认真观看并记录。

活动总结

1.展示与交流

每个小组派出一名解说代表,讲一讲自己小组所选择的表演舞蹈的意义,表现了什么样的情感,以及这支舞蹈类别与演出的场合等。

2.评价与反思

根据评价表对各小组活动过程中的表现进行评价。

评价表

小组成员:　　　　　　　　　　　　　　　　　　　　　　　　　　总分:

评价项目	评价等级		
	一级(3分)	二级(2分)	三级(1分)
信息收集	小组成员收集的有关铜梁龙舞的信息内容全面且广泛	小组成员收集的有关铜梁龙舞的信息较多,但不够全面	小组成员收集的有关铜梁龙舞的信息少,且用处不大
动作	小组成员的舞蹈动作一致、到位,舞姿优美	小组成员的大部分舞蹈动作基本一致、基本到位	小组成员的大部分舞蹈动作都不到位
合作	小组成员积极讨论、分工明确	小组成员中个别成员不愿与组内成员积极讨论,但能完成分配的任务	小组成员都不愿进行讨论,未能完成分配的任务

教师组织学生对整个活动过程进行总结、反思,例如谈谈个人在活动中的表现和感想,也可以对其他小组表现好的地方提出赞扬与学习,同时,引导学生思考如何更好地传承和发展铜梁龙舞。

知识链接

铜梁龙舞历史由来

铜梁龙舞是流传于重庆市铜梁境内的一种以龙为主要道具的传统民俗舞蹈艺术形式,被国务院列入首批国家级非物质文化遗产代表作名录,是重庆十大文化符号之一。

铜梁龙舞兴起于明,鼎盛于清,誉于当今。它既是舞,又是体操、杂技。铜梁龙舞具有与民俗活动紧密相连、舞时烟花烧龙、伴奏音乐独特、道具构思巧妙、服饰俭朴大方、群众参与性极强等特点。

铜梁龙舞包括龙灯舞和彩灯舞两大系列。龙灯舞主要包括大蠕龙、火龙、稻草龙、小彩龙、板凳龙等品种,其中以大蠕龙最有特色。彩灯舞主要包括鱼跃龙门、泥鳅吃汤圆、三条鳕、十八学士、亮狮等品种。

铜梁龙舞艺术在海内外舞台大放异彩,先后参加了 1984、1999、2009 年国庆盛典,以及 2008 年北京奥运会、上海世博会等国内重大活动,多次远赴美国、英国、法国、日本、韩国等 20 多个国家和地区参加中外文化交流。

铜梁龙舞独特的艺术魅力和杰出的文化价值,已是名副其实的国家级文化品牌。

"铜梁龙舞大赛"学习单

[活动目标]

对铜梁龙舞的种类、艺术特色、历史由来以及发展现状等有基本的了解;能够学会其中的一支舞蹈,并进行舞蹈比赛;加深对家乡的优秀民间传统文化的认识,感受民俗风情。

[活动方案]

"铜梁龙舞大赛"小组活动方案表

小组名称:　　　　　　　　　　　　　　　　　　　　　　　　　　日期:

小组名称	
所需工具与材料	
演绎舞蹈名称	
表演形式	
选舞理由	

小组分工		
项目	注意事项	负责人

[评价反思]

"铜梁龙舞大赛"个人总结与反思

姓名:　　　　　　　　　　　　　　　　　　　　　　　　　　　日期:

我的表现:
铜梁龙舞独特的艺术魅力和杰出的文化价值,已是名副其实的国家级文化品牌,对此我的理解是:
舞龙应注意的事项:

评价表

小组成员：　　　　　　　　　　　　　　　　　　　　　　　　总分：

评价项目	评价等级		
	一级（3分）	二级（2分）	三级（1分）
信息收集	小组成员收集的有关铜梁龙舞相关的信息内容全面且广泛	小组成员收集的有关铜梁龙舞的相关信息较多，但不够全面	小组成员收集的有关铜梁龙舞的相关信息少，且用处不大
动作	小组成员的舞蹈动作一致、到位，舞姿优美	小组成员的大部分舞蹈动作基本一致、基本到位	小组成员的大部分舞蹈动作都不到位
合作	小组成员积极讨论、分工明确	小组成员中个别成员不愿与组内成员积极讨论，但能完成分配的任务	小组成员都不愿进行讨论，未能完成分配的任务

铜梁旧石器文化探究

适用年级：初中　　建议时间：90分钟

◤ 活动目标

了解铜梁旧石器时代文化遗址，感受铜梁旧石器文化；自主探究铜梁旧石器特点，以陶泥的方式再现铜梁旧石器文化中的石制品，体会铜梁旧石器的重要意义。

◤ 活动准备

材料：导入图片或视频、电脑（联网）、陶泥、泥塑工具套装、笔、纸及活动所需其他材料。

场地：教室。

◤ 活动实施

1.情境导入

教师出示铜梁旧石器文化遗址的图片，让学生通过查找资料，总结出遗址发掘背后的过程，教师予以总结。

2.知识预备

教师出示铜梁旧石器遗址地层柱状示意图，让学生总结出铜梁旧石器遗址包含的文物及化石种类，了解铜梁旧石器文化。

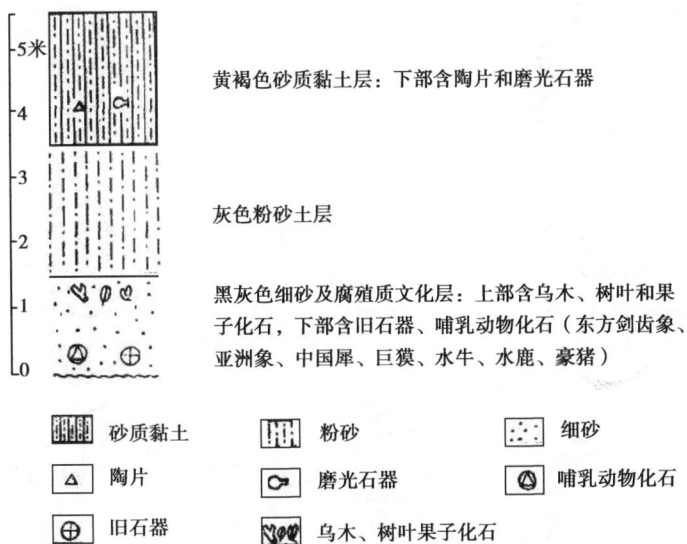

黄褐色砂质黏土层：下部含陶片和磨光石器

灰色粉砂土层

黑灰色细砂及腐殖质文化层：上部含乌木、树叶和果子化石，下部含旧石器、哺乳动物化石（东方剑齿象、亚洲象、中国犀、巨獏、水牛、水鹿、豪猪）

砂质黏土   粉砂   细砂

陶片   磨光石器   哺乳动物化石

旧石器   乌木、树叶果子化石

铜梁旧石器遗址地层柱状示意图

3.布置任务

任务：用陶泥再现铜梁旧石器文化中的石制品。

要求：①自主探究铜梁旧石器特点；②每组完成至少 2 种铜梁旧石器再现，符合探究特点；③能说出该种石器的特点、用处以及体现的意义。

4.特点探究

教师出示图片及文献中关于石器的部分内容，引导学生自主探究铜梁旧石器特点并总结，教师可在学生探究困难时予以指导。

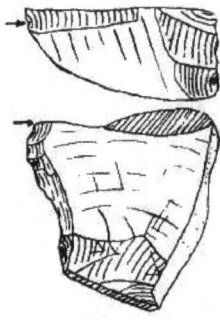
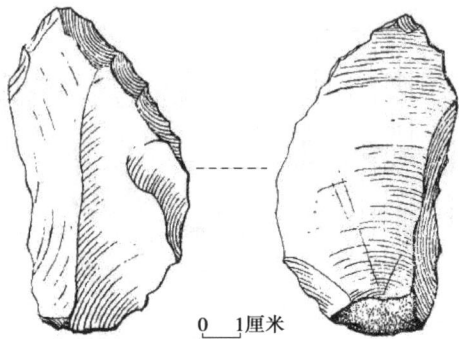

有雕刻器打法的单
凹刃刮削器

0　　1厘米

锐尖尖状器

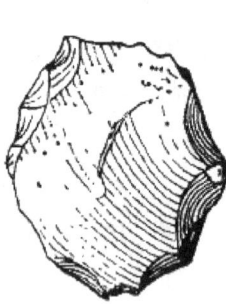

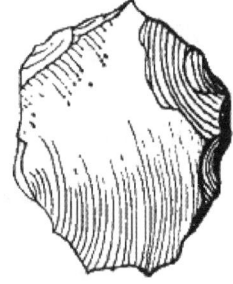

0　　1厘米

保留有整锥体的复刃刮削器

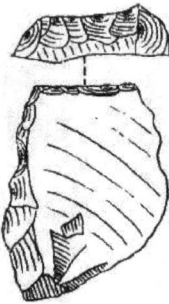

平端刃刮削器　　　　　圆端刃刮削器

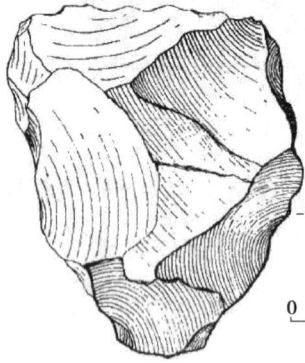
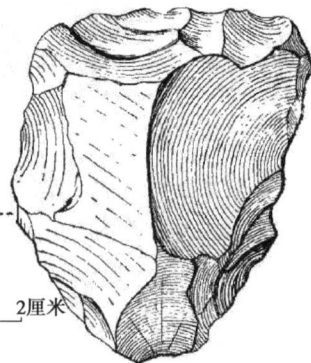

0　1　2厘米

锛形砍砸器

5.制订方案

小组内部讨论、交流,提出问题和困难,商量如何加以解决并确定小组活动方案,制订小组活动方案表。

指导建议:学生在讨论制订方案时,教师需巡视查看,对设计困难的小组要予以适当引导。

"铜梁旧石器文化探究"小组活动方案表

小组名称: 　　　　　　　　　　　　　　　　　　　　　　　　日期:

小组成员		组长	
铜梁旧石器特点:			
分工安排(资料查找、陶泥制作、汇报等):			
我们的作品特点及意义:			
我们遇到的困难及解决办法:			

6.任务实施

(1)石器确认。小组根据任务要求,利用文献、图片、网络等途径收集有关石器的信息,并确认要用陶泥再现的石器种类以及其体现的意义。

(2)制作。小组根据选定石器,利用陶泥及工具套装再现选定石器。

(3)作品呈现。小组将完成后的作品进行最后的处理,如刀口的刻画等。

▌活动总结

1.展示与交流

学生以小组为单位,展示本组制作的陶泥再现版石器,介绍制作的石器特点及体现的意义,并分享制作过程中的心得体会。

2.评价与反思

学生以小组为单位,按照评价表进行自评。

评价表

小组成员：　　　　　　　　　　　　　　　　　　　　　　　　　总分：

评价项目	评价等级		
	一级（3分）	二级（2分）	三级（1分）
探究	能自主探究出铜梁旧石器的特点及背后的意义	在教师的引导下，能探究出铜梁旧石器的特点及背后的意义	未能探究出铜梁旧石器的特点及背后的意义
制作	制作出3种铜梁旧石器，且符合铜梁旧石器特点	制作出2种铜梁旧石器，且大部分符合铜梁旧石器特点	制作出1种铜梁旧石器，但不符合铜梁旧石器特点

知识链接

1.铜梁旧石器文化遗址

1975年11月21日，原永川地区批准修建铜梁西部水库，组织了近2 000名民工，于1976年元月正式破土动工。同年春，清理大坝坝基，在离地表8米深的土层中，发现黑色腐殖土，土中有树木的茎、叶、根及果实。向下深挖，出现动物骨骼、牙齿化石。民工将其当成稀奇玩物拿走不少，后又大量出土不少文物，引起西部水库指挥部负责人重视，报告了文化馆。文化馆派人员前往工地察看，并开始了文物宣传和征集工作。重庆市博物馆也派出李宣民、黄蕴萍、张俊等现场勘察，随着工程向深度发展，奇迹出现了，大批器形标准的石制品——旧石器出现。

2.铜梁旧石器特点

（1）石核石片形制原始，台面大多数是自然的，石片形态不规整。

（2）石器粗大、古朴、形制不整，显得相当原始。

（3）在石制品中，大型石器占57.1%，比例大，在我国旧石器工具组合中是绝无仅有的。

（4）工具类型简单，只有刮削器、尖状器和砍砸器三大类，石器组合关系在这之前是没有先例的。

（5）砍砸器占比较大，其中端刃砍砸器约占砍砸器的1/3，数量之多极为罕见，具有强烈的地区特点。

（6）在石器中，单刃工具不多，复刃工具占主导地位，与四川"富林文化"形成鲜明的对比。

（7）加工方法多样，以锤击加工为基础，偶尔用砸击加工，还用碰砧法修理石器，为我国南方首次发现。

（8）以复向加工为主的锤击法是铜梁石器的一大特色。

"铜梁旧石器文化探究"学习单

[活动目标]

了解铜梁旧石器时代文化遗址,感受铜梁旧石器文化;自主探究铜梁旧石器特点,以陶泥的方式再现铜梁旧石器文化中的石制品,体会铜梁旧石器的重要意义。

[活动方案]

"铜梁旧石器文化探究"小组活动方案表

小组名称:　　　　　　　　　　　　　　　　　　　　　　　　　　　　日期:

小组成员		组长	
铜梁旧石器特点:			
分工安排(资料查找、陶泥制作、汇报等):			
我们的作品特点及意义:			
我们遇到的困难及解决办法:			

[评价反思]

评价表

小组成员:　　　　　　　　　　　　　　　　　　　　　　　　　　　　总分:

评价项目	评价等级		
	一级(3分)	二级(2分)	三级(1分)
探究	能自主探究出铜梁旧石器的特点及背后的意义	在教师的引导下,能探究出铜梁旧石器的特点及背后的意义	未能探究出铜梁旧石器的特点及背后的意义
制作	制作出3种铜梁旧石器,且符合铜梁旧石器特点	制作出2种铜梁旧石器,且大部分符合铜梁旧石器特点	制作出1种铜梁旧石器,但不符合铜梁旧石器特点